Über das Buch

Die Geiselnahme von Arbeitgeberpräsident Hanns Martin Schleyer durch ein Kommando der »Roten-Armee-Fraktion« am 5. September 1977 und die anschließende Entführung der Lufthansamaschine »Landshut« hielten die Bundesrepublik sechs Wochen lang in Atem. Beide Ereignisse und die damit zusammenhängenden Umstände haben Staat und Gesellschaft entscheidend geprägt. Doch viele Details und Hintergründe des Dramas sind bis heute im dunkeln geblieben.

Zwanzig Jahre nach den tragischen Ereignissen konnte der bekannte Fernsehspielautor Heinrich Breloer jetzt persönlich mit fünfzig der wichtigsten Beteiligten sprechen – vom damaligen Bundeskanzler Helmut Schmidt, dem Chef des BKA Horst Herold und der Familie Schleyer bis hin zu einigen Mitgliedern der RAF und der Flugzeug-Entführerin Souhaila Andrawes. Dank zahlreicher neuer Erkenntnisse gelingt es Breloer, sich beklemmend nah in das Geschehen und die psychische Verfassung der Akteure hineinzudenken und somit dieses wichtige Kapitel der deutschen Nachkriegsgeschichte in erzählerischer Form aufzuarbeiten und für die heutige Generation begreifbar zu machen.

Über den Autor

Heinrich Breloer, geb. 1942, TV-Autor und Regisseur für NDR und WDR, zahlreiche Preise und Auszeichnungen, vielfacher Adolf-Grimme-Preisträger.
U. a.: »Die Staatskanzlei«, 1989, »Wehner – Die unerzählte Geschichte«, 1993, »Einmal Macht und zurück – Engholms Fall«, 1995. Zusammen mit Frank Schauhoff schrieb er den Roman »Mallorca, ein Jahr« (KiWi 443).

Heinrich Breloer

TODESSPIEL

Von der Schleyer-Entführung
bis Mogadischu
Eine dokumentarische Erzählung

Kiepenheuer & Witsch

1. Auflage 1997

© 1997 by Verlag Kiepenheuer & Witsch, Köln
Alle Rechte vorbehalten. Kein Teil des Werkes
darf in irgendeiner Form (durch Fotografie, Mikrofilm
oder ein anderes Verfahren) ohne schriftliche
Genehmigung des Verlages reproduziert oder unter
Verwendung elektronischer Systeme verarbeitet,
vervielfältigt oder verbreitet werden.
Lektorat: Andreas Graf
Umschlaggestaltung: Manfred Schulz, Köln
Umschlagfoto: dpa Bildarchiv, Düsseldorf
Gesetzt aus der Garamond Stempel (Berthold)
bei Kalle Giese Grafik, Overath
Druck und Bindearbeiten:
Clausen & Bosse, Leck
ISBN 3-462-02597-X

Inhaltsverzeichnis

Vorbemerkung   9

I DIE ENTFÜHRUNG   13

1 Kommando Siegfried Hausner   15
2 Blutbad   33
3 Der Kanzler   44
4 Erstes Ultimatum   53
5 Krisenstab   62
6 Lebenszeichen   72
7 Fahndungsdruck   82
8 »Volksgefängnis«   92
9 Hier spricht die Raff!   101
10 Fragebogen   114
11 Verhör im Volksgefängnis   123
12 Exotisches Denken ist erlaubt   134
13 Mord in Utrecht   141
14 Katastrophe programmiert   150
15 Abu Hani in Bagdad   158

II DIE BEFREIUNG   165

1 Bagdad – Brüssel – Bonn – Mallorca   167
2 Der Überfall   180
3 Galle im Herzen   193
4 Nach Dubai   203
5 Verrat im Interconti   216
6 Happy Birthday   224
7 Notlandung in Aden   235
8 Mord in der Landshut   242

9	Mogadiscio Welcome	252
10	Abschied vom Leben	258
11	Grenzschutzgruppe Neun	270
12	Aktion Feuerzauber	275
13	Tote in Stammheim	282
14	Genickschuß	290
15	Trauerfeiern, Gräber	294

Nachbemerkung 297

Vorbemerkung

Ich werde sie Karla, Anne, Tony, Flipper oder Bille nennen. Die Kämpfer der RAF haben selber immer wieder einen großen Mummenschanz getrieben mit den Namen, Masken und Rollen der bürgerlich-kapitalistischen Gesellschaft, die sie mit ihren Aktionen zum Einsturz bringen wollten. Hinter diesen Namen versammeln sich reale, zum Teil auch zusammengezogene und verdichtete Personen aus dem Kreis der Entführer des Arbeitgeberpräsidenten Hanns-Martin Schleyer.

Als Kopf und Organisatorin wird Brigitte Mohnhaupt angesehen. Das Kommando für den Überfall auf der Straße bildeten: Sieglinde Hofmann, Peter-Jürgen Boock, Stefan Wisniewski und Willy Peter Stoll. Als Sprecher der RAF bei Telefonaten fungierte häufig Rolf Clemens Wagner. Für Wohnungsanmietungen, Fahrzeugbeschaffung, Waffenorganisation, Paßfälscherwerkstatt, Transport- und Kurierdienste und Depotbewirtschaftung war darüber hinaus ein großer Kreis von Kämpfern der RAF tätig. Dies waren vor allem Christian Klar, Knut Folkerts, Rolf Heißler, Adelheid Schulz, Monika Helbing, Silke Maier-Witt, Susanne Albrecht, Angelika Speitel und Sigrid Sternebeck, aber auch manch andere helfende Hand. Die Entführung von Hanns-Martin Schleyer war die logistisch aufwendigste Aktion der RAF.

Es geht mir hier um Einzelheiten, um die vielen Details einer immer noch verborgenen Geschichte. Aber es geht auch ums große Ganze: um den Sinn und Unsinn dieser sieben Wochen Bürgerkrieg, den die RAF der Bundesrepublik aufzwingen wollte.

Fünfzig der wichtigsten an dem Geschehen beteiligten Personen konnte ich zwanzig Jahre nach den dramatischen Ereignissen des Herbst 1977 persönlich sprechen. Für die Entwicklung eines Drehbuchs habe ich hundert Stunden meiner Videointerviews ausgewertet: vom Bundeskanzler, seinen Ministern und dem Chef des BKA auf der einen Seite und einigen Mitgliedern der RAF auf der anderen. Mit der Kamera, dem Tonband und manchmal nur mit dem Bleistift konnte ich ihre Erinnerungen festhalten. Auch das vorliegende Buch beruht weitgehend auf diesen persönlichen Gesprächen mit den unmittelbar am Geschehen Beteiligten.

Die Menschen aus der Lufthansamaschine »Landshut«, die aus dem Urlaub von Mallorca direkt in den Strudel der Weltgeschichte gerissen wurden, haben bis heute die fünf Tage ihres Irrflugs nach Mogadischu nicht vergessen. Manche von ihnen haben erst jetzt den Mut gefunden, diese Reise innerlich noch einmal anzutreten. Ich bin ihnen dankbar, daß ich sie dabei begleiten durfte.

Das Leben der beteiligten Personen war am Ende dieser Geschichte ein anderes geworden. Die Befreiung der Geiseln von Mogadischu, der Tod der Führungselite der RAF in Stammheim und die Ermordung Hanns-Martin Schleyers haben das Leben aller beteiligten Personen gründlich verändert. Es gab keinen Weg mehr zurück in das Leben davor. Für den Kanzler nicht, für die vielen Geiseln nicht, die in ihre Familien mit unsagbaren Erlebnissen zurückkehrten, für die RAF nicht, deren Kraft danach gebrochen wurde, und für den Präsidenten des Bundeskriminalamtes nicht, der neben dem Kanzler der wahre Gegenspieler der Stadtguerilla gewesen ist. Und schließlich hatten die Bürger der Bundesrepublik alle gemeinsam in dieser Zeit eine Erfahrung gemacht, die das Land veränderte.

Die noch junge Bundesrepublik der siebziger Jahre hat sich nach dem Angriff der RAF stabilisiert. Das war der Gewinn der Geschichte. Aber Staat und Gesellschaft sind seit dieser Zeit immer enger zusammengerückt. Die einstmals getrennten Bereiche von Arbeit und Leben in unserer Gesellschaft und der Politik, als der Verwaltung von Arbeit, sind heute fast untrennbar zusammengewachsen. Der Staat regelt weite Bereiche unseres Lebens. Eine gesellschaftliche Diskussion über Alternativen und einen anderen Staat, wie sie in den sechziger und siebziger Jahren selbstverständlich war, erscheint heute altmodisch.

Die Ziele und der Weg der RAF wirken im Rückblick unvorstellbar töricht, weltfremd und brutal. Und doch waren es nicht die dümmsten und auch nicht nur die harten und brutalen jungen Menschen, die sich auf diesen blutigen Weg begeben hatten. Sie hatten sich hart gemacht für den Kampf, eiserne Ringe um ihr Herz geschmiedet, damit sie Feuerwaffen festhalten konnten, wenn sie diejenigen, die sie zu Gegnern erklärt hatten, töteten. »Blindwütige Mörder« – ein Wort, das in der Nacht der Entführung – ohne Absprache – Bundeskanzler Schmidt und Oppositionsführer Kohl in Fernsehansprachen voller Abscheu verwendeten, traf die Sache und trifft sie auch wieder nicht. Die Täter waren blind vor Wut. Das entsprang unserer gemeinsamen deutschen Geschichte. Aber sie sind zu Mördern geworden, weil sie glaubten, etwas erkannt zu haben: einen Ausweg aus dem Kreislauf der Geschichte, hin zur Entwicklung der Menschen in eine bessere und gerechtere Zukunft.

Auch bei den früheren Kämpfern der RAF sind heute einige Ringe abgesprungen. Manche trauen sich an die Tage von damals heran und fragen sich: Warum war ich so gefühllos, als ich die Bilder der Toten auf der Straße sah? Wie war es möglich, daß wir, die wir doch möglichst weit von unseren Nazi-Eltern weg wollten, manchmal wieder vor Situationen standen, die den Erfahrungen unserer Eltern so ähnlich waren?

Peter-Jürgen Boock, mit dem ich einige Tage sprechen konnte, habe ich hier Tony genannt, weil er sich selber in seinen Erinnerungen zu einer Figur verdichtet hat. Unter den Namen Karla, Anne, Flipper, Harry und Bille fiel es mir – auch aus juristischen Gründen – leichter, Personen der Zeitgeschichte in einem Spiel als Figuren zu bewegen. Alle hier genannten Täter sitzen seit langem im Gefängnis. Nicht immer jedoch konnten sie für alle Taten, für die sie wahrscheinlich verantwortlich sind, auch verurteilt werden. Ihre Identität war die RAF. Wenn sie in den nächsten Jahren freikommen und anfangen zu sprechen, werden wir sie vielleicht kennenlernen.

H. B.

I

DIE ENTFÜHRUNG

1 Kommando Siegfried Hausner

Morgen würden sie die drei Bullen töten.

Den Fahrer des Arbeitgeberpräsidenten, und die zwei Mann vom LKA im zweiten Wagen dahinter. Auf Packpapier hatten sie die Abbiegung der Vincenz-Statz-Straße von der Friedrich-Schmidt-Straße in Köln aufgezeichnet. Sie fuhren mit Zigarettenschachteln die zwei Limousinen um die Kurve der Friedrich-Schmidt-Straße in die Vincenz-Statz-Straße. Rückwärts stieß der Rammwagen vom Bürgersteig mit dem Heck auf die Straße: Der Fahrer des ersten Wagens würde auffahren, das Sicherungsfahrzeug, wie immer zu dicht dahinter, mußte ebenfalls auf das erste Fahrzeug krachen – mit einem kurzen harten Feuerüberfall wollten sie die drei Bewacher ausschalten und dann endlich Hanns-Martin Schleyer aus seinem Dienstwagen in den weißen VW-Bully an der Straßenecke rüberschleppen. Noch bevor die Polizei einen Alarm bekommen hatte, wären sie irgendwo im Weichbild der Großstadt verschwunden. Verschluckt von einer Tiefgarage, versteckt in einem der anonymen Wohntürme, die sich wie ein Ring um die Stadt legten.

Hanns-Martin Schleyer war für sie *der* Repräsentant des verfluchten Systems, dieses stinkenden, absterbenden Kapitalismus, der wie ein würgender Krebs um die Welt gewuchert war. Wo sich die jungen Völker der Dritten Welt in Guerilla-Kämpfen befreiten, da sah man schon das Neue, den neuen, freien Menschen – im Gesicht der Kämpfer. Auch sie waren Kämpfer – die Stadtguerilla der RAF –, die Maden im Gehirn der hochgerüsteten, sterbenskranken Bundesrepublik. Der westliche deutsche Staat war Kolonie und Erfüllungsgehilfe der imperialistischen Zentralmacht USA, Nachschubgebiet für die Kriege, mit denen die Völker der Dritten Welt niedergedrückt wurden. Die fette deutsche Bourgeoisie sah sich zur Abendunterhaltung im Fernsehen die brennenden Kinder aus Vietnam an, die allmähliche Auflösung des Libanon, die Massaker in Afrika. Aber nun fuhren die Panzer endlich durch ihre Wohnzimmerwand, und die Schüsse trafen die Polstermöbel des Bankiers Ponto in Oberursel. Susanne hatte sie mit Blumen zu ihrem Onkel Jürgen ins Wohnzimmer gebracht. Als der Bankier sich nicht einfach entführen lassen wollte, hatte Christian sofort geschossen. Karla hatte es in einer Erklärung vor vier Wochen der Welt mitgeteilt, und Susanne hat es dann unterschreiben müssen. Einfach und klar, wie die Wahrheiten in der Bibel verkündet wurden:

zu ponto und den schüssen, die ihn jetzt in oberursel trafen, sagen wir, daß uns nicht klar genug war, daß diese typen, die in der dritten welt kriege auslösen und völker ausrotten, vor der gewalt, wenn sie ihnen im eigenen haus gegenübertritt, fassungslos stehen ... es geht natürlich immer zuerst darum, das neue gegen das alte zu stellen, und das heißt hier: der kampf, für den es keine gefängnisse gibt, gegen das universum der kohle, in der alles gefängnis ist.

Dafür war kein Einsatz zu hoch: die Welt zu befreien. Endlich noch einmal die ganze Welt! Nichts weniger. Der letzte Versuch in diesem verfluchten Jahrhundert, in dem so viele größenwahnsinnige Diktatoren ihre Experimente mit der Menschheit angestellt hatten. Aber sie hatten die Schriften verstanden, hatten die Fingerzeige der Klassiker des Marxismus zu deuten gewußt: Jetzt war die Zeit reif. Den narkotisierten Massen wollten sie ein leuchtendes Beispiel dafür geben, daß Widerstand auch in einem Polizeistaat wie diesem möglich war. Dabei würden sie als die Avantgarde ihr Leben hingeben und wie schaurige Meteore als Zeichen am Himmel verglühen. Aber sie hatten dann die Tore aus dem großen Gefängnis des Kapitalismus durchschritten – frei.

Für die jungen Männer und die Frauen in der Kölner Kommandowohnung gab es kein Zurück mehr in das dreckige Nest der bürgerlichen Gesellschaft. Die Dokumente ihrer Vergangenheit hatten sie vernichtet. Manchmal verbrannten sie feierlich Fotos von ihrer Kindheit und Jugend in diesem Wirtschaftswunderland im Dunkel eines einsamen Ackers, am Waldrand. Die lieben Gesichter hilfsbereiter junger Mädchen auf Klassenfahrt, am Mit-

tagstisch mit dem Gesicht des strengen Vaters – die kuriosen Paßfotos und Führerscheinbilder der zweiten Generation der RAF.
Sie waren aus den rebellischen Zirkeln der »Folterkomitees« mit
Bedacht und Vorsicht und von langer Hand an den Kern der
Roten Armee Fraktion herangeführt worden. Nun verbrannte der
Versuch, durch Mitleid und Hilfsbereitschaft die großen Schmerzen etwas zu lindern. Und es verbrannte der Versuch, für vernünftige Ziele Mehrheiten zu gewinnen. Es verbrannte der Versuch,
mit dem Studium einen Beruf zu finden und in die Gesellschaft
der Eltern einzutreten. Tausende hatten bei Diskussionen an den
Universitäten ganz ungeniert und offen darüber abgestimmt, ob
man sich nun bewaffnen müsse. Ein Spiel nur. Aber eine Handvoll
von ihnen hatte damit ernst gemacht.

Sie waren frei: Das war schaurig und schön zugleich. Dann kam
der Moment, wo die Genossen dir eine Waffe gaben: geprüft und
aufgenommen in den innersten Zirkel. Wir versprechen uns, nicht
kampflos von den Bullen erwischt zu werden. Wir ziehen zuerst,
und sie wissen das. Und dann die höchste Form der Anerkennung: das Kommando!

Siegfried Hausner – mit diesem Namen würden sie die Kommandoerklärungen der nächsten Tage unterschreiben und die
sozialdemokratische Charaktermaske Helmut Schmidt an Stockholm erinnern. Vor zwei Jahren, im April 1975, hatte das Kommando Holger Meins die westdeutsche Botschaft in Stockholm
besetzt, um – im Austausch mit dem als Geiseln festgehaltenen
Botschaftspersonal – Andreas, Gudrun, Jan-Carl und 23 andere
Genossen aus den Gefängnissen der BRD freizupressen. Bei der
vorzeitigen Explosion von Sprengstoff waren ihre Kämpfer Wes-
sel und Hausner getötet worden. Drei Überlebende des Kommandos, die festgenommen wurden – Bernd Rösner, Hannah Krabbe
und Karl-Heinz Dellwo –, standen bald auf der Liste jener RAF-
Gefangenen, die gegen Schleyer ausgetauscht werden sollten.

In den Monaten nach Stockholm hatten sie ihre Reihen wieder
aufgefüllt, nun standen sie vor dem alles entscheidenden großen
Angriff. Kommando Siegfried Hausner. Wenn sie die Spitze der

Wirtschaft in der Hand hatten, den Top-Repräsentanten von Mercedes-Benz, den Boß der Bosse, dann mußte die Politik gehorchen. Denn soviel war klar: Die Politiker waren die Marionetten der Wirtschaft, und wenn's ernst wurde, dann würde auch Schmidtschnauze, der Hamburger Deichgraf und Krisenmanager der großen Flut, der Mann, den sie gerne Zwerg nannten, als lächerlicher Hampelmann am Faden des Kapitals strampeln. Und alle würden es sehen und endlich verstehen.

Sie würden die drei Bullen totschießen. Das war beschlossen. Als sie am nächsten Nachmittag sahen, daß ein vierter Mann im Wagen saß, zögerten sie keine Sekunde, ihre automatischen Waffen auch auf ihn abzufeuern. Und doch gab es einen Winkel in ihren Herzen, der sich nicht beruhigen ließ. Hier regte sich etwas gegen das Töten. Und Bille sprach es aus, an diesem Abend zuvor. Sah sie schon hinter den Zigarettenschachteln jene Bilder, die am nächsten Tag über den Fernseher in jede Stube gesendet würden?

Ich stelle mir vor, daß es ein vorsichtiger Einwand war: »Wir brauchen doch mehr Zeit.« Nicht gleich und schnell drei Menschen aufs Pflaster legen. Sah sie die jungen Männer mit ihren Familien? Spürte sie, daß der Kanzler – mit diesen drei Toten im Gepäck – keine Verhandlungen über die Spitze der RAF würde führen können?

»Spinnst du, wir sind im Krieg!« Flipper wurde ärgerlich, es sollte mit der Planung vorangehen. Morgen war der beste Tag, um Schleyer zu klauen. Er würde nach der Ankunft von Stuttgart in seine Kölner Wohnung fahren, bevor er am Abend noch einen Termin in Düsseldorf hatte. Jetzt oder nie. »'Ne Schießerei kann's auch dann geben, wenn wir noch Monate an der Sache rumchecken.«

Das war Tony, der seine eigenen Gründe hatte, für Andreas und Gudrun morgen mit der Pumpgun auf die Straße zu gehen. Die beiden hatten ihn vor Jahren aus einem der schrecklichen Fürsorgeheime geholt und ihm ein anderes Leben gegeben. Auch wenn er Zweifel spürte: er war es vor allem Andreas und Gudrun schuldig, auch wenn es sein Leben kosten würde. Außerdem: Die Befreiung der Gefangenen würde diesen Staat tief erschüttern. Seine Schwäche und Verwundbarkeit würden sie aller Welt deutlich vor Augen führen.

Im Schein einer Architektenlampe lag das Szenario vor ihnen ausgebreitet auf dem Fußboden. Sie saßen auf Luftmatratzen, die sie in der Nacht als Feldbetten benutzten. Drei Männer und drei Frauen, erzählte mir Tony, der dabei war, und er sagt, es herrschte sofort ein schneidender Ton, als Bille die Aktion noch einmal in Zweifel ziehen wollte.

»Bisher haben wir aber noch alle politischen Aktionen diskutiert.« Noch waren die Autos nur Zigarettenschachteln. Noch war Zeit. Aber in der Gruppe konnte schon lange nicht mehr offen diskutiert werden, kaum jemand wagte es, seine Zweifel an einzelnen Aktionen oder gar dem Konzept der Stadtguerilla auszusprechen. Wie sollte man sich im Ernstfall auch auf den Schützen nebenan verlassen können, wenn er seiner selbst nicht sicher war?

Deshalb mußte der eigene Zweifel auch dann niedergerungen werden, wenn er aus den anderen ebenfalls deutlich genug sprach. Anne, knapp über dreißig, fährt Bille mit der Deutlichkeit der Frau, die morgen das Feuer auf den Fahrer im ersten Wagen eröffnen wird, über den Mund.

»Du, das ist ein Befehl!« Und zu Karla, die, mit der Autorität der Stammheimer versehen, die Gruppe für die Offensive '77 wieder hingekriegt hatte: »Bring du's ihr bei!« Karla hämmert dann mit nachsichtiger Freundlichkeit alle Bedenken weg. »Sie packen's nicht mehr! Sonst nehmen die ihr Schicksal selbst in die Hand!« Bille hatte offenbar den Kassiber aus Stammheim nicht geschnallt. Karla erinnert an diese geheime Botschaft von Baader und Ensslin. »Nimm es als Befehl! Wenn sie es nun sagen, daß sie's nicht packen, haben wir das ohne Wenn und Aber zu akzeptieren!«

Die Zahlenreihen aus Stammheim hatten sie schnell in einen Text übersetzt. Kein Problem, wenn man das gleiche Buch besitzt und die Seitenzahl als Schlüssel bekannt ist. Es war eine Botschaft vom Kopf der Bewegung, und sie war deutlich gewesen wie immer. Fünf Jahre saßen sie nun schon in Untersuchungshaft. Nach dem Urteilsspruch im Stammheimer Prozeß würden sie ihr Leben hinter Gittern verbringen müssen.

Sie wußten, daß man sie auf verschiedene Strafanstalten in der Bundesrepublik verteilen wollte und die Gemeinschaft im siebten Stock des Stammheimer Gefängnisses in Stuttgart damit zerschlagen wäre: der Umschluß auf dem Flur, ihre Planungsgespräche am Tisch, den sie vor die Zellen stellen konnten, und die gemeinsamen Spaziergänge auf der großen Dachterrasse. Nach einer Serie von Hungerstreiks, bei der Holger Meins in den Tod gegangen war, und nach dem Tod von Ulrike Meinhof, den die Stammheimer in der Öffentlichkeit noch geschickt als Mord plaziert hatten, war offenbar die Kraft für weitere Jahre hinter Gittern verbraucht. Die zweite Generation sollte, *mußte* die Leute der ersten Stunde aus der Haft befreien. Die Entführung von Ponto, durch die Gegenwehr des Bankiers zu einer Ermordung geworden, war schon schiefgelaufen. Schleyer war geplant als die zweite Stufe in einer Eskalation, bei der die Geisel Ponto nur als Eröffnungszug in der Partie mit dem Kanzler Schmidt gedacht war.

Als Karla den Kassiber noch mal vorliest, wird schon durch den schroffen Befehlston deutlich, was auf dem Spiel steht. *an den haufen, der sich raf nennt. unsere geduld mit euch ist zu ende. was ist mit euch los? hat euch der tod pontos so verstört? ihr seid nicht mehr, was ihr vorgebt zu sein: stadtguerilla in der offensive. spart euch alle weiteren erklärungen und rechtfertigungsversuche. von euch wollen wir nur eins lesen: die kommandoerklärung zu spindy. denn während ihr eure wunden leckt, läuft das vernichtungsprogramm gegen uns. wir haben keine kraft mehr, aber werden uns nicht wie vieh verschieben lassen. ihr habt noch 14 tage, dann nehmen wir unser schicksal selbst in die hand.*

Spindy – damit war Schleyer gemeint. Aber nur Karla und Tony wußten in diesem Moment bereits, was der drohende letzte Satz bedeutete. Aber sie hatten sich doch alle mit der Beschaffung der ins Stammheimer Gefängnis geschmuggelten Waffen – den zwei Pistolen und dem Sprengstoff – beschäftigt. Hatte denn da niemand nachgefragt? Dachten die anderen etwa an einen weiteren Hungerstreik? Das eigene Leben und den Körper auch in der Gefangenschaft als letzte und äußerste Waffe einzusetzen – die Strategie war deutlich genug ausgesprochen.

Als ein Signal nach Stammheim, sich auf den Austausch vorzubereiten, hatte Tony mit den anderen einen selbstgebastelten Raketenwerfer in einer Wohnung gegenüber der Bundesanwaltschaft in Karlsruhe in Stellung gebracht. Die Stalinorgel sollte in die Büros auf der anderen Seite krachen und dem Gegner zeigen, daß eine zu allem entschlossene Gruppe nicht aufzuhalten ist. Es war zugleich ein Zeichen an die Gefangenen, die ihren Hungerstreik dann auch eine Woche später eingestellt hatten, daß die Gruppe draußen den ganz großen Schlag vorbereitete.

Das war am 25. August 1977 gewesen, gerade mal vor zehn Tagen. Doch der Zeitzünder setzte die Raketen nicht in Bewegung. Das Ehepaar Sand, mit Klebstreifen vor dem Raketenwerfer gefesselt, konnte sich befreien und die Polizei alarmieren.

»Es sollte nur ein Zeichen sein«, sagt Peter-Jürgen Boock heute, »ich habe den Zünder absichtlich falsch geschaltet. Aber das konnten die Stammheimer nicht wissen.«

Tony und Karla konnten das Kassiber mit seiner hintergründigen Bedeutung verstehen: »Wenn Ihr uns nicht rausholt, werden wir hier sterben.« Und: »Ihr seid es nicht wert, euch RAF zu nennen.« Darum standen diese beiden auch unter ganz besonderem Druck. Die moralische Erpressung war mehr als ein Befehl. Bille verstand das nicht so genau. Ihr letztes leises »Ich kann das so nicht!« bringt die Entscheidung: Sie wird aus dem Zimmer geschickt.

»Über deine Schwierigkeiten sprechen wir ein andermal!«

Sie ist raus aus dem Kommando. Sie ist zu gefährlich. Morgen auf der Straße brauchen wir Genossen, die nicht zögern, die Schweine niederzuschießen, ohne sich lange auf ein Feuergefecht einzulassen. In drei Minuten müssen wir mit Schleyer vom Platz sein. Dann läuft der Einsatz der Bullen über die Zentrale an. Es gibt genügend Wohnungen, aus denen heraus die netten Nachbarn sofort die 110 wählen, wenn sie nach der Ballerei aus dem Fenster blicken und das Schlachtfeld entdecken. Hat sich die Kleine das alles nicht richtig klargemacht? Schon zur eigenen Sicherheit brauchst du neben dir einen Kämpfer, der ohne Skrupel schießt, auf den du dich verlassen kannst, der dir Deckung gibt und dich freischießt, wenn's denn sein muß.

Ich stelle mir vor, wie sich Bille vor Scham auf die Lippen beißt. Sie hätte es besser nicht gesagt. Sie kennt doch die Worte, mit denen sie nun ausgehöhlt wird: Es ist deine persönliche, kleinbürgerliche Schwäche, daß du nicht hart genug bist. Gehörst du wirklich noch zu uns, zum Kern der RAF? Über die Identifikation zur Identität, so herum geht der Weg der Menschwerdung! »Das ist ihre großbürgerliche Erziehung. Die haben ihrem Goldherzchen den Pazifismus ins Gehirn gedrückt! Die Eltern! Aus schlechtem Gewissen über ihre Nazi-Schweinereien!« So ist das eben, wenn man sich nicht von all dem bürgerlichen Unsinn trennt. Karla schickt ihr den Spott hinterher.

Nun sind sie unter sich. Sie können noch mal in Ruhe den nächsten Tag durchspielen. Wer steht an der Strecke? Wer gibt das Signal übers Telefon, daß Spindy mit seinem Wagen die Arbeitgeberzentrale am Rheinufer verlassen hat? Was geschieht, wenn er mit seinem Wagen um die Ecke biegt?

Als Hanns-Martin Schleyer am Tag seiner Entführung früh morgens von seinem Fahrer an der Wohnung in Stuttgart abgeholt wurde, lebte er seit Wochen mit dem eigentümlichen Gefühl, daß sein Name ganz oben auf der Liste der RAF stand. Er wußte es sogar sehr genau: Horst Herold, der Chef des Bundeskriminalamtes, hatte seinen Namen endlich in den apokryphen Planungspapieren der RAF entziffern können – und eine dringende Warnung war ihm durch Innenminister Maihofer und noch mal durch Kanzler Schmidt zugegangen. *Höchste Sicherheitsstufe: Mit einem Anschlag ist zu rechnen!*

Seitdem wurde er auf Schritt und Tritt von den Männern des Landeskriminalamtes Baden-Württemberg bewacht. Sie saßen im

Campingwagen vor seiner Haustür am Stuttgarter Ginsterweg. Ihre Scheinwerfer tauchten das bescheidene, über die Jahre an den Hang gebaute und immer weiter ausgebaute Einfamilienhaus in helles Licht. Die Nachbarn beschwerten sich schon; und seinem Freund Eberhard von Brauchitsch hatte er eben noch gesagt, daß die Firma Mercedes seinen Nachbarn wohl bald ein paar dichte Rollos für die Fenster stiften müsse.

Die Scheinwerfer brannten noch, als die Tür in seinem Haus für immer hinter ihm ins Schloß fiel.

Für den heutigen Montag stand wieder einmal der Name Herold in Schleyers Terminkalender. Die letzten Erkenntnisse des Bundeskriminalamts hatten auch ihn, der sonst sehr nervenstark war, nachdenklich gemacht. Aber zu Hause, gegenüber seinen vier Söhnen, machte Schleyer nicht viel daraus. Er wollte sich nichts anmerken lassen.

»Na ja, wenn mich einer erwischen will, der erwischt mich auf jeden Fall.« So sprach er beiläufig davon. Sie sollten sich keine Sorgen machen. Es galt ihm, in seiner Rolle als Repräsentant der Wirtschaft, und nicht der Familie.

Aber die Drohung galt auch ihm ganz persönlich. Sie galt seiner Biographie – den Jahren vor 1945, seiner Mitgliedschaft in der SS und seinem Engagement beim Wiederaufbau der Firma Mercedes Benz, seiner Haltung bei den Streiks der sechziger Jahre, vor allem der Aussperrung von 300.000 Arbeitern als Antwort auf einen Streik. Dieser bullig wirkende Mann mit den vernarbten Schmissen im Gesicht war das perfekte Opfer für die RAF. Noch im letzten Jahr hatte das Fernsehen streikende Arbeiter gezeigt, die hinter seinem Namen »Profitgier« auf die Transparente schrieben. Durch die wütende Menge mußte er sich seinen Weg bahnen, und wenn er sie dann vom Podium laut als »die ungebetenen Gäste« bezeichnete, kamen Schreie und Pfiffe zurück und man stürmte das Podium. Die Ansprüche der Gewerkschaft nannte er als BDI-Präsident »Sozialfeudalismus«, wenn »sie bestimmen wollen, was in unserer Gesellschaft sozial gerecht und ökonomisch vernünftig ist«.

Der Unternehmer war ein Lieblingsbild der fünfziger Jahre gewesen – im Kino, im Fernsehen, den Illustrierten und Tageszeitungen. Die zehn Jahre von 1966 bis 1976 hatten dagegen ausgereicht, dieses positive Bild in der Öffentlichkeit zu ruinieren. Aus den Schöpfern des Wiederaufbaus wurden widerliche Profithyänen. Es gab zwar einen Nachholbedarf an Kritik im Land, aber es waren auch viel Demagogie und Naivität dabei im Spiel. In einem Land, in dem einmal die dicke Zigarre eines Wirtschaftsministers das Bild für die Solidität der Unternehmer und ihrer Zusammenarbeit mit der Politik abgegeben hatte, brannten nun, bei den ersten wilden Streiks, die Unternehmer-Strohpuppen. Schleyer, Mitglied der CDU, rief zur Umkehr: »Die Unternehmerschaft steht vor der Wahl, sich dem Schicksal ihrer Demontage zu ergeben oder sich zur Wehr zu setzen.«

Nun trachteten also einige Fanatiker nach seinem Leben. Hanns-Martin Schleyer kannte nur die Fahndungsfotos – alte Paßfotos oder die verzerrten Gesichter von der erkennungsdienstlichen Behandlung bei der Polizei. Inzwischen waren es längst nette und adrett anzusehende junge Frauen und Männer geworden. Mit kurzem Haarschnitt und Schlips und Kragen die Herren, die Damen proper frisiert, nett geschminkt und auch ansonsten nach der Mode der Saison gekleidet. Unauffällig, aber mit dem Image: erfolgreich und aufstrebend. Unverdächtig. Der ehemalige Arbeitsdirektor Schleyer hätte wohl nichts gegen ihre Einstellung bei Daimler einzuwenden gehabt.

Sie lagen zu diesem Zeitpunkt unruhig auf ihren Luftmatratzen in der Kölner Kommandowohnung. Eine Infrastruktur in der Illegalität aufzubauen, das kostet Zeit, Geld und Genossen. Auf jeden einzelnen Kämpfer kam ein Kranz von Genossen, die im Umfeld aushalfen. Früher war das einfach gewesen: »Du, da ist einer, der braucht mal 'ne Wohnung! Können wir mal deinen Paß haben?« Das war's dann schon gewesen. Da wurde nicht viel gefragt, sondern schnell geholfen.

Nun aber mußten sie sich ganz abschotten. Es durfte keine

Spur zurück zu irgendwem mehr geben. Kein Schwätzer, kein Wichtigtuer, kein Weichei durfte dabei sein, niemand, den die Bullen unter Druck setzen konnten. Was morgen los sein würde, war ihnen klar. Wer da den Bullen in die Hände fiele, konnte was erleben. Aber sie hatten eine Reihe zuverlässiger Genossen dicht an den Kern herangeführt. Mit denen allein mußte man das Leben in der Illegalität aufbauen. Vielleicht fünf mal zehn Mann. Das mußte reichen.

Wenn wir morgen siegen, wird es bald mehr Kämpfer auf unserer Seite geben.

Vom 26. Stock des Unicenters an der Luxemburger Straße hatte man einen guten Blick auf die Stadt am Rhein. Nach Norden das grauschwarze Sandsteingebirge des Doms im wechselnden Licht. Davor und dahinter ein ungeordneter Haufen von Hochhäusern und den Resten einer alten Stadt, die der Krieg und danach die Gier der Abrißbirne übriggelassen hatten. Nach Westen sah man den Fluß mit den klaren Konturen der Eisenbrücken, die nach Osten führten. Im Osten war Deutschland – diese Stadt lag im Westen.

Die Kommandozentrale war strategisch gut gewählt, mit einem Blick auf den fließenden Verkehr der städtischen Hauptadern und aller Wege, die Hanns-Martin Schleyer nehmen konnte. Auf einem Rundweg hoch über der Stadt konnten sie ihr Reich betrachten: die Reihe der konspirativen Wohnungen, die man mit viel Mühe in den letzten Monaten organisiert hatte.

Nach Süden lief die Straße Richtung Liblar. Dort stand ein anderes Hochhaus, das bald für längere Zeit das »Volksgefängnis« enthalten sollte. Kein schlechter Begriff. Sie waren sogar stolz auf dieses Wort. Schließlich handelten sie im Auftrag des Volkes, wenn sie, jenseits der Klassenjustiz und der alltäglichen Gerichtsmaschinerie, die Feinde des Volkes einfangen und einsperren würden.

Tony rauchte schon eine erste Zigarette, weil er nicht mehr schlafen konnte. Sie warteten auf Spindy. Und er wird heute noch in ihre Gesichter sehen, und in den kommenden Tagen und Nächten, in den langen Tagen der Gefangenschaft, werden sie ihm viele

Fragen stellen. Das Kommando hatte allen befreundeten Legalen und Illegalen vorsichtige Warnungen zukommen lassen. »Eine Kiste, die härter ist als alles, was bisher gelaufen ist«, warnte Flipper. »Wenn ich daran denke, geht mir der Arsch auf Grundeis.«

Als der Falcon-Jet aus Stuttgart auf dem Köln-Bonner Flughafen in der Morgendämmerung ausrollt, sind die Fahrzeuge schnell herangefahren. Sein Fahrer Marcizs mit dem 450er und die drei Beamten des LKA Stuttgart im Sicherungsfahrzeug. Schleyer will alleine fahren, keinen Mann mit einer Waffe auf den Knien vor sich sitzen haben. Mit seinem Fahrer Marcizs, dem Heinz, versteht er sich gut. Mit dem Mann kann man während der Fahrten ein paar Worte wechseln, man hört, was die Leute sagen. Der kriegt viel mit, zwangsläufig. Eine Vertrauensperson, nur noch mit der Chefsekretärin vergleichbar. Über Enkelkinder, die Mitbestimmung und die Kraft, die man braucht, endlich mit dem Rauchen aufzuhören. Die oberste Spielregel lautet: Alle Geheimnisse bleiben im Wagen. Ehrensache, daß Heinz nicht kündigt, weil sein Chef nun ganz oben auf der Abschußliste steht. Er hat Wochen zuvor die Bilder seiner Kollegen Wurster und Goebel gesehen. Der Fahrer des Generalbundesanwalts und sein Leibwächter waren an der Ampel von einem Suzuki-Motorrad aus mit mehreren Feuerstößen zersiebt worden.

»Heinz, am Nachmittag fahren wir kurz an meiner Wohnung vorbei, und am Abend geht's noch zu einer Veranstaltung nach Düsseldorf!«

»Gut, ich werde zu Hause Bescheid sagen, daß es heute etwas später wird. Kein Problem!«

Marcisz fuhr seinen Chef zum Oberländer Ufer. Der Doppelpräsident der westdeutschen Arbeitgeberverbände und des Bundes der Deutschen Industrie hatte noch eine Reihe Termine an diesem Vormittag.

Eine gute Idee von Tony, die beiden Heckler & Koch-Sturmgewehre in einem Kinderwagen vor Ort zu bringen. Mit Anne, die jetzt die Rolle der jungen Mutter spielte, konnte er dann etwas länger an der Ecke herumstehen und reden. Das fiel im vornehmen Stadtteil Lindenthal nicht weiter auf. Hier hatte man Zeit.

Die Kommandowohnung im Hochhaus an der Luxemburger Straße mußte noch gecleant werden: Aufräumen und mit Schwamm und Spülmittel die Fingerabdrücke von den Möbeln und Wänden holen. Sie konnten die konspirative Wohnung nicht lange halten. Die Bullen standen vielleicht schon in einer Woche hier, und Herold, dieser besessene Chef des Bundeskriminalamtes, würde die Reste zerlegen und analysieren lassen und dann wieder neue Spuren in seinen Rechner eingeben.

Zu spät allerdings. Wie so häufig, würden sie ihrem Jäger wieder einen Schritt voraus sein. Sie kämpften mit offenem Visier und unterschrieben ihre Kommandoerklärungen – aber ihre Fingerabdrücke sollten nicht zurückbleiben. Bei einer möglichen Verhaftung und dem folgenden Prozeß wollten sie es den Gegnern in den schwarzen Roben nicht unnötig leicht machen. Die sollten ihnen erst einmal beweisen, wer wann und wo geschossen hatte. Die Luftmatratzen wurden eingefaltet und der Stadtplan von der Wand geholt: die Nadeleinstiche in der Tapete ließen sie als Gruß an Herold zurück.

Herold, dieser phantasiebegabte Mann, verstand seine Gegner in der RAF wie kaum ein anderer. Der Schlüsselsatz der Achtundsechziger, der noch im Pariser Mai an alle Wände gemalt worden war: Die Phantasie an die Macht! – dieser Satz war vor allem bei der Neuorganisation des Bundeskriminalamtes durch seinen neuen Chef Horst Herold Wirklichkeit geworden. Zug um Zug hatte er seit 1970 das Bundeskriminalamt aus einer kleinen Behörde zu einem schlagkräftigen Apparat umgebaut. Die finanziellen Mittel lieferten ihm die Terroranschläge seiner Gegner. In diesem Klima der Bedrohung war es auch für die Sozialdemokraten in der Bonner Regierung kein Problem, seine Behörde so auszustatten, daß sie die gefährlich-intelligenten Täter der RAF und ihre Sympathisanten erkennen und fangen konnte. Im Keller des Bundeskriminalamtes stand schon bald, mit der Ausdehnung eines Fußballfeldes, einer der leistungsstärksten Rechner Europas – das Gehirn, mit dem der Kriminalist Herold seine Gegner fangen wollte.

Mit diesem Rechner hatte er in den letzten Jahren ein engmaschiges Netz geknüpft, das größte und gewaltigste Netz in der Geschichte der polizeilichen Fahndung überhaupt. Und er, Herold, war das Gehirn, das sich diese Maschen für die Gegner der Demokratie ersonnen hatte. In einer unvergleichlichen Anstrengung hatte das Bundeskriminalamt Hunderttausende von Spuren der RAF gesammelt, in den Rechner eingegeben und damit schnellstmöglich verfügbar gemacht.

Die Spuren waren inzwischen soweit lesbar, daß die Wissenschaftler an den Terminals, wenn neue Spuren hereinkamen, sofort die Zusammenhänge zu den bekannten »Figuren« der Stadtguerilla herstellen konnten. Wenn ihm eine der konspirativen Wohnungen in die Hände fiel, kamen seine Wissenschaftler und zerlegten das Pharaonengrab in Hunderte einzelner Spuren. Jede Creme und Salbe wurde Personen zugeordnet, jede Seite in einem Comic-Heftchen umgedreht und auf Fingerabdrücke untersucht. Denn das konnten sie mittlerweile, ohne daß es der Gegner wußte: Fingerabdrücke sogar auf Papier sichtbar machen. Sogar unter dem Lack der gefälschten Autoschilder an ihren Fahrzeugen hatten seine Leute Fingerabdrücke gefunden.

Andere Beamte waren ausgezogen, noch vorhandene frühere Lebensspuren bei Schulfreunden, Bekannten, in den Akten von Schulen, Universitäten und Bundeswehr aufzuspüren und damit das große Gehirn des Rechners zu füttern.

Der enthielt Fotos und Handschriften ebenso wie die Blutgruppen, die in bestimmten Fällen sogar mittels der Speichelproben an Briefmarken wiedererkannt werden konnten. Noch Jahre später verriet sich auf diese Weise eine Zunge in Paris, wenn sie eine Botschaft der RAF an den Kanzler Schmidt absandte. Sechshunderttausend Gegenstände waren festgehalten, verzettelt und in das Programm PIOS eingegeben worden. Elf Millionen Datensätze zum Thema RAF waren jetzt über mobile PIOS-Terminals abrufbar.

PIOS – das war ein Verzeichnis aller Personen (Täter, Zeugen, Opfer), Institutionen (Vereine, Verbände, Gruppen, Rote Hilfe etc.), Objekte (Anschriften, Häuser, Telefonnummern, Treffpunkte, Auslandsobjekte) und Sachen (Waffen, Ausweise, Beweismittel, Spreng- und Tatmittel). Ohne hinderliche Hierarchie sollte alles für jeden einfachen Kriminalbeamten mit Zugriffsberechtigung – und natürlich für Interpol – von jedem Punkt aus in Sekunden abrufbar sein.

Die Lebensläufe der RAF-Mitglieder lagen vor Herold wie ein aufgeschlagenes Buch. Ihre Haare, Blut, Körperausscheidungen, Sprache, Gang, Mimik und Körperhaltung, auch die Fingerabdrücke mit einer wesentlich verbesserten Genauigkeit, all das hatte Herold in sein elektronisches Archiv einlesen lassen. Er wußte, wer über den großen Onkel latschte oder welche der Frauen der RAF sich die Röcke nicht säumen konnte, sondern sie mit Tesafilm einfach umklebte. Welche Zigarettenmarke man bevorzugte, ob Rotwein oder Biertrinker – der Rechner wußte es. Im Prinzip war zum ersten Mal in der Kriminalgeschichte das gesamte Wissen zu einem Fall für jeden einzelnen Polizisten abrufbar. Dazu kam: das Wissen wuchs Woche für Woche. Mit neuen Taten und Recherchen vermehrten sich die Daten im Rechner. Das war eine informatorische Überlegenheit, gegen die kein Gegner auf Dauer eine Chance hatte.

So hatte es Herold noch vor 14 Tagen im Kabinett, auf Einladung von Kanzler Schmidt, den Ministern vorgetragen. Er hatte den Herren die Summen aus den Banküberfällen, die man der RAF zurechnete, vorgerechnet, die Logistik ihrer Fahrzeuge, Wohnungen und Sympathisanten aufgezählt. Von den 46 Personen, die inzwischen als Kern in den Untergrund abgetaucht waren, wurden bereits 34 mit Haftbefehl und Bildern an allen Litfaßsäulen gesucht.

Dennoch hatten seine Gegner einen gewaltigen Vorteil: *Sie* faßten den Entschluß, wo, wann und wie sie zuschlagen würden. Das war ein Vorsprung – für den Moment. Denn so unglaublich es die

Politiker fanden: Ihr Mann im BKA wollte schon bald die Bewegungen seiner Gegner so weit studiert haben, daß er ihre Angriffe auf den Staat *voraus*sagen konnte.

Seine Gegner waren zwar in die Illegalität abgetaucht und für die Fahndung nach altem Polizeimuster nicht mehr zugänglich. Herold aber sah die Kämpfer der RAF vor sich. Er hatte ein Radar entwickelt, diese Unsichtbaren in ihren Bewegungen sichtbar zu machen. Er ließ diejenigen, die er schon länger im Fadenkreuz hatte, ohne Zugriff – und oft ohne Zugriffsmöglichkeit – weiterhin beobachten. Jeder Ausweis, der beim Passieren der Grenze auf einen Bildschirm gelegt und fotografiert wurde, verriet dem Beamten nebenbei, daß hier jemand aus der Szene unterwegs war.

Die Ausweise der Mitreisenden wurden ebenfalls kontrolliert und mit Datum von Ein- und Ausreise festgehalten. Unbefragt konnten die Reisenden weiterfahren, nachdem sie nichtsahnend ihre Spuren hinterlassen hatten. Das geschah auch bei Kontrollen in Bahnen, bei Demonstrationen und vor allem bei Besuchern in den Strafanstalten wie Stammheim. Auf diese Weise war ein Kreis von Sympathisanten und Helfern sichtbar geworden, deren Reisen im Rechner als Bewegungsbilder der RAF erschienen. Diese computerisierte Beobachtende Fahndung (BEFA) verzeichnete 6 500 Personen aus dem RAF-Umfeld. Noch während etwa die Botschaft in Stockholm von der RAF besetzt gehalten wurde, konnte Herold aufklären, wer von den Leuten der RAF sich in diesem Gebäude befand.

Es war sicher nicht leicht, dabei immer zwischen Weizen und Spreu zu unterscheiden. Viele unschuldige Mitreisende oder Nachbarn aus dem Sympathisantenumfeld sind bei der Gelegenheit in die Raster geraten, waren möglicherweise eine Zeitlang einer unberechtigten Beobachtung oder Notierung im Rechner unterworfen.

Alle diese Anstrengungen wurden von manchen Beamten belächelt. »Mr. Computer«, so wurde Herold spöttisch in der Öffentlichkeit bezeichnet, einer Öffentlichkeit, der noch längst nicht dämmerte, wie sehr Computer und Microchips die Welt verändern würden. Herold hatte es begriffen, und er war dabei, die Welt zu verändern, zumindest die Welt der Kriminalbeamten. »Herold ist auf der Höhe der Reaktion«, sagte Baader in Stammheim dazu, wenn er all die Veränderungen und Verbesserungen in Fachzeitschriften nachlas, die sich während der Jahre seiner Haft allmählich aufbauten. Im September 1972, als die Polizei Baader und Raspe aus der Frankfurter Garage herausgeschossen und festgenommen hatte, war Herold der Jäger am Ort gewesen. Innerhalb weniger Monate hatte er mit seinem Fahndungsdruck und etwas Glück die gesamte Führungsspitze der Baader-Meinhof-Bande eingesammelt.

Die zweite Generation der RAF war inzwischen vorsichtiger geworden. Ihre Logistik war ausgebaut: illegale Wohnungen, Fahrzeuge, Geld und Waffen lagen bereit. Gegen die legalen Unterstützer und Sympathisanten hatten sie sich mit Nahtstellen-Personen abgeschottet. Nur über solche Schleusen waren sie zu erreichen, über sie erfuhren sie auch, was man in der Szene über sie dachte und sprach.

Dennoch liefen sie immer wieder leichtsinnig in Herolds Netz. Jeden Moment konnten sie einen Fehler machen. Doch sie hatten oft Glück, und auch die Müdigkeit oder Arglosigkeit einfacher Beamter und die Anfälligkeit der frühen Rechnergeneration halfen ihnen dabei.

So war es auch noch zwei Tage vor dem Überfall auf Schleyer gewesen. Am dritten und vierten September hatten sich Karla und Adelheid an der Strecke von der Arbeitgeberzentrale zur Privatwohnung von Hanns-Martin Schleyer mit einem blauen Alfa Romeo aufgebaut. Sie markierten eine Panne und beobachteten den fließenden Verkehr, um die Fahrstrecke ihres Opfers zu erkunden. Als die Polizei, von den Anwohnern alarmiert, am 3. September die beiden Frauen kontrollierte, bemerkten die Beamten nicht einmal, daß sie vor den meistgesuchten Terroristen der Republik standen. Der Zugang zum Rechner in Köln war im Moment der Anfrage aufgrund eines technischen Fehlers gesperrt.

Die Zentrale ließ die Kollegen auf der Straße in dem Glauben, daß mit den beiden Frauen alles in Ordnung sei. So begleitete die freundliche Polizei – zwei Tage vor der Entführung – Karla und Adelheid zu einer Reparaturwerkstatt ...

Herold war an diesem Montag nach Lenggries in Bayern gefahren. Ein Gespräch mit Günther Nollau, dem ehemaligen Chef des Verfassungsschutzes, dessen Hilfe er in einer delikaten Angelegenheit brauchte, war eine angenehme Unterbrechung seiner Arbeit an Akten und Programmen.

Für Horst Herold eine besonders merkwürdige Zeit: zum ersten Mal war ihm völlig klar, daß ein konkretes Verbrechen vorbereitet wurde. Er kannte die kommenden Täter, ihre Gesichter und Namen. Er kannte das Opfer, und er wußte den Ort des zukünftigen Verbrechens. Er war sich sicher, daß es im Raum Nordrhein-Westfalen passieren sollte. Die Bewegung seiner RAF-Geisterarmee im Computer verlief auf der Rhein-Main-Schiene ins Ruhrgebiet so massiert, daß er sich fast sicher war, wo es geschehen sollte. Er hatte überall, wo es nützlich war, Alarm geschlagen. Hatte nicht nur im Kabinett, auch an anderer Stelle, vor ausgewählten Abgeordneten, einen kleinen Einblick in die Ermittlungsergebnisse gegeben. Er kannte an diesem Montag, den 5. September 1977, schon den Namen von Hanns-Martin Schleyer als potentiellem Opfer. Bei der Auswertung von Planungspapieren der RAF, die dem Bundeskriminalamt bei der Verhaftung des Anwalts Haag in die Hände gefallen waren, waren die Kriminalisten auf den Hinweis eines zukünftigen Entführungsopfers mit den Initialen »H.M.« gestoßen. »H. M.«, so ergab der Computer, das konnte der Vorname Hanns-Martin sein.

32

2 Blutbad

Selbstbewußtsein war die beste Waffe. Tony wußte es, als er an diesem Montagnachmittag mit Anne, Flipper und Harry im Sportcafé in Lindenthal die Wartestellung für den Überfall bezog. Sie waren Handelsvertreter, die auf einen Anruf warteten.

»Wenn nach einem Herrn Schmitz verlangt wird, rufen Sie mich bitte.«

So tranken sie Kaffee, spielten Schach auf dem kleinen Steckbrett und warteten auf die Abfahrt des Herrn Dr. Schleyer von der Zentrale der Arbeitgebervertretung am Oberländer Ufer.

Der Informant, der ihnen das dann aus der Telefonzelle am Rheinufer durchgab, sagte nur ein Wort: »Mendocino«. Der Schlager der Saison: *Auf der Straße nach San Fernando / Da stand ein Mädchen wartend in der heißen Sonne / Ich hielt an und fragte »Wohin?« / Sie sagte: »Nimm mich mit nach Mendocino!«*

An diesem Nachmittag ließen die Organisatoren der Sicherheit den Wagen ihrer höchst gefährdeten Person in die Falle fahren. Die Vincenz-Statz-Straße war die Parallelstraße zur kleinen Raschdorffstraße, in der Schleyers Wohnung lag. Wäre die Einbahnstraßenregelung in der Raschdorffstraße aufgehoben worden, dann hätte es auch andere Anfahrtsmöglichkeiten für den Heimweg Hanns-Martin Schleyers gegeben. So aber war die Fahrt über Vincenz-Statz-Straße und Aachener Straße berechenbar geworden.

Nun parkte gegen 17 Uhr 20 an der Ecke Friedrich-Schmidt-Straße zur Vincenz-Statz-Straße ein weißer VW-Bus, dessen Fensterscheiben mit Gardinen verhängt waren. Anne und Tony trugen den Kinderwagen aufs Trottoir – wie es ein junges Paar machen würde, das vielleicht mit seinem Säugling von einem Arztbesuch kam. Sie schoben den blauen Kinderwagen an die Kurve, unterhielten sich dort und warteten. Die beiden sahen den gelben Mercedes 300, den Flipper direkt hinter der Kurve geparkt hatte. Harry stand mit einer Tennistasche auf dem Bürgersteig.

Dann kam Bewegung in die Szene. Als Tony die Kolonne mit Schleyers Fahrzeug sah, schob er mit Anne den Kinderwagen von der Kreuzung in die Vincenz-Statz-Straße hinein. Flipper fuhr das Rammfahrzeug auf den Bürgersteig – ganz so, als ob er im Moment vielleicht den Wagen wenden wollte. Als die Kolonne in zügiger Fahrt von der Friedrich-Schmidt-Straße her einbog, hielt sich Heinz Marcizs mit seinem Wagen ganz rechts auf der Straße. Er hatte das junge Paar mit dem Kinderwagen auf der linken Fahrbahn noch soeben erkannt. Da schlug Harry als Zeichen nur kurz auf die Motorhaube. Flipper setzte den Wagen mit dem Heck ein Stück zurück auf die Straße. Zu spät erkannte Heinz Marcizs das Hindernis und rammte das Heck. Das Begleitfahrzeug hatte keine Chance. Mit dumpfem Krachen fuhr der LKA-Mann Brändle seinen Wagen auf den Vordermann.

Sie hatten nicht einmal mehr das Pärchen mit dem Kinderwagen vorne auf der Straße sehen können. Anne und Tony, die nun die unter den Decken versteckten Heckler & Koch-Sturmgewehre herausrissen, gingen auf die beiden Fahrzeuge zu und eröffneten sofort das Feuer. Anne feuerte vorn durch die Scheibe auf Marcizs. Sie trat ganz nah heran, um sicher zu gehen, daß sie Spindy, ohne ihn zu verletzen, präzise herausschießen konnten.

Oder waren es Harrys Schüsse, die den Fahrer töteten? Gleichzeitig eröffneten vor dem Rammwagen Harry und Flipper das Feuer von vorne auf die Fahrzeuge. Flipper hatte zur Sicherheit seine Repetierflinte mit panzerbrechender Munition dabei. Die Munition abwechselnd ins Magazin geschoben: immer eine dicke Ladung Schrot, dann das schwere Bleigeschoß. Schrot für den Fall, daß jemand flüchtete. Sie waren sich nicht sicher gewesen, ob die Türen und die Fenster so verstärkt waren, daß man sie nur mit Brennecke-Munition durchschießen konnte. Wenn die schnell die Türen schließen und sich im Panzerwagen einigeln wollten, würde man sie einfach herausschießen.

Der Überfall sollte den Bullen keine Chance lassen. Und doch kam es für einen Moment anders, als sie es in der Nacht auf dem Papier durchgespielt hatten. Nicht, daß Heinz Marcizs eine

Chance gehabt hätte. Sie bemerkten nicht einmal, daß der einundvierzigjährige Fahrer Hanns-Martin Schleyers unbewaffnet war. Tödlich getroffen, brach er über seinem Steuer zusammen. Ebenso chancenlos war der Polizist Brändle, der Fahrer des Begleitfahrzeugs, der von Tony und Anne direkt durch das Seitenfenster abgeknallt wurde. Polizeimeister Ulmer auf dem Beifahrersitz und Polizeimeister Pieler dahinter hatten sich, mit den Waffen auf ihren Knien, sofort nach den ersten Treffern aus den Türen auf den Bürgersteig geworfen und von dort das Feuer auf Flipper eröffnet, der sich mit einem Sprung über die Motorhaube des Rammfahrzeugs zurück in Sicherheit brachte.

Aus einem Halbkreis heraus wollten sie ihre Feuerstöße abgeben, damit niemand von ihnen selber in die eigene Feuerlinie geraten konnte. So der Plan. Doch dann verlor Harry die Nerven. Er rannte auf das zweite Fahrzeug zu, hinter dessen Türen Ulmer und dahinter Pieler aus der Deckung feuerten. Sprang auf die Haube des Fahrzeugs und schoß von oben durch den Spalt zwischen Fahrzeug und Tür auf die verwundeten Männer. Tony konnte es nicht fassen – er war gerade dabei, eine zweite Salve auf den Wagen abzufeuern, und Harry, der nun gegen jede Absprache durch die eigene Feuerlinie rannte, wäre beinahe in seine Kugeln gelaufen. So stand er da, feuerte hysterisch auf die Toten, immer weiter, auch als das Magazin bereits leergeschossen war und Flipper nur noch das Klicken seines durchziehenden Abzugshebels hören konnte.

Dann war es still. Ein Junge, der bei den Schularbeiten die Schüsse gehört hatte, rannte auf die Straße und rief: »Die drehen da einen Film. Kommt mal her!«

Höchste Zeit, mit der Geisel zu verschwinden. Zwei Minuten hatten sie sich für den Überfall gegeben. Dann konnte frühestens die Polizei alarmiert werden, so daß sie noch mal einige Minuten Zeit hatten, bis die ersten Polizeifahrzeuge vor Ort waren.

Aber wo war Hanns-Martin Schleyer? Er hatte nach den ersten Schüssen sofort begriffen, was geschah, und war zur Sicherheit hinter die Sitze in Deckung gegangen. Als Flipper die Tür öffnete, war er bleich, aber unverletzt. »Komm!« Sie zogen ihn zu zweit aus dem Fond und schleiften Schleyer quer über die Straße in den weißen VW-Bus. Schleyer ließ sich hängen, spielte den geschockten, verletzten Mann. Vielleicht gab es einen Zeugen, der sich das Nummernschild des weißen VW-Bus mit den offenen Türen da vorne aufschreiben würde.

Der Junge sah das genau. Er war ja direkt auf die Filmszene zugelaufen. Dann sah er die Männer in ihrem Blut. Zwei von ihnen lagen neben den offenen Türen auf dem Bürgersteig, die Maschinenpistolen noch in der Hand. Es war kein Film, das sah der Junge jetzt ganz genau. Der eine von ihnen wollte etwas sagen. Als der Junge sich herunterbeugte, hörte er nur noch das Gurgeln einer sterbenden Stimme, sah das ausströmende Blut. Sah es und sieht es immer noch – bis heute.

Dann kamen endlich die ersten Passanten herbeigerannt.

Tony saß bereits am Steuer und hatte den Bully gestartet, als die Tür hinter Schleyer zufiel. Um 17 Uhr 30, in der Rush-hour, war die Friedrich-Schmidt-Straße stadtauswärts so dicht befahren und mit Autos verstopft, daß Tony mit seinem VW-Bus zunächst gar nicht auf die Fahrbahn zurückfand. Er fuhr über den Bürgersteig, die rote Ampel, Bremsen quietschen. Noch ein letztes Hindernis: Laster des Technischen Hilfswerks wurden auf die Junkersdorfer Straße dirigiert, Sperre. Noch einmal über den Bürgersteig. Und dann endlich rollte nach wenigen Minuten ein weißer VW-Bus im Schrittempo in die Tiefgarage am Wiener Weg. Eine Wohnung war hier nur angemietet worden, um an den Schlüssel für die Tiefgarage zu kommen.

Tony parkt direkt neben einem präparierten Mercedes, dann wird umgestiegen.

Hanns-Martin Schleyer hatte schon im VW-Bus eine Beruhigungsspritze bekommen. »Muß das sein?« Der zweiundsechzigjährige Mann war nicht bei bester Gesundheit und hatte Angst, seine Entführer könnten mit einer gefährlichen Droge experimentieren. Anne drückte ihn einfach runter: »Was sein muß, bestimmen wir!« Sie verstand sich darauf, schnell und wirkungsvoll das Medikament in den Muskel zu applizieren. Leicht taumelig, wurde er nun in den Kofferraum des Benz gelegt. Genauer: sie legten den alten Mann in die Arme von Flipper, der inzwischen mit seiner Waffe hineingekrochen war. Harry ging mit Tony auf dem Rücksitz in Deckung.

Nachdem der Bus von einem Mann gefahren worden war, fuhr den Mercedes eine Frau – alleine. Am Rollgitter trat Anne noch einmal auf die Bremse, fuhr zum VW zurück und legte eine erste Kommandoerklärung auf die Sitzbank. So verließen sie die Schleuse. Dann sah man auf den Feldwegen vor der Hochhaussiedlung am Wiener Weg einen Mercedes mit einer Staubfahne entlangbrettern: Richtung Liblar. Noch einmal 20 Minuten bis zum endgültigen Versteck, einer Hochhauswohnung, in der das Volksgefängnis für ihren Kriegsgefangenen schon eingerichtet war.

Als die Polizei schließlich die Ringalarmfahndung auslöste und bald auch über das Fernsehen nach einem VW-Bus mit dem Kennzeichen K – C 38 49 suchen ließ, waren Tony und Anne bereits am Renngraben Nr. 8 in Liblar angekommen. Die Hochhäuser zwischen Köln und Bonn sehen hier von ferne wie senkrecht aufgestellte Streichholzschachteln aus. Eigentumswohnungen als Abschreibungsobjekte für Besitzer im süddeutschen Raum. Eine Verwaltungsgesellschaft vergibt die kleinen Wohnungen. So auch die Wohnung Nr. 104 im dritten Stock, die vor einigen Wochen von einer Frau Lottmann-Bücklers angemietet worden war. Modeschneiderin sei sie, hatte der Hausmeister erfahren, und deshalb brauche sie ein helles Zimmer mit einem Arbeitsplatz am Fenster. Monika Helbing von der RAF wurde später wiedererkannt.

Ein zweites Mal war das Kommando wie vom Erdboden verschluckt, und diesmal gab es keine Zeugen.

Anne, Tony und Harry warfen sich in der Wohnung auf die Polster. Die Luft war jetzt raus, die Anspannung, die große Fiebrigkeit, die sie alle seit Tagen immer tiefer ergriffen hatte, ließ für einen Augenblick nach. Der Polizeifunk zeigte ihnen, wie die falschen Beobachtungen der Zeugen ihre Verfolger in die Irre führten. Für den Moment waren sie sicher. Hanns-Martin Schleyer lag unten im Kofferraum. Der kräftige Flipper hielt ihn in seinem Arm, wie ein großes dickes Kind, die Pistole am Kopf. Manchmal hörten sie das Quietschen der hereinrutschenden Wagen, die Schritte von Mitbewohnern, die allmählich nach Hause kamen. Ein Loch durch den Rücksitz, nach vorn in den Fahrgastraum gebohrt, ließ ihnen genug Luft zum Atmen. Nach Mitternacht, wenn alles im Haus ruhig geworden war, wollten sie ihr prominentes Opfer über den Fahrstuhl nach oben in die Wohnung schleusen.

Bis dahin kannte das Gesicht jeder Mensch in Deutschland, ganz sicher auch alle Nachbarn im Haus am Renngraben 8. Das Fernsehen nahm gerade seine Sendungen mit den Fotos des entführten Arbeitgeberpräsidenten auf.

Im bayerischen Lenggries befand sich Horst Herold mit seinem Fahrer gerade auf dem Weg zum Essen mit Günther Nollau. Seit der unseligen Affäre um den Rücktritt Willy Brandts, drei Jahre zuvor, kannten sich die beiden Sozialdemokraten genauer. Es waren Beamte der Sicherungsgruppe Bonn gewesen, die den Kanzler in Begleitung Guillaumes und der – wohl auch von diesem zugeführten – Damen in den Sonderzügen beobachtet und schließlich kompromittierende Details darüber zu Protokoll gegeben hatten. Nollau war einer der Informanten Herbert Wehners gewesen, der dann den Rücktritt des ersten sozialdemokratischen Bundeskanzlers der Republik, unter Schmerzen aber rücksichtslos, vorantrieb. Es waren Einzelheiten bekanntgeworden, von denen Wehner sagte: »Das bricht uns das Genick!«
Der Wechsel von Brandt zu Schmidt, im Mai 1974, sollte sich als Glücksfall für die Partei und das Land erweisen. Das aber konnte damals noch keiner wissen. Auch Wehner nicht. Erst allmählich, und vor allem nach den Wochen der Schleyer-Entführung, wurde aus Helmut Schmidt ein gefeierter Sieger. An diesem Montag

hatte er noch eine bittere Titelgeschichte im »Spiegel« (»Regierung Schmidt: ratlos«). Sieben Wochen später sah man sein strahlendes Portrait auf der ersten Seite. Der »Spiegel«-Titel drückte nun aus, was viele Menschen in der Bundesrepublik ebenso empfanden: »Helmut Schmidt – der bewunderte Deutsche.«

Herold hört im Autoradio die Meldungen vom »Echo des Tages«. Um 18 Uhr 49 unterbricht der Kommentator das Programm: *Meine Damen und Herren, aus Köln wird soeben gemeldet, daß auf den Vorsitzenden der Bundesvereinigung der Arbeitgeberverbände, Hanns-Martin Schleyer, heute abend ein Attentat verübt worden ist. Bei einem Anschlag in Köln gab es nach den ersten Angaben von Polizei und Feuerwehr vier Tote. Die Schüsse wurden aus einem VW-Kombi heraus abgegeben. Nach dem Auto wurde eine Großfahndung ausgelöst.*

Sein Wagen stoppt, wendet, und Herold holt das Gepäck aus dem Hotel. Über das Autotelefon entschuldigt er sich bei Nollau, und sein Wagen fährt mit höchstem Tempo Richtung Bonn. Er gibt von der Autobahn übers Funktelefon seine Standorte an, läßt sich die ersten Ergebnisse seiner Mitarbeiter aus dem Godesberger Büro durchgeben und gibt Order, wo er die Schwerpunkte der Suche ansetzen will. Das Licht seiner Leselampe im Auto zeigt ihm dabei den Stadtplan von Köln, den er in seinem Autoatlas aufgeschlagen hat.

»Die Täter rechnen damit, daß gegen sie eine Ringfahndung eingeleitet wird. Sie wissen, daß wir die Brücken sperren. Also weichen sie nach Osten aus. Ich bin sicher, die haben ihren Bunker innerhalb dieses Rings. Genau hier müssen wir alle anonymen Wohnungen erfassen. Außerdem: Schafft mir fünf PIOS-Bildschirme nach Köln, und klopft schon mal alle Daten ab. Alles, was in Köln anfällt, muß durch den Computer.«

Herold ist wütend und cool-professionell zugleich. Eine Riesenschweinerei, daß es nun doch passiert ist. Aber seine Behörde war für die Bewachung nicht zuständig. Einen neunzehnjährigen Jungen, der noch Comic-Hefte liest, hatte man als Sicherheitskraft mit ins Auto gesetzt! Statt ausgebildete Combat-Kämpfer, die dem Kommando der RAF eine stärkere Feuerkraft entgegengesetzt hätten! Jemand hätte in einem Fahrzeug *vorher*fahren müssen – nicht hinterher.

Hätte und könnte – nun aber kommt seine Stunde. Die Stunde der Fahndung: Suche und Befreiung des prominenten Opfers und die Festnahme der Täter. Wenn er jetzt zeigte, daß die technische Aufrüstung des Bundeskriminalamtes richtig war und dieses erfolgreich arbeitet, könnte er – neben der des Bundeskanzlers – endlich auch die Anerkennung der Öffentlichkeit bekommen, die Akzeptanz der Journalisten, die seine Arbeit mit äußerstem Mißtrauen, ja mit Ablehnung verfolgten.

Vier Rätsel hatte die RAF ihm, dem Präsidenten des Bundeskriminalamts, im vergangenen Jahr aufgegeben. Drei dieser Rätsel hatten sie selbst bereits vor der Schleyer-Entführung auf der Straße gelöst. Das kam so: Nach einer Polizeikontrolle auf der Autobahn Butzbach in Hessen waren dem BKA am 30. November 1976 ein Führungskader der RAF, der Anwalt Siegfried Haag und sein Begleiter Müller, in die Fahndung gelaufen und festgenommen worden. Haag und Müller hatten nach einem geheimen Treffen fast aller RAF-Kader die Ergebnisse der Planungsgespräche für die Offensive 77 in der Tasche: einen Kalender mit dem Stundenplan des Terrors. Ein Fahrplan für die Anschläge des kommenden Jahres, den man nur lesen können und verstehen mußte.

Herold hatte, neben seinen Wissenschaftlern, auch einen besonders qualifizierten Beamten, Alfred Klaus aus der Abteilung TE in seinem Haus, an die Entzifferung dieser Hieroglyphen gesetzt. Bereits zur Weihnachtsfeier 1976 konnte Alfred Klaus eine erste Auswertung vornehmen. In den sichergestellten Schriftstücken gäbe es Anhaltspunkte für

1. ein unmittelbar bevorstehendes »Kommando«-Unternehmen, Deckname »Margarine«,

2. eine in Vorbereitung befindliche bewaffnete Aktion zur Beschaffung einer großen Geldsumme, Stichwort »Big money«,

3. eine geplante »Rache«-Aktion zur Befreiung einer größeren Anzahl von Gefangenen.

Wer mit »Margarine« gemeint sein konnte, das verstand Herold am 7. April 1977, als ein Kommando der RAF den Generalbundesanwalt in seinem Auto ermordete – Siegfried Buback. Seine Initialen, SB, das waren auch die Anfangsbuchstaben einer Sonnenblumenmargarine – darauf waren die Beamten aber nicht gekommen. Obwohl die RAF also wußte, daß Herold ihre Notizen hatte, ließen sie sich trotzdem nicht davon abhalten, den einmal gefaßten Plan abzuarbeiten. Sie fühlten sich sicher, daß die Beamten ihren Code einfach nicht verstehen würden.

Tatsächlich war diese Art der Verschlüsselung ein semantischer Rösselsprung, eine Assoziation nach dem politischen Pop-Kultur-Muster der RAF, wie es dieser älteren Generation nur schwer verständlich und zugänglich war. Deutschland war eben nicht Frankreich oder England, wo die erste Garde von Oxford-Studenten auch für den Geheimdienst oder Scotland-Yard zu gewinnen war. Gestapo war in Deutschland immer noch ein Gruselwort, das die meisten jungen Studenten weit weg von dieser Art Dienst fürs Vaterland brachte.

Buback aber war ein guter Freund Herolds gewesen. Herold hatte beim Staatsbegräbnis am offenen Grab einen Schwur geleistet: »Ich bringe dir deine Mörder!« Und er brachte sie ihm.

»Big money« war das nächste Rätsel, das mit der geplanten Entführung und dann planlosen Ermordung des Bankiers Jürgen Ponto am 30. Juli des Jahres selbst gelöst wurde.

Die »Rache«-Aktion erwies sich als der mißglückte Raketenwerferanschlag am 25. August des Jahres auf das Gebäude der Bundesanwaltschaft.

Blieb nun die immer drängendere vierte Frage, was sich hinter dem Kürzel »H. M. auschecken« verbarg. Weihnachten 1976 schrieb der Beamte Alfred Klaus dazu in seiner Expertise, noch in Unkenntnis der Auflösung von »Big money«: *Die schon im November 1976 vorzubereitende Geldbeschaffungsaktion »Big Money« sollte demzufolge in der Reihenfolge nach der*

»Margarine«-Operation erfolgen. Allem Anschein nach war ein erpresserischer Menschenraub nach dem Muster Albrecht oder Snoek geplant.

Und aus der Verbindung mit einem weiteren Wortzeichen auf einem Schriftstück – *Perspektive nach Margarine … Big raushole – Rache* folgert Klaus: *Gemeint ist offenbar eine Großaktion zur Befreiung der RAF-Gefangenen.*

Dazu kamen zwei weitere Schriftstücke mit folgenden Formulierungen: *Perspektive nach Margarine Big Money (Vorbereitung schon jetzt).*

Big Money – H. M. auschecken mit Marie diskutieren wo den Typ bunkern.

Horst Herold war mit seinen Leuten im Bundeskriminalamt sicher, daß die RAF mit ihrer bislang gezeigten Planungstreue nun auch im Herbst die letzte Aufgabe angehen würde.

Eine Person, die stets in der Öffentlichkeit mit beiden Vornamen genannt wurde, war Hanns-Martin Schleyer. So hatte Herold das letzte Rätsel gelöst. Dennoch hatte er Schleyer nicht schützen können.

Noch von der Autobahn ließ Herold dem Bundeskanzler per Telefon ausrichten, daß der Chef des BKA gegen Mitternacht im Kanzleramt ankäme. Die gleiche Botschaft ging an den zuständigen Innenminister Maihofer. Noch bevor Herold in Bonn zum ersten Gespräch eintraf, hatte der Innenminister bereits eine folgenschwere Entscheidung getroffen: Zum ersten Mal in der Geschichte der Bundesrepublik wurde das Bundeskriminalamt und sein Chef den gesamten Länderpolizeien übergeordnet. Wie der Chef des FBI, hatte Herold für sieben Wochen das zentrale Kommando – eine neu geschaffene Macht, die aufgrund der dezentralen Organisation der westdeutschen Polizei allerdings auch viel Verwirrung, unklare Kompetenzen und Wirrwarr erzeugte. Zeitweise arbeiteten die Kriminalpolizei von Köln, das LKA des Landes Nordrhein-Westfalen und das Bundeskriminalamt nebeneinander her.

Als ihm der Minister dann in Bonn, auf dem Weg zum Bundeskanzler, mitteilt, daß er nun »Herrscher aller Reußen« ist, benennt Herold auch die andere Seite der Medaille: »Damit haben wir auch die gesamte Verantwortung am Arsch.«

Die zuständigen Politiker von Bund und Land drängten sich an den Tatort. Lichtmaschinen und Scheinwerfer an Lichtmasten hatten die Stelle tatsächlich in einen schaurigen Drehort verwandelt. Nur mit Mühe gelang es den Kriminalbeamten, eine vernünftige Tatortsicherung durchzusetzen. Ein freundlicher Helfer hatte inzwischen alle Waffen eingesammelt und einfach auf den Kofferraum eines Fahrzeugs gelegt! Die Patronenhülsen wurden von herumirrenden Beamten, Politikern, Journalisten und Zuschauern platt getreten. Für hochrangige Besucher wurden die Leichen der Opfer immer wieder auf- und zugedeckt. Man ließ sich am Tatort sehen, formulierte Betroffenheit. So was verlangten die Bürger von der Politik ab dem Moment, als die erste Schlacht gegen die Rote Armee Fraktion verloren schien.

Die Ehefrau von Hanns-Martin Schleyers Fahrer wurde zur Identifizierung an den Tatort geholt und erfuhr hier, völlig unvorbereitet, die schreckliche Wahrheit. Fotografen einer Boulevardzeitung suchten mit ihren Blitzen geschwind den Schmerz zu fotografieren. Ü-Wagen des Fernsehens, Filmteams und Radioreporter hielten immer wieder auf die Opfer, die in ihrem Blut auf dem Pflaster lagen. Dann noch eine letzte Einstellung: Einsargen und Abtransport der Leichen, die nun endlich zur Obduktion abgefahren wurden.

Eine Erbsensuppe war inzwischen aus einer Gulaschkanone für die kleinen und großen Besucher bereitgestellt. Dann wurden die Limousinen von Schleyer und seinen Begleitern mit dem Rammfahrzeug der Entführer auf Transporter verladen und zum Bundeskriminalamt nach Wiesbaden transportiert.

Erst in den frühen Morgenstunden kamen die Männer von der Stadtreinigung mit Wasser und Besen, um die Straße von den Spuren der Nacht zu säubern.

3 Der Kanzler

Bundeskanzler Helmut Schmidt saß gerade zusammen mit Justizminister Hans-Jochen Vogel und Hans-Jürgen Wischnewski in seinem Büro, als gegen 18 Uhr 15 ein Bote einen Zettel mit einer Agen-
turmeldung hereinreichte: *Attentat auf Hanns-Martin Schleyer.*

Der Kanzler kannte Schleyer aus vielen Gesprächen. Er hatte
eine gute Beziehung zu dem verläßlichen Mann aus dem Bereich
der Industrie. Für Helmut Schmidt war Schleyer – anders als für
den linken Flügel seiner Partei – nicht der Buhmann.

Als kurze Zeit darauf die ersten Meldungen hereingereicht wurden, die davon sprachen, daß vier Männer tot auf der Straße lagen
und Schleyer offenbar als Geisel entführt worden war, gab es nur
eine kurze Zeit des Nachdenkens. Was war zu tun? Vogel und
Wischnewski mußten noch in der Dämmerung an den Kölner Tatort fahren.

Nur eine halbe Stunde vom Bundeskanzleramt entfernt war
dieser brutale Überfall geschehen.

Der Kanzler ging zu seinem Telefon. Von ihm sollten es Waltrude
Schleyer und die Familie des Arbeitgeberpräsidenten in Stuttgart
zuerst erfahren. Das war keine leichte Aufgabe für den Mann, der
in den nächsten Wochen auf viele Menschen und nach außen hin so
diszipliniert und entschlossen, ja sogar hart wirkte. In den kommenden Wochen würde Hans-Jochen Vogel dem Bundeskanzler
diese schwierigen Gespräche mit der Familie abnehmen.

Waltrude Schleyer hatte im Stuttgarter Ginsterweg an diesem
Abend schon zwei Anrufe von Boulevardzeitungen hinter sich.
Das erste Mal kam die harmlose Frage: »Können wir mal Ihren
Mann sprechen?«

»Nein, der ist in Köln!« Dann wurde aufgehängt.

Danach wurde ihr die Meldung vom Kölner »Express« überbracht: »Wissen Sie, daß Ihr Mann von den Terroristen verschleppt wurde?«

44

»Nein, ich habe keine Ahnung!«

So war das gelaufen. Und jetzt war auch der Bundeskanzler am Apparat. Helmut Schmidt versicherte, er werde alles tun, ihren Mann zu finden und zu befreien. Aber sie müsse »jetzt auch Gottvertrauen haben«!

Diesen Satz erinnert Waltrude Schleyer noch heute und spielt mir, mit ihrem trockenen Humor und ohne jede falsche Wehleidigkeit, ihre Antwort vor: »*Herr Bundeskanzler. Ich möchte aber ganz gern auch zu Ihnen Vertrauen haben und nicht nur auf den lieben Gott bauen!*«

Dann rief sie ihre vier erwachsenen Söhne im Elternhaus zusammen: gemeinsam würden sie sich stützen und Kraft geben müssen. Vor allem Ebu, ihren Ältesten, den Rechtsanwalt Eberhard Schleyer, brauchte sie jetzt.

Er wird nun, als das Oberhaupt der Familie, für die nächsten Tage den Vater vertreten müssen. Niemand wußte in dieser Nacht des 5. September 1977, daß schließlich sieben Wochen daraus werden sollten. Als bald die überängstliche Haushaltshilfe flüchtete, verwandelte sich Waltrude allmählich und erlangte die Festigkeit einer Frau, deren Mann im Feld steht. In dieser Nacht begann sie wieder zu rauchen.

Sie tut das bis heute.

Bundeskanzler Schmidt war auf diesen Angriff der RAF innerlich vorbereitet. Achtundfünfzig Jahre alt war der Kanzler, und wie kaum ein anderer Politiker durch Lebenserfahrung und Charakter geeignet, das Land durch diese schwere Krise zu steuern. So dachten jedenfalls alle diejenigen, die als hochkarätige Berater zu seinem engen Kreis gehörten. Das Kleeblatt – so wurden die vier Männer genannt, die in den nächsten Wochen im Kanzleramt am Tisch saßen, um nach Lösungen zu suchen und Entscheidungen vorzubereiten.

Staatsminister Hans-Jürgen Wischnewski, aufgrund seiner besonderen Fähigkeit, mit arabischen Staatsmännern erfolgreich zu verhandeln, auch liebevoll »Ben Wisch« genannt, gehörte dazu.

Er galt als der Feuerwehrmann für besondere Fälle. Dazu kam der intelligente und sensibel agierende Pressesprecher Bölling. Als Korrespondent in Washington hatte Klaus Bölling mit viel Skepsis und Nachdenklichkeit über den Vietnam-Krieg berichtet, die Opposition in den USA vorgestellt und damit sicher auch seinen jetzigen Gegnern in der RAF manches Negativbild angeboten. Helmut Schmidt hatte ihn aus dem Fernsehgeschäft rübergeholt. »Mein Freund Klaus Bölling« – so stellte er ihn am ersten Tag im Presseamt vor. Damit waren die Fronten deutlich.

Der Dritte in der Runde war Staatssekretär Manfred Schüler, ein kleiner unauffälliger Mann mit Halbglatze, ein Verwaltungsfachmann, den sich der Kanzler aus dem Finanzministerium mitgenommen hatte. Schüler behielt in den kommenden Wochen immer die Ruhe, wenn bei anderen die Nervenbelastung immer deutlicher wurde. Er konnte, er durfte dem Kanzler Rat geben: »Helmut, jetzt mach nicht den Krisenmonarch. Du mußt nicht alles an dich reißen. Überlaß diese Entscheidungen der Polizei!«

So etwas war möglich, weil Schmidt zuhören konnte. Im engsten Kreis wurde mit schonungsloser Offenheit jedes Problem genauestens seziert. Er war nicht der Mann, der aus sich heraus, ohne Gespräche, zu einsamen Entscheidungen fand. Gelegentlich haben seine Freunde ihn zaudernd und zögerlich erlebt, schaudernd vor den vielen auch schrecklichen Möglichkeiten auf dem Schachbrett. Aber wenn die Gegner in der RAF zwei Züge vorausberechnen konnten, so hatte Schmidt womöglich schon einen dritten Zug als Antwort parat.

Außerdem hatte er einfach Glück – ein Wort, das in der Diplomatensprache gerne mit »fortune« übersetzt wird.

Ein Glücksfall waren auch einige der kompetenten Minister, die in den kommenden Wochen zur Lösung der Krise an seiner Seite standen. Freunde ebenfalls, von denen der Kanzler keine Illoyalitäten befürchten mußte. Vorneweg Justizminister Hans-Jochen Vogel, ein Mann, der entscheidende Fragen zur Legalität aller Entscheidungen zu klären und einzubringen hatte. Ein Freund zudem, der dem Kanzler in diesen Wochen äußerster Belastung eine wichtige Stütze war.

»Ich habe ihn einmal in diesen Tagen davor bewahrt, eine große Dummheit zu begehen«, sagt mir Hans-Jochen Vogel heute dazu. Was es war, wollten dann weder Schmidt noch Vogel weiter ausführen.

So waren die Kräfte verteilt, als an diesem Montag, dem 5. September, der Angriff der RAF auf den Staat mit der Entführung von Hanns-Martin Schleyer seinen vorläufigen Höhepunkt erreichte und sich eine entscheidende Schlacht zwischen den Gegnern dieser Demokratie und der Gründergeneration der Bundesrepublik abzeichnete. Ein wahres Todesspiel. Den Gegnern in Stammheim und ihrer Geisterarmee, der zweiten Generation, waren diese Politiker nur aus dem Fernsehen bekannt. So wie ihrerseits diese Männer, ihre Vätergeneration, die Rebellen bislang nur aus Fernsehreportagen, Zeitungsartikeln und den Fahndungsberichten der Polizei kannte.

Um 21 Uhr 30 steht der Kanzler vor der Kamera. Im ARD-Studio Bonn meldet er sich, vor schwarzem Hintergrund im dunkelblauen Anzug, das Gesicht klar ausgeleuchtet, drei Stunden nach dem Angriff vor den besorgten Bürgern zur Stelle.

Schmidt hat wie kein Kanzler vor ihm die Wirkung des Fernsehens erkannt und genutzt. Mit den ersten Sätzen erinnert Schmidt an die Geschichte der letzten Monate: *Die Nachricht vom Mordanschlag auf Hanns-Martin Schleyer und die ihn begleitenden Beamten und Mitarbeiter hat mich tief betroffen. Nicht anders als die Nachricht, die erst wenige Wochen zurückliegt, vom Mord an Jürgen Ponto, nicht anders als die Morde an Buback, Wurster und Goebel. Uns alle erfüllt nicht bloß tiefe Betroffenheit angesichts der Toten, uns erfüllt auch tiefer Zorn über die Brutalität, mit der die Terroristen in ihrem verbrecherischen Wahn vorgehen.*

Die Sicherheitsbeamten und Fahrer, die bei diesen sogenannten Befreiungsaktionen der Arbeiterklasse ihr Leben lassen mußten – Schmidt vergißt auch die kleinen Leute am Rande des Schlachtfelds nicht. Sein Zorn und seine Entschlossenheit sind deutlich spürbar, als er sich direkt an seine Gegner wendet. Er weiß, daß sie seine Rede irgendwo in einem Versteck vor dem Fernseher verfolgen.

Während ich hier spreche, hören irgendwo sicher auch die schuldigen Täter zu. Sie mögen in diesem Augenblick ein triumphierendes Machtgefühl empfinden. Aber sie sollen sich nicht täuschen. Der Terrorismus hat auf Dauer keine Chance, denn gegen den Terrorismus steht nicht nur der Wille der staatlichen Organe, gegen den Terrorismus steht der Wille des ganzen Volkes.

Im Renngraben 8, Wohnung Nr. 104 im dritten Stock, keine dreißig Minuten vom Bonner Kanzleramt entfernt, hocken sie derweil auf dem Boden vor dem Fernsehschirm und schauen jenem Mann zu, dem – als Repräsentant der Bundesrepublik – sie heute auch ganz persönlich den Krieg erklärt haben.

Nicht daß sie genau wüßten, was nun auf sie zukommt, was es heißt, diesem Mann und dieser Republik den Krieg zu erklären, was nun an Männern und Gerät gegen sie aufgefahren wird – das nicht. Aber sie ahnen, trotz aller Hochgefühle, wie schwer es sein würde, mit diesem entschlossenen Mann um die Freiheit der Stammheimer Gefangenen zu verhandeln.

Immerhin: vier tote Männer liegen auf der Straße, und jetzt sehen sie in den Berichten vom Tatort noch mal genau, was sie dort angerichtet haben. Anne spricht aus, was die anderen auch empfinden: »Das wird ein hartes Tauziehen.«

Aber sie würden es versuchen. Andreas und Gudrun waren der Kopf, und sie brauchten die Führung für die nächsten Jahre zurück.

Der Druck, so erinnert sich Silke Maier-Witt heute an die Motive der zweiten Generation, kam vor allem aus Stammheim. Mit dem Kommando Siegfried Hausner die Gefangenen der ersten Generation zu befreien – das galt als allein mögliche politische Tat.

Diese Gruppe von Leuten, die sich da zusammenfand, deren Ziel war es, die Gefangenen aus Stammheim zu befreien. Und das war es auch erst mal. Die höchstmögliche politische Wirksamkeit ließ sich mit einer Aktion erzielen, die diese Gefangenen rausholt. Das war die Konfrontation mit dem Staat, die quasi die Bundesrepublik aus den Angeln heben würde. Alles spitzte sich darauf zu. Als die Gefangenen dann nicht mehr da waren, als sie tot waren, ja, da war im Grunde genommen der Sinn, die Daseinsberechtigung dieser Gruppe erst mal in Frage gestellt.

Konnte sich der Bundeskanzler während seiner Ansprache im Fernsehen vorstellen, daß die RAF-Gefangenen in Stammheim ihm noch zuhörten? Konnte er sich vorstellen, daß gerade sie die schreckliche Szene mit den vier Toten auf der Straße aus der Zelle heraus kontrollieren konnten? Es gab schließlich diesen fatalen Mythos vom »Hochsicherheitstrakt« in Stammheim, dem auch viele Politiker erlegen waren. Sie glaubten tatsächlich an dieses Wort, wie auch ihre Kritiker die organisierte Propaganda von der »Isolationsfolter« im Hochsicherheitstrakt glaubten und alle Welt glauben machen wollten.

Die wenigen Menschen, die in Stammheim täglich arbeiten mußten, konnten sich kaum wehren gegen die fehlgeleiteten Verdächtigungen, moderne Folterknechte zu sein. Kaum ein Politiker hatte sich persönlich dort oben im siebten Stock sehen lassen, und die Presse war aus Gründen der Sicherheit nicht zugelassen. »Ein Fehler«, sagt mir der Amtsinspektor Horst Bubeck heute. »Der Terminus Hochsicherheitstrakt wurde nicht von uns erfunden. Es waren ganz normale Sicherungen.«

Bubeck, der Vollzugsbeamte für den siebten Stock, hat – wie auch andere Kollegen – dort oben die Entscheidungen von Politik und Justiz während des alltäglichen Vollzugs ausbaden müssen. Er hat sie erlebt, die Gefangenen, täglich, Gefangene, wie sie kein deutsches Gefängnis zuvor gesehen hatte. Selbstbewußt bis zur Dreistigkeit, kämpften sie gegen die einfachen Beamten, die hier ihren schweren Dienst zu tun hatten. Mit den Hungerstreiks hatten sie sich in Stammheim einen Freiraum erkämpft, wie es ihn niemals vorher oder nachher in irgendeinem Untersuchungsgefängnis gegeben hat.

Im siebten Stock in Stammheim sitzen vier Gefangene vor den Fernsehern. Jeder allein in seiner Zelle: Andreas Baader, Gudrun Ensslin, Jan-Carl Raspe und Irmgard Möller.

Wie dürfen wir uns die Szene vorstellen? Böses Schmunzeln auf den Gesichtern, über den Erfolg, der ihnen über das Fernsehen in die Zelle gemeldet wird? Genugtuung, klammheimliche Freude? Auf jeden Fall wohl: genaues Hinhören auf versteckte Botschaften des Kanzlers, der nicht zu Verhandlungen nach Stammheim kommt, aber nun mit ihnen über das Fernsehen spricht.

Er sagt ihnen vom Bildschirm, daß er »mit allen Mitteln gegen den Terrorismus Front« machen wird. In seinem Kabinett hat man beschlossen, Gelder für die »massive Verstärkung des Bundeskriminalamtes und anderer Sicherheitsorgane« zur Verfügung zu stellen. Schon gleich in dieser ersten Ansprache macht der Kanzler deutlich, daß sich das Umfeld der Sympathisanten von diesen terroristischen Mördern nun endlich trennen muß.

Erst mit Hilfe der Szene außerhalb von Stammheim hatten die Gefangenen ja ihre desinformierende öffentliche Wirkung erreichen können. *Doch mit kühlem Kopf will ich sagen, daß sich einer, der jetzt noch verharmlost, der jetzt noch nach Entschuldigungen sucht, von der Gemeinschaft aller Bürger isoliert, die sich mit unserer Rechts- und Gesellschaftsordnung identifizieren und die sie erhalten wollen.*

Diese Trennung der Täter vom sie bislang tragenden sympathisierenden Umfeld solle sich, so Schmidt, auch in der Zusammenarbeit mit der Polizei zeigen. Jeder Bürger der Republik müsse sich an der Fahndung nach den Entführern von Hanns-Martin Schleyer beteiligen.

Wer von Ihnen auch nur die kleinste Information über den Hintergrund der Morde hat oder auch nur den kleinsten sachdienlichen Hinweis auf den Hintergrund des heutigen Verbrechens geben kann, der hat als Bürger unseres Rechtsstaats die unabweisbare moralische Pflicht, die Polizei bei ihrer Fahndung nach den Mördern und Entführern aktiv zu unterstützen.

Gudrun Ensslin und Andreas Baader wissen, daß die Politiker

sie isolieren wollen, vor allem von den Sympathisanten an den Universitäten. Aber die technische Aufrüstung, die sie bei dieser Jagd notgedrungen betreiben, wird das Gesicht der scheinbar so friedlichen Bonner Demokratie verändern. Das Mäntelchen der Arglosigkeit wird ihm herabgerissen, und darunter wird das wahre, häßliche Gesicht eines hochgerüsteten Polizeistaates sichtbar werden, und schließlich die alte bekannte Fratze des Faschismus. *Sie* haben es gesehen und sie wollen nicht wie ihre Eltern zu denen gehören, die geschwiegen haben.

»Mit einem Auge kann man das schon sehen« – so hatte es die Pfarrerstochter Gudrun Ensslin dem Richter im Frankfurter Kaufhausbrandprozeß zugerufen. *Womit ich mich niemals abfinden werde, ist die Tendenz, in der sich die spätkapitalistische Gesellschaft ungeheuer deutlich fortbewegt, hin zum Faschismus.*

Hier lag einer der Angelpunkte zur moralischen Rechtfertigung ihrer Generation. Ihre Eltern hatten dem Aufkommen des Faschismus noch schweigend zugesehen. Sogar der Pfarrer Ensslin hatte es, angesichts der Gestapo in seiner Kirche, nicht gewagt, das heidnische Mörderpack anzuklagen. Doch Gudrun war sich sicher: man kann etwas tun, wenn man will.

»Sie war ein Mensch des Absoluten. Das ist ihr zum Verhängnis geworden.« Ihre Mutter hat es ganz zu Anfang einmal auf diesen einfachen Nenner gebracht. So klar und einfach malte sich die Geschichte in schlichtem Schwarzweiß ab. Sie konnten nicht wirklich miteinander sprechen, diese Elterngeneration, die mit dem Trauma von Auschwitz weiterleben mußte, und ihre grübelnden, nachfragenden, allzu hurtigen und fordernden Kinder.

Dennoch war der Plan der RAF nichts anderes als ein Teufelspakt: Wenn wir Recht haben und mit unseren Attacken die Aufrüstung dieser Republik zu einem Polizei- und Terrorstaat bewirken, dann wird uns die Entwicklung schließlich Recht geben. Mag auch der Streit unter den legalen und linken Sympathisanten über die Dialektik von Aufdecken und Aufrüsten hin- und hergehen. Wenn wir es für die vielen Hosenscheißer unter den Gebildeten, den Künstlern, den Studenten, den verirrten Jungarbeitern in der bornierten Gewerkschaft durchgezogen haben, dann werden sie uns recht geben.

Schmidt sah diese propagandistische Falle, und deshalb war auch immer zu bedenken, wieviel Polizei bei welchen Aktionen unbedingt notwendig war. Jetzt war viel notwendig. Fast alles, was der Staat aufzubieten hatte, mußte an diese Front. Es war eine Front. Es war ein aufgezwungener Krieg. So dachten sie.

Noch während Helmut Schmidt sprach, standen die Vollzugsbeamten mit dem stellvertretenden Leiter, Horst Bubeck, in Stammheim auf dem Flur und warteten auf den Staatsanwalt, unter dessen Leitung eine erste Zellendurchsuchung stattfinden sollte. Andreas Baaders Zelle wurde zuerst aufgeschlossen. Der Stecker zum Fernseher wurde sofort herausgezogen, damit nicht noch weitere Informationen von außen vordringen konnten. Der zuständige Staatsanwalt, mit Baader schon aus dem Gerichtssaal bekannt, erläuterte dem Gefangenen die Situation: »Herr Baader, aus gegebenem Anlaß – Sie haben die Entwicklung ja mitbekommen – ist bei Ihnen eine Sonderdurchsuchung der Zelle durch das Landeskriminalamt unter meiner Leitung veranlaßt. Bitte kommen Sie heraus!«

Baader darf etwas Tabak und Streichhölzer in die Ausweichzelle mitnehmen. Dann beginnen die Beamten mit der Untersuchung seiner Zelle. Das gleiche geschieht mit den Zellen von Gudrun Ensslin, Jan-Carl Raspe und Irmgard Möller. Aber so etwas hatten die erfahrenen Beamten des Staatsanwalts zuvor noch nicht gesehen: Die Zellen waren nicht nur voller Bücher, Aktenordner, Hefte und Platten, alles auf dem Boden weit verstreut. Insgesamt hatten die Gefangenen ihr Leben auf den Boden heruntergeholt, die Bettgestelle rausgebracht und die Matratzen auf die Erde gelegt. Dazu Radio und Fernseher auf den Boden gestellt und mit voller Absicht eine Spur von Dreck und Schmutz über allem anwachsen lassen.

»Ein Trick«, meint Bubeck heute, »eine Ekelschwelle, die sie für uns aufgebaut hatten.« Den Beamten sollte die Lust vergehen, bei

Durchsuchungen weiter und tiefer in diese Zellen vorzudringen. Brotkrumen auf dem Boden verstreut, schimmelnde Obstreste in den Regalen, verdreckte Toiletten, schwarz von den kleinen Feuern.

»Selbstverständlich haben sie Streichhölzer und Feuerzeuge, und damit haben sie auch immer wieder Papiere in der Toilettenschüssel verbrannt.« Bubeck muß das den erstaunten Kriminalbeamten erläutern. Seine Leute gehen ja nur mit Handschuhen in diese Zellen.

»Und die Schere in der Zelle von Frau Ensslin?«

»Sie haben auch Messer und Gabel. Sollen wir sie mit den Händen essen lassen?«

Auf einem Rollwagen werden die Fernsehgeräte und Radios abgefahren. Die Plattenspieler waren, als disziplinarische Maßnahme nach einem Handgemenge, schon vorher für eine Strafzeit eingezogen worden. Gegen 2 Uhr in der Frühe des 6. September waren die Durchsuchungen in Stammheim abgeschlossen.

4 Erstes Ultimatum

In den Fernsehsendungen, die am Nachmittag des 5. September immer wieder die Bilder vom grausigen Ort des Überfalls brachten, wurde einmal auch eine schwarze Tafel mit der Autonummer des flüchtigen VW-Bullys gezeigt. Der Hausmeister der Hochhaussiedlung vom Wiener Weg 1b in Köln erinnerte sich an den Wagen, der seit Tagen in seiner Tiefgarage parkte. Verärgert hatte er sich die Nummer auf einem Zettel notiert. Nun holte er den Zettel aus der Jacke, und bald schon standen die ersten Polizeibeamten vor dem Fluchtfahrzeug in der Tiefgarage am Wiener Weg – um 19 Uhr 47.

Auf dem Fahrersitz lag ein Zettel. Zweifellos eine Nachricht des Entführerkommandos. Aber niemand wagte die Türen zu öffnen. Vielleicht war als erster Gruß eine Bombe für die Polizei im Wagen versteckt. Spezialeinheiten rissen die unverschlossene Seitentür mit einem Seil auf, dann erst konnte der Zettel zum Bundeskriminalamt nach Godesberg gebracht und der Text schließlich dem Bundeskanzler vorgelegt werden. Es waren Fotokopien, die vom Kommando einfach auf dem Kopierer eines Kaufhauses angefertigt worden waren.

an die bundesregierung

sie werden dafür sorgen, daß alle öffentlichen fahndungsmaßnahmen unterbleiben oder wir erschießen schleyer sofort, ohne daß es zu verhandlungen über seine freilassung kommt. raf.

Horst Herold, der noch vor Mitternacht im Kanzleramt eintrifft, glaubt nicht, daß man den Forderungen der Entführer nachgeben muß. Er hofft, daß sich die RAF nun auf ein langes und gefährliches Pokerspiel um das Leben Hanns-Martin Schleyers einläßt. Justizminister Vogel wird Generalbundesanwalt Rebmann ersuchen, aufgrund dieser ersten Meldung *nicht* von der weiteren Fahndung nach den Entführern abzusehen. Herold weiß aus Erfahrung, daß gerade in den ersten Tagen der Erfolg kommen muß.

In der kleinen nächtlichen Runde erklärt er noch einmal sein Suchkonzept: Die Täter werden sich in einer sogenannten anonymen Wohnung noch ganz in der Nähe von Köln aufhalten. Anonyme Wohnung – das hieß: Hochhaus, Tiefgarage und Autobahnanschluß in der Nähe. Barzahlung unter Vorlage gefälschter Ausweise. Man würde im Nahbereich Kölns diese Wohnungen abklopfen, und dann müßten die Namen herausfallen, die der Computer in Wiesbaden als RAF-Hinweise erkennen konnte.

So der Plan. Herold war sich sicher. Er kannte seine Gegner und konnte sich in ihre Handlungen hineinversetzen.

Die Partei- und Fraktionsvorsitzenden der anderen Parteien des Bundestages, die der Kanzler noch in dieser Nacht telefonisch erreicht hatte, äußerten ebenfalls keine Bedenken. Das betraf insbesondere den Oppositionsführer Helmut Kohl, den Schmidt am nächsten Tag in seinem Bonner Büro zu einem sehr persönlichen Gespräch besuchen konnte.

Während die Stammheimer Gefangenen durchsucht wurden, und während die Familien und Frauen der toten Beamten die grausamen Bilder vom Blutbad an ihren Männern unter Schmerzen ansehen mußten, und der Kanzler mit seinem ersten und engsten Krisenstab zukünftige Möglichkeiten durchspielte, lag der Präsident der Arbeitgeberverbände und der Chef des Bundes der Deutschen Industrie noch immer im Kofferraum des Mercedes Benz. Der bullige Flipper hatte ihn wie ein Kind in seine Arme geschlossen. Sie atmeten seit Stunden die gleiche, nach Öl und Benzin stinkende Luft in dem dunklen Loch. Nur gelegentlich waren die Schritte heimkehrender Hausbewohner zu hören.

Als sich die leuchtenden Zeiger auf Flippers Armbanduhr über die Mitternacht hinaus bewegt hatten, wußte er, daß für ihn nun bald die Erlösung aus dem engen Versteck nicht mehr fern war. Oben, in der Wohnung, hatten Anne und Tony mit einer Spezialsonde nochmals die Wände zur Nachbarwohnung abgehört. Nun war es ganz still – auch auf dem Flur und an den Fahrstühlen hatte sich lange nichts mehr bewegt. Der Gefangene Schleyer konnte ins »Volksgefängnis« hochgeschleust werden. Zwei Mann an den Fahrstühlen unten in der Tiefgarage und oben im dunklen Flur, und ein weiterer, um Schleyer mit Flipper zusammen aus dem Kofferraum über den Gang zu zerren.

Ein verspäteter Heimkehrer hätte in der Tiefgarage nur noch einen müden Mann mit einer dunklen Sonnenbrille und einer Pudelmütze auf dem Kopf erkannt: eine Person auf schwankenden Beinen, die von zwei Freunden besonders fürsorglich in den Gang zum Fahrstuhl geleitet wurde. So kam Hanns-Martin Schleyer in dieser Nacht vom 5. auf den 6. September in den dritten Stock und in die Wohnung 104 am Renngraben Nr. 8 in Erftstadt-Liblar.

Diese Wohnung lag ganz am dunklen Ende des Flurs, deshalb konnte man sich auch in der Nacht im Flur hinter der Tür unterhalten. Sie war – wie für ein Bühnenbild – mit Requisiten als heimelige Wohnung eingerichtet, mit einem kleinen Schränkchen, einem kitschigen Holzleuchter und voll intakter Küche. Wer mit dem Rücken hinter der Wohnungstür stand, sah rechts einen kleinen Raum, der als Schlafplatz für die Wächter gedacht war. Daneben eine Glastür, mit DC-Fix abgeklebt. Dahinter, mit Aussicht auf die Front, lag das Schlafzimmer – ein schwerer Fall von Birkenfurnier. Hier gab es eine Schaumstoffmatratze, auf der Schleyer die nächsten Tage und Nächte verbringen sollte. Daneben lag, mit der Fensterfront zur Straße, eine kleine Küche und noch einmal links daneben der Aufenthaltsraum der Entführer: ausgestattet mit Fernseher, Radio, Tonband und Videorecorder. Als Sitzgelegenheit: schlichte Schwedenmöbel mit Ikeatouch.

Vor diesem Raum bis hin zur Flurwand befand sich ein großer Einbau-Wandschrank als Trennung zum Flur. Diese Grundausstattung hatte sie auf die Idee gebracht, hierin ein besonderes Verlies für den Gefangenen zu errichten. Dicke Schaumstoffmatratzen an den Wänden und vor den Türen dieses Einbauschranks gaben dem kleinen Loch eine totale Schallisolierung. Ein Stuhl darin und eine Kette vervollständigten das Verlies.

Wenn die Türen geschlossen waren, hatte die RAF hier genau das hergestellt, was sie dem »Folterstaat« Bundesrepublik immer vorgeworfen hatte: eine Camera silens, einen Raum, in dem jede Person vollständig die Orientierung und das Bewußtsein von Ort und Zeit verlieren mußte – Deprivationsforschung hießen diese Experimente an der Hamburger Universität, für die Studenten in dunkle Kisten steigen mußten. Als »Isolationsfolter« tauchte der Begriff dann im propagandistischen Kampf um die Unterbringung der RAF-Gefangenen in den verschiedenen Haftanstalten wieder auf.

Hanns-Martin Schleyer, der nach den schrecklichen Erlebnissen vom Überfall nun seit sieben Stunden, den Kopf voller peinigender Bilder, im engen Kofferraum gelegen hatte, war sehr durstig. Er bekam zu trinken.

Was hatte er wirklich gesehen, nachdem er hinter die Vordersitze abgetaucht war? Ein Gefecht mit über hundert Schüssen hatte er erlebt. Die Fahrer und Sicherheitsbeamten konnten tot sein. Die Nachrichten hatten es den Entführern wahrscheinlich mitgeteilt. »Was ist mit meinem Fahrer und den drei anderen? Hat jemand überlebt?«

Sie hatten sich verabredet, Schleyer nicht zu viel zu verraten. Er sollte immer Hoffnung auf einen Austausch haben. Daß er bloß nicht durchdreht. »Die Aktion ist gut gelaufen. Das ist alles, was du wissen mußt!«

Wurde Hanns-Martin Schleyer in den Schrank gesperrt? Man hätte dann auch die Tür schließen müssen, damit der Gefangene nicht zuviel von den Gesprächen mitbekam, die im Kommandozimmer vor dem Wandschrank stattfanden.

Peter-Jürgen Boock erzählt mir, Tony habe dem Gefangenen den Schrank nur zur Drohung gezeigt. »Da hört dich niemand. Wenn du dich nicht normal verhältst, setzten wir dich in die Kiste! Dann ist Ruhe im Salon!«

Danach führen sie den Mann in das Schlafzimmer. Vor dem breiten Doppelbett kann er sich auf einer Schaumstoffmatratze auf den Boden legen. Hier kriegt er eine Flasche Wasser, damit er trinken kann, wenn der Durst kommt. Man hat viel Babybrei eingekauft, um seinen Magen nicht zu strapazieren. Wenn er zur Toilette muß, soll er sich melden, aber nicht zu oft. Sie sind jetzt sieben Leute in einer Wohnung, die offiziell nur von einer einzigen Person, Frau Lottmann-Bücklers, so steht es unten am Türschild, gemietet wurde. Sie alle müssen sich einschränken und warten, wenn man die Spülung betätigen will. Das gleiche gilt für die Dusche.

Jetzt darf er sich bis auf die Unterhose ausziehen und mit einem Lappen abwaschen. Später gibt es einen Trainingsanzug.

Soweit der Bericht Boocks über die Behandlung Schleyers im Volksgefängnis.

Wie aber kommt es, daß man später Spuren von Schleyers Haaren am Schaumstoff entdeckt hat? Als das BKA nach Hinweisen der Vermieter Monate später dieses Versteck fand, entdeckten Sachverständige im Schrank einen Abrieb von 107 Haaranhaftungen, die den Haaren des Opfers Hanns-Martin Schleyer entsprachen. Sie fanden sich genau an der Stelle, an der man sich den Kopf eines hier auf dem Stuhl angeketteten Gefangenen vorstellen mußte. Hat man den alten Mann ins dunkle Loch gesperrt, als Tony einmal außerhalb der Wohnung war? Wie weit müssen wir, wie weit dürfen wir uns die Tortur dieses »Kriegsgefangenen« in Händen der RAF vorstellen?

Sicher erzählt sich die Geschichte für Peter-Jürgen Boock heute leichter, wenn er dem Opfer nicht allzuviel unnötige Schrecken und Schmerzen bereitet hat.

Andererseits: Gefangener in einem Bürgerkrieg – so haben sie das verstanden. Vielleicht haben sie Schleyer also eine Behandlung nach der Genfer Konvention zukommen lassen. Eben das, was sie selbst immer wieder vergeblich für ihre eigenen Gefangenen in Stammheim und anderen Strafvollzugsanstalten gefordert hatten. Schon um die Regierung zu bewegen, die Guerilla vor aller Welt offiziell als kriegführende Partei anzuerkennen. Das war aber für Helmut Schmidt völlig unannehmbar.

Am frühen Dienstagmorgen, dem 6. September, hämmerte eine elektrische Schreibmaschine eine zweite Nachricht an den Bundeskanzler. Der IBM-Kugelkopf machte den Sachverständigen sofort deutlich: hier spricht die RAF.

am montag, den 5. 9. 77, hat das kommando siegfried hausner den präsidenten des arbeitgeberverbandes und des bundesverbandes der deutschen industrie, hanns-martin schleyer, gefangengenommen. zu den bedingungen seiner freilassung wiederholen wir nochmal unsere »erste mitteilung« an die bundesregierung, die seit gestern von den sicherheitsstäben, wie wir das inzwischen kennen, unterschlagen wird.

das ist die sofortige einstellung aller fahndungsmaßnahmen – oder schleyer wird sofort erschossen.

sobald die fahndung gestoppt wird, läuft schleyers freilassung unter folgenden bedingungen:

1. die gefangenen der raf andreas baader, gudrun ensslin, jan carl raspe, verena becker, werner hoppe, karl heinz dellwo, hanna krabbe, bernd rösner, ingrid schubert, irmgard möller werden im

*austausch gegen schleyer freigelassen und reisen aus in ein land
ihrer wahl.*

Sie bedienten sich der sachlichen Sprache von Agenturmeldungen. Damit wollten sie unterstreichen, daß es sich hier um einen offiziellen Gefangenenaustausch zwischen zwei Kriegsparteien handeln sollte. Überwacht werden sollte das alles von einem sogenannten »generalsekretär der internationalen föderation für menschenrechte«, dem Genfer Anwalt Payot. Das Schreiben der RAF reiste aus Köln mit der Bahn nach Mainz. Dort warf es ein Kurier der RAF in den Briefkasten eines evangelischen Dekans. Danach wählte der Kurier die Telefonnummer des Geistlichen und forderte ihn auf, das Schreiben an den Bundeskanzler weiterzuleiten. Polizeikuriere brachten das Schreiben zum BKA, und eine Kopie ging dann zur Behörde des Innenministers Maihofer und vor dort ins Bundeskanzleramt.

Als Helmut Schmidt am frühen Dienstagabend die Forderungen in der Hand hatte, las er, wie eng das Ultimatum der Entführer konstruiert war. Punkt zwei der Bedingungen zum Gefangenenaustausch lautete: *2. die gefangenen sind bis mittwoch, 8 uhr früh, auf dem flughafen frankfurt zusammenzubringen. sie haben bis zu ihrem abflug um 12 uhr mittags jederzeit uneingeschränkt die möglichkeit, miteinander zu sprechen. um 10 uhr vormittags wird einer der gefangenen das kommando in direktübertragung durch das deutsche fernsehen über den korrekten ablauf ihres abflugs informieren.*

Sie wollten das Fernsehen und damit die Öffentlichkeit.

Schmidt spürt sofort, daß es um viel mehr geht als um eine Art »Gefangenenaustausch«. Die RAF will die Regierung – und damit das politische System – vor allen Bürgern in seiner Niederlage und Schwäche vorführen. Einmal hatte er ihnen dabei schon nachgegeben. Damals, im Februar 1975, als die Bewegung 2. Juni den Berliner CDU-Vorsitzenden Peter Lorenz entführt und fünf »Genossen« freigepreßt hatte. Pastor Albertz begleitete damals die Gefangenen auf ihrem Flug in die Volksrepublik Jemen, und Millionen

Zuschauer hatten das Spektakel des Abflugs am Frankfurter Flughafen zu Hause verfolgen können.

»Damals lag ich sehr krank im Bett, die CDU war dafür, und es hatte bei der Entführung keine Toten gegeben ...«, so erklärt mir Helmut Schmidt heute den Fehler, nachgegeben zu haben.

Es war ein Fehler, denn die freigelassenen Gefangenen kamen heimlich zurück, um sich weiter an ihrem großen Revolutionsstück, dem Kampf aus dem Untergrund, zu beteiligen. Ein Fehler auch deshalb, weil sich die RAF dadurch ermuntert fühlte, zwei Monate später die Deutsche Botschaft in Stockholm zu überfallen und zu besetzen. Sie erschoß kaltblütig zwei Diplomaten und forderte die Freilassung von weiteren 26 Gesinnungsgenossen.

Schon damals hatten die Entführer in ihrem Ultimatum aus der Botschaft ein ähnliches Szenario wie bei der Lorenz-Entführung verlangt:

... wird eine boeing 707 der lufthansa aufgetankt mit 3 mann besatzung am rhein-main-flughafen bereitgehalten.

innerhalb von 10 stunden bis 1 uhr

werden die gefangenen aus der brd ausgeflogen

(...) versucht die bundesregierung die freilassung der gefangenen zu verzögern, werden wir zu jeder vollen stunde einen beamten des auswärtigen amtes der brd erschiessen.

Schmidt konnte sich noch allzugut an die Ereignisse in Stockholm erinnern. In einem Zimmer der Botschaft hatte das RAF-Kommando »Holger Meins« die Beamten und Mitarbeiter der Botschaft gezwungen, sich im Kreis, mit den Köpfen zur Mitte, auf den Bauch zu legen. Militärattaché von Mirbach wurde mit vorgehaltener Pistole gezwungen, den schwedischen Polizeibeamten zuzurufen, die Polizei solle die gesamte Botschaft räumen. Dann schossen sie von Mirbach in den Kopf und stießen das sterbende Opfer die Treppe hinunter.

Der schwedische Ministerpräsident Olof Palme hatte es zunächst gar nicht glauben wollen, als ihm sein Freund Helmut Schmidt am Telefon erklärte, er sei nicht bereit, die Befreiung der Botschaft gegen die in den deutschen Gefängnissen einsitzenden RAF-Gefangenen zu verhandeln. Nachdem die schwedische Regierung den deutschen Geiselnehmern diese Nachricht des Bundeskanzlers mitgeteilt hatte, waren in der Botschaft die Vorbereitungen für die Sprengung des Gebäudes mitsamt den gefangenen und inzwischen gefesselten Menschen vorbereitet worden. Noch einmal wurde eine Geisel, Dr. Hillegart, an ein Fenster geführt, um herauszurufen, daß die RAF ihn als nächste Person erschießen werde, wenn sich die Bundesregierung nicht entschließt, in Verhandlungen einzutreten.

Er konnte sich auf die Distanz kaum verständlich machen und wurde am offenen Fenster mit einem Kopfschuß hingerichtet.

Die letzte Mitteilung des Botschaftskommandos wurde dann als Schreibmaschinentext mit drei freigelassenen Sekretärinnen nach draußen auf den Weg zum Bundeskanzler geschickt:

Olof Palme und der schwedische Justizminister haben uns im Auftrag der Bundesregierung mitgeteilt, daß sie keine politischen Gefangenen im Austausch gegen Botschaftsangehörige freiläßt. Unser Ultimatum besteht nach wie vor. Wir werden zu jeder vollen Stunde nach unserem Ultimatum einen Botschaftsangehörigen erschießen. Sollte die Botschaft gestürmt werden, werden wir das Gebäude sprengen. Sieg oder Tod. Wir vertrauen auf die revolutionäre Kraft des Volkes.

Kommando Holger Meins. 24.4.1975 23 Uhr Stockholm.

Um 23 Uhr 46 erschütterte dann eine Explosion die Botschaft und setzte das Gebäude in Brand. Der Sprengstoff hatte sich offenbar durch einen Fehler selber entzündet.

In einer Live-Reportage des schwedischen Fernsehens war diese Explosion zu sehen. Kamera und Reporter gingen für einen Moment zu Boden. Dann sah man schon ein gewaltiges Feuer aus den Fenstern lodern, hörte die Hilfeschreie der Eingeschlossenen und sah die ersten Opfer auf den schützenden Polizeikordon zulaufen. Ein Feuer, das Handgranaten und Munition des Kommandos detonieren ließ. Zwei Mann des RAF-Kommandos starben in der Botschaft. Drei Überlebende des »Kommandos Holger Meins« – Bernd Rösner, Hannah Krabbe und Karl Heinz Dellwo – standen neben Baader und Ensslin mit auf der Liste der Gefangenen, die gegen Schleyer ausgetauscht werden sollten. Einer dieser toten RAF-Kämpfer war Siegfried Hausner gewesen.

Mit diesem Namen ist die Forderung der RAF unterschrieben, die Schmidt an diesem Dienstagabend in der Hand hält. Sie haben am Ende noch einen persönlichen Satz für den Kanzler gefunden, dessen Haltung sie nun endlich brechen wollen.

wir gehen davon aus, daß schmidt, nachdem er in stockholm demonstriert hat, wie schnell er seine entscheidungen fällt, sich bemühen wird, sein verhältnis zu diesem fetten magnaten der nationalen wirtschaftscreme ebenso schnell zu klären.

am 6.9.77

KOMMANDO SIEGFRIED HAUSNER RAF

Sie haben Sinn für Ironie und schwarzen Humor, für Anspielungen und Symbole. Sie konnten sich weiß Gott gut ausdrücken, zeigen, daß sie keine ungebildeten Hansel waren, sondern dem Gegner durchaus das Wasser reichen konnten. Um 12 Uhr mittags sollten ihre Genossen abfliegen. High Noon!

Ahnte die RAF nicht, daß der Sheriff diesmal wirklich auf die Straße kommen und die Sache ausschießen würde?

Das Maß war voll! Eigentlich wollten sie es doch so: Die Polizei macht Politik, und die Politik spielt Polizei. Es hätte ihrer »Einschätzung« der Lage recht gegeben: Alles befand sich auf dem Weg zum Faschismus, und ihre Schüsse waren berechtigte Widerstandshandlungen.

Doch die RAF hatte sich verrechnet.

5 Krisenstab

Eine der RAF-Forderungen, der Punkt 5, schien besonders dringlich und verlangte eine Entscheidung innerhalb weniger Minuten.

5. die erklärung, die durch schleyers foto und seinen brief als authentisch identifizierbar ist, wird heute abend um 20.00 uhr in der tagesschau veröffentlicht.

Wie sollte man darauf reagieren? Herold, der die RAF von allen im Krisenstab am besten kannte, organisierte die Antwort in der Tagesschau.

Das Bundeskriminalamt wendet sich mit folgender Mitteilung an die Entführer von Hanns-Martin Schleyer: Ihr Brief ist der örtlichen Polizei erst am späten Nachmittag zugegangen ... Bei der Bundesregierung wird der Brief erst am späten Abend vorliegen. Der Termin für die von Ihnen gewünschte Veröffentlichung kann deshalb nicht eingehalten werden.

Diese Momente im Kanzleramt darf man sich auch bei aller Anspannung nicht ohne Witz vorstellen.

Wenn die RAF dreist war in ihrem Vorgehen – nun gut, man selber würde sie in den nächsten Wochen auch verscheißern. Wenn's darauf ankam, würde man sie sogar nach Strich und Faden desorientieren und in die Irre führen. Es galt, weiteren Schaden von der Bundesrepublik fernzuhalten, die innere und äußere Sicherheit zu gewährleisten. Das hatte der Kanzler bei seiner Vereidigung schließlich feierlich geschworen. Und er hatte das nicht nur hingesagt. Er fühlte das auch und war entschlossen, entsprechend zu handeln.

Beigefügt war der RAF-Botschaft ein Handschreiben des Arbeitgeberpräsidenten und ein Polaroid. Dieses Bild ist eines der bekanntesten Fotos des Jahrzehnts geworden – die Signatur der siebziger Jahre in der Bundesrepublik: Schleyer sitzt im Trainingsanzug, mit offenstehender Jacke und im Unterhemd, auf dem Fußboden. Mit beiden Händen hält er ein weißes Schild als Zeichen der Gefangenschaft ins Bild. In unsicherer Blockbuchstabenschrift, offensichtlich mit einem Filzschreiber improvisiert, steht dort die lapidare Botschaft an die Regierung und das System, dem die RAF den Krieg erklärt hat.

6. 9. 1977
GEFANGENER
DER
R. A. F.

Die breiten Lippen geschlossen, blickt Schleyer auf einem der Bilder demütig nach unten, auf einem zweiten sieht er links über seinen Fotografen hinweg in die Höhe. Man kann ahnen, wohin er blickt und welche Aussichten ihm das Volksgefängnis bietet.

Hinter seinem Kopf erhebt sich groß an der Wand das bekannte Signet der RAF. Eine vorgefertigte Grafik als Zeichen der »Gegenmacht« – der Entwurf eines Grafikers, der diese kämpfende Gruppe mit anderen Kombattanten und Parteien wenigstens auf der Zeichenebene gleichstellen will: ein fünfzackiger Stern der roten Armee, über den eine stilisierte Kalaschnikoff an den Rändern herausragt. In der Mitte noch einmal die drei breit geränderten Buchstaben »RAF«. Sie stehen gegenüber den dürren, handgemachten Tuschzeichen unten auf breiten Füßen. Offenbar hat ein Wunschtraum in dieser Propaganda Ausdruck gefunden.

Alles zusammen soll der Öffentlichkeit zeigen: Wir haben die Macht, Gefangene zu machen. Wir können sie demütigen. Die Führer des anscheinend unverletzbaren Schweine-Systems sind nicht mehr sicher.

»*Ein Bild, bei dem man weinen möchte*«, titelt die »Bildzeitung« vier Tage später, als ein zweites Polaroid über die französische Agentur AFP zur Veröffentlichung kommt. Daneben wird das offizielle Pressefoto des Arbeitgeberpräsidenten gestellt. Der Text, der zum Bildvergleich auffordert, lautet:

Zwei Fotos von demselben Mann: Die Ohnmacht vor dem Terror hat aus dem dynamischen Hanns-Martin Schleyer ein Wrack gemacht. Zusammengesunken sitzt der sonst so energiegeladene Mann in seinem »Gefängnis«. Müde, offenbar ohne Hoffnung – erschütternd.

Er war aber nicht ohne Hoffnung. So schnell konnte ein Mann mit dieser Biographie auch gar nicht aufgeben.

Seine klare Handschrift in einem Begleitschreiben zu diesem Polaroid sagt dem Bundeskanzler und dem BKA-Chef Herold:

Mir wird erklärt, daß die Fortführung der Fahndung mein Leben gefährdet. Das Gleiche gelte, wenn die Forderungen nicht erfüllt und die Ultimaten nicht eingehalten würden.

*Mir geht es soweit gut, ich bin unverletzt und glaube, daß ich
freigelassen werde, wenn die Forderungen erfüllt werden. Das ist
jedoch nicht meine Entscheidung.*

6.9.77 Hanns-Martin Schleyer

Noch in der Nacht vom 6. zum 7. September, dem Mittwoch,
mußte im Kanzleramt beraten und entschieden werden. So verlangte es das Ultimatum. Eine halbe Stunde vor Mitternacht trafen sich deshalb die führenden Vertreter aller politischen Parteien
und die Länderchefs, in deren Gefängnissen die aufgezählten
RAF-Mitglieder einsaßen, mit den Ministern der Regierung
Schmidt in einem großen politischen Beraterkreis. Das BKA war
durch Horst Herold vertreten.

»Das ist ja kein Krisenstab! Das ist ja eine Massenversamm-
lung«, sagte Helmut Schmidt, als er den überfüllten Raum im
Kanzleramt betrat. Das war sie also, die politische Spitzenbeset-
zung der Bonner Demokratie, und sie versuchte unter Anleitung
des Bundeskanzlers herauszufinden, welchen Weg man zur Ab-
wehr der Gefahren gemeinsam gehen sollte.

Der Kanzler organisierte den Widerstreit der Meinungen,
kompetente Wortmeldungen ebenso wie albernes Wortgeklingel,
nach einem Plan, der schließlich zu jenen Ergebnissen führte, die
er mit seinem engsten Beraterkreis schon längst gefunden
hatte.

Noch zwanzig Jahre später legt mir Helmut Schmidt den Zettel
auf den Tisch, mit dem er diese Krisensitzungen gesteuert hat:

Ständige Tagesordnung und Lagebesprechung

I. Lage

1. Kriminalpolizeiliche Erkenntnisse

2. Lage der eigenen Kräfte

3. Justizlage

4. Medienlage

5. Außenpolitische Lage

6. Kommunikation mit dem Gegner

7. Lage des Gegners

Als Punkt II steht darunter: Diskussion. Und unter III: Entschlüsse und Aufträge. Ein logisches Raster, mit dem Schmidt das Chaos einer solchen Versammlung unter dem Zeitdruck ordnen konnte.

Schmidt läßt sich zunächst von den Verantwortlichen die Lagen vortragen. Justizminister Vogel trägt die staatspolitischen Bedenken vor: Bei der Freigabe von Häftlingen handele es sich nicht um eine normative Entscheidung, sondern um eine rein tatsächliche Handlung, die nur von denen vorgenommen werden könne, die den faktischen Gewahrsam ausübten, also von den Justizministern der Länder, in denen die Gefangenen einsitzen. Bei denjenigen Gefangenen, die für den Generalbundesanwalt einsitzen, falle die Verantwortung an ihn selber, den Bundesjustizminister. So wird allen Beteiligten noch einmal der Rahmen ihrer Handlungsmöglichkeiten klargelegt.

Vor allem Herold, der BKA-Chef, muß Vortrag halten. Punkt 6: Was sagt die RAF? Was haben sie der Regierung zu wissen gegeben? Wie ist der Stand der gegenseitigen Mitteilungen? Und dann der wichtige Punkt 7: Lage des Gegners. »Das war die RAF, die Lage, wie der Gegner sie sah. Dabei haben wir versucht, uns in seine Schuhe zu versetzen«, sagt Helmut Schmidt mir.

Herold erläuterte den Politikern, die sich gar nicht so genau mit der RAF auskannten, deren Strategie. Er konnte das aus dem Stegreif in einer Sprache formulieren, wie man sie bisher von Polizisten nicht gewohnt war. Die Geschichte der Roten Armee Fraktion wird in einem Aufriß verdeutlicht. »Die Rote Armee Fraktion ist Teil einer phantasierten Weltbürgerkriegsbewegung. Als Stadtguerilla verstehen sie sich als die Avantgarde eines später zu entfachenden Volkskriegs zur Umwälzung aller Machtverhältnisse in diesem Land und dereinst auf der ganzen Welt.«

Herold versuchte den verdutzten Politikern seine Einschätzung der Verhältnisse darzulegen, so wie er das schon vor Wochen im Kabinett Schmidt getan hatte. Hier hatte er den Beifall und das Verständnis auch der CSU.

Aber dann kam das, was Friedrich Zimmermann, ein führender

CSUler, noch heute, bei allem Respekt vor diesem Mann, »Herolds Märchenstunde« nennt.

»Wir können die RAF nur verstehen, wenn wir wissen, daß es sich dabei um ursprünglich moralisch hochmotivierte Täter handelt.« Damit wollte Herold eine simple Abqualifizierung der RAF als gemeine Verbrecher – und vor allem ihre Unterschätzung – verhindern. Nur aus dem moralischen Ansatz dieser Menschen heraus, die eben das Elend der Welt nicht einfach wegschieben wollten – sondern sich besonders dicht berühren ließen, um dann ihre Mitmenschen mit Gewalt zu mahnen und auf ihren Weg zu schießen –, dachte Herold, würde auch die Gefahr, die von ihnen ausging, deutlich werden.

Aber es waren gemeine Verbrecher! Strauß sah es so, und sein Freund Zimmermann kann sich die Handlungsweise dieser Menschen bis heute nicht erklären.

Er sagt: *Ich habe mehrfach den Versuch unternommen, den intellektuellen Versuch, zu ergründen, was in den Köpfen dieser Menschen vorgeht. Es ist mir in überhaupt keiner Weise, auch nicht im Ansatz gelungen. Ich stand diesem Phänomen völlig verständnislos gegenüber. Deswegen habe ich diesen Leuten auch jede moralische, jede ideologische, jede ideelle Rechtfertigung abgesprochen.«*

Herold dagegen betont: Er will den gemeinsamen Nenner und damit auch den gemeinsamen Fehler der Bewegung finden. Er will es der Runde erläutern.

Allen Tätern gemeinsam ist eine tief verwurzelte egalitäre Sehnsucht. Streicht man die ideologischen Überhöhungen ab, so bleibt dieser Triebkern übereinstimmend mit überraschender Deutlichkeit enthalten. Gleichheit wird in einem rigorosen Sinne mit Gerechtigkeit gleichgesetzt.

Darin liegt für den politischen Beobachter Herold auch der Punkt, wo sich die Betrachtung Einzelner in Politik verwandelt. Die Schubkraft des Terrorismus ist auch ein Grundgefühl, das einen Massencharakter entwickeln könnte und deshalb von der Politik beantwortet werden muß.

Die Protokolle dieser Entscheidungssitzungen liegen bis heute unter Verschluß. Sie gelten als Staatsgeheimnis. In Gesprächen mit den Beteiligten werden aber deren Erinnerungen wach, aus denen man die widersprechenden Argumente, die Stimmung, den Verlauf der Debatte und manchmal sogar einzelne Sätze wieder zusammenbekommt.

So könnte es sich angehört haben, wenn Horst Herold die taktischen Fehler des Gegners in der großen Runde analysiert:

Die Gefangenen sollen bis zur Landung von Payot und Pastor Niemöller begleitet werden. Wir müssen doch erst einmal nachfragen und sichergehen, daß Rechtsanwalt Payot diesen Auftrag überhaupt annimmt. Und Pastor Niemöller, der alte Herr ist schon über achtzig. Den haben die bestimmt nicht vorher gefragt. Also werden wir jetzt erst mal telefonieren, ob Pastor Niemöller mitfliegen will. Jede Stunde, die wir gewinnen, ist eine Stunde Zeit für die Fahndung.

Das ist Herolds Konzept für die nächsten Tage und Wochen. So hat er es mit dem Kanzler abgesprochen, und überzeugend führt er jetzt auch der Opposition von CDU und CSU die Argumente vor. Er ist sich fast sicher, daß sie in das gewaltige Fahndungsnetz des Bundeskriminalamts laufen werden. Gegen die geballte Macht von PIOS hat auf die Dauer kein Täter eine Chance. Also muß man die Verhandlung nur dreist verschleppen.

Die Ungenauigkeiten im ersten Forderungskatalog bieten die besten Ansätze dazu.

Zum Beispiel die Zielländer. Was heißt denn »die gefangenen werden in ein land ihrer wahl ausgeflogen«? Das müssen wir doch erst einmal ermitteln, was das heißt. Und zwar bei jedem einzelnen von ihnen. Also werden wir einen Beamten nach Stammheim schicken, und wenn sie, getrennt befragt, verschiedene Länder angeben, dann haben sie selber neue Verwirrungen geschaffen, die wir erst mal in Ruhe ordnen müssen. Das alles werden wir mit Kurier zu Herrn Payot nach Genf schicken. Ein Geschenk des Himmels, dieser Mann. Genf – das ist weit und kostet Zeit, wie alles, was die RAF bis morgen früh geregelt haben will.

So, das sind erst mal einige Möglichkeiten, über das Ultimatum von morgen früh hinweg zu kommen. Wenn man also keine Flugziele nennt, hat man keine Routen und damit keine Überfluggenehmigungen. Da findet sich keine Besatzung eines Flugzeugs, das die Gefangenen unter diesen Umständen ausfliegen wird. So kann das Tage dauern. Die Entführer werden Herrn Schleyer nicht ermorden, wenn wir bis morgen früh das Ultimatum nicht erfüllen.

So oder ähnlich spricht er beruhigend zu der aufgeregten Runde.

Wenn er sich heute daran erinnert, spürt man immer noch viel von seiner Gewitztheit und dem Spaß, diesen entschlossenen Gegner an die Wand zu spielen. Dennoch kommen aus der Runde besorgte Fragen zum Konzept: »Aber Zeitgewinn kann doch nicht die einzige Parole sein.«

Herold spricht noch mal von den Fahndungsmaßnahmen, die angelaufen sind. Man wird sich mit allen Mitteln bemühen, Hanns-Martin Schleyer in seinem Versteck zu finden. Im übrigen gilt: *Bis zum Erfolg müssen wir ihnen immer einen Happen vor die Nase halten, daß sie das Gefühl haben, sie könnten ihr Ziel erreichen, das sie aber nie erreichen werden.*

»Wir werden mit aller Härte und Entschlossenheit diese Mörder verfolgen«, bekräftigt Helmut Schmidt und fügt leise hinzu: »Mit allen Mitteln, auch wenn wir dabei bis hart an die Grenze des Rechtsstaates gehen.« Schmidt kann sich dabei auf seinen Freund Hans-Jochen Vogel verlassen. Der Justizminister wird sich in den nächsten Wochen immer dann, wenn jemand diese Grenze, die selbstgewollte und schützende Grenze des Rechtsstaates, überschreiten will, lautstark zu Wort melden.

Man war damit einverstanden.

Erst heute wird mir im Gespräch mit Friedrich Zimmermann klar, daß die *entscheidende* Frage an diesem Abend überhaupt nicht ausgesprochen und erst recht nicht diskutiert wurde.

Wir wären erpreßbar gewesen in dem einen und dem anderen Fall, für immer. Es hätte die moralischen Grundlagen des Staates verändert, und wenn ich das heute sage, nach 20 Jahren Rückerinnerung, dann sage ich das nicht für mich, sondern das war ein absolut unausgesprochener Konsens. Es brauchte nicht diskutiert zu werden. Jeder dachte so!

Breloer: *»Es ist also gar nicht diskutiert worden, ob man Schleyer austauscht oder nicht?«*

Zimmermann: *»So ist es!«*

Breloer: *»Es war also unausgesprochen klar. Man sah es an den Augen: einverstanden!«*

Zimmermann: *»So ist es. Wir haben ja nie in diesem großen Krisenstab abgestimmt.«*

Tief in der Nacht kann Helmut Schmidt endlich die Meinung der Versammelten für das Protokoll zusammenfassen, *»daß sich die zu treffenden Entscheidungen an drei Zielen orientieren sollen:*

– die Geisel Hanns-Martin Schleyer lebend zu befreien

– die Entführer zu ergreifen und vor Gericht zu stellen

– die Handlungsfähigkeit des Staates und das Vertrauen in ihn im In- und Ausland nicht zu gefährden. Das bedeutet auch: die Gefangenen, deren Freilassung erpreßt werden soll, nicht freizugeben.«

Helmut Schmidt will die Widersprüchlichkeit der drei Ziele nicht anerkennen. Beflügelt von Herolds Überlegungen, hatte er die große Hoffnung, daß man den Arbeitgeberpräsidenten lebend befreien könnte.

Nachfrage: *»War Ihnen klar, daß sie von Anfang an mit dem Leben von Hanns-Martin Schleyer ... daß es zur Disposition stand?«*

Helmut Schmidt: *»Der Ausdruck zur Disposition – den kann ich nicht akzeptieren. Daß er gefährdet war, das war uns allen klar.«*

Jeder konnte der nächste sein. Das stand ihnen klar vor Augen.

Eine zu allem entschlossene Einheit intelligenter Täter, die das eigene Leben nicht schont, kann immer wieder einen solchen Schlag erfolgreich durchführen. Dieses Ziel, Terror als Angst zu verbreiten, hatte Herold schon bei der ersten Besichtigung des

Fotos erkannt. »Schlag einen und erziehe hundert!« So zitierte er vor dem Kanzler aus der Hausbibel der RAF, der Anleitung zum Guerillakampf von Marighela: »Minihandbuch des Stadtguerilla«.

Der Studiochef des ZDF stand in dieser Nacht mit seiner Kamera vor dem erleuchteten Kanzleramt und berichtete über die Sitzung des großen Krisenstabs.

Der Kanzler möchte seine Entscheidung auf eine ganz breite Basis stellen. Ein Entscheidung, die so schwer ist, soll getragen werden von allen politischen Kräften des Landes. Es dringt kein Laut von dieser Sitzung zu den Wartenden hier draußen.

So blieb es auch in den nächsten Wochen. Man nannte das schon bald »Nachrichtensperre«.

Die Öffentlichkeit und vor allem die Journalisten waren aus all den Überlegungen dieser Wochen ausgeschlossen. Das war eine Meisterleistung auch von Pressesprecher Klaus Bölling, der seinen Kollegen vor der Kamera stets die verbindlichsten Absagen erteilte: »Zur Sache, ich bedaure, kann ich Ihnen keine Mitteilung machen.«

Die große Koalition, die sich hier informell für einen kurzen Zeitraum installiert hatte, regierte während der Krise ohne Kontrolle durch die Medien. Das war ein entscheidender Nachteil für die Entführer. Ebenso wie die Bürger des Landes erfuhren sie nichts vom Entschluß des Kanzlers, in keinem Fall auszutauschen.

So hatten sie Hoffnung, ließen sich hinhalten, während Tausende von Polizeibeamten das Land auf den Kopf stellten – so diskret wie möglich.

Einer von ihnen kam dann am dritten Tag bis auf wenige Zentimeter an das Opfer heran. Es war einer der vielen Zufälle, die in dieser Affäre auch am Werk waren. Zufälle, die deutlich machen, daß die RAF immer wieder Roulette spielte. Und um ein Haar wäre am dritten Tag alles zu Ende gewesen.

6 Lebenszeichen

An Hürth vorbei waren die Entführer am 5. September in weniger als einer halben Stunde nach Erftstadt-Liblar geflüchtet und seitdem im Hochhaus am Renngraben verschwunden.

Per Befehlsstrang steuerte die Polizei in Köln die Schutzpolizei Hürth und die Polizei Hürth wiederum die Polizeiwache von Erftstadt. Am Mittwoch, den 7. September, wurde vormittags auf einer Dienststellenleiterbesprechung in Hürth angeordnet, *daß alle Bezirksdienstbeamten zur unauffälligen Beschaffung von Informationen über mögliche Verbringungsorte des Opfers Schleyer und über verdächtige Personen unverzüglich einzusetzen seien.*

Auch die Dienststelle Erftstadt-Liblar ließ ihre Beamten zu allen verdächtigen Objekten ausschwärmen.

Also fuhr auch Polizeihauptmeister Schmitt am Mittwochvormittag in seinen Bereich am Renngraben 8. Er parkte seinen Dienstwagen direkt unter dem Fenster des dritten Stocks, hinter dessen Gardinen sich das Volksgefängnis mit dem Arbeitgeberpräsidenten befand. Er rief Hausmeister Korn, den er als eine Art Dorfpolizei für die Hochhausanlage gut kannte, zu, daß er wegen der Schleyer-Sache da wäre und ob er etwas über verdächtige Wohnungen in diesem Haus wisse.

Korn schickte ihn rüber ins andere Hochhaus zu seiner Schwiegermutter, die für die Vermietungsgesellschaft die Vorverträge regelte, und hier bekam Ferdinand Schmitt alsbald einen Hinweis, der sämtlichen Kriterien für anonyme Wohnungen der RAF entsprach. Frau K. war vor zwei Monaten bei einer Mieterin wirklich etwas Verdächtiges aufgefallen.

»Da wo sie jetzt sitzen«, erklärt sie dem freundlichen Herrn Schmitt, »genau da hat vor acht Wochen so eine dunkelhaarige Frau gesessen. Sie wollte mir die Mietvorauszahlung gleich bar aus der Handtasche zahlen. Nein, nein, sag ich ihr. Das müssen sie bei der Hausverwaltung in Köln beim Herr Lembke einzahlen.«

Frau K. sprach über das RAF-Mitglied Monika Helbing, die unter dem Namen Annerose Lottmann-Bücklers am Renngraben 8 als Modeschneiderin in der dritten Etage die Wohnung Nr. 104 angemietet hatte.

Schmitt läßt sich in einem Telefongespräch vom Vermieter Herrn Lembke weitere Daten diktieren. In seinen kleinen Kalender trägt er diese sofort ein.

Sein Polizeibuch mußte er für eine interne Untersuchung abgeben, aber eine Kopie hat er doch für sich zurückgehalten. Ich durfte mir abschreiben, was dort steht:

Modeschneiderin. Annerose Lottmann-Bückler. 13.10.1956, geschieden. Wuppertal, Bismarckstr. 8. Schufa negativ – Dreizimmerwohnung. Kaution sofort bezahlt DM 800,– Handtasche ein Bündel Geldscheine. Am 21.7.1977 beim Einzug keine Möbel. Wohnung 104. 3. Obergeschoß.

»Es roch«, sagt mir Schmitt. Er hielt zwei Tage nach dem Überfall Namen und Anschrift der Wohnung mit dem versteckten Schleyer in der Hand! Aber schon am Telefon hatte er den Namen Bücklers nicht genau verstanden und in Bückler umgemodelt. Ein Fehler, der nun in allen Fernschreiben auftaucht, aber nach Aussage der PIOS-Kenner kein Fehler war, der den Rechner irritiert und die Aufklärung behindert hätte.

Während die Kollegen mit den anderen Ermittlungsergebnissen vor dem altmodischen Fernschreiber in Liblar sitzen, um ihre Daten nach Hürth zu senden, geht Ferdinand Schmitt zunächst mal nach Hause, um sein Mittagessen einzunehmen. Am Nachmittag gelangt dann seine bislang private Kenntnis zu einer gewissen Öffentlichkeit.

In einem Fernschreiben von Erftstadt-Liblar wird das Objekt, in seiner Brisanz gut erkennbar, angeboten. Als siebte Meldung gibt PLH Breithaupt folgenden Text heraus:

7. erftstadt, zum renngraben 8, 3. etage, wohnung 104 frau annerose lottmann-bueckler, geb. am [...] hat am 21.7.77 die vorgenannte wohnung bezogen. wohnungsgestellung wurde bei der wohnungsgesellschaft vvg als dringend beantragt. die kaution von 800 dm sofort bezahlt, das geld entnahm sie ihrer handtasche, in der sich noch ein ganzes buendel geldscheine befand.

Auch der Beamte Breithaupt hat sich diesen Durchschlag über 20 Jahre lang aufgehoben.

Zwei Tage lang liegt der brisante Text nun auf der Dienststelle in Hürth, von wo er schließlich, zusammen mit anderen Hinweisen, an die Zentrale nach Köln geschickt wird.

Besonders wichtige Namen und Hinweise sollten von der Zentrale aus durch PIOS abgeklopft werden. Je früher desto besser. In den ersten Tagen gab es noch Raum für die Verkartung der Hinweise und das Einfüttern in den Rechner. Bald jedoch häuften sich die Hinweise zu Tausenden und begannen, den Rechner mit seinen vielen Antworten zu »verschmutzen«.

Über 2 000 Ausweisverlierer aus dem Sympathisantenumfeld der RAF waren in PIOS festgehalten. Darunter auch der Name Lottmann-Bücklers, als einer Frau, die mehrfach Ausweise verlor, um der RAF damit falsche Papiere zu verschaffen. Das Fernschreiben war die Lunte und der Rechner das Pulverfaß. Jeden Augenblick konnten diese beiden Informationen zusammenkommen, und nur Stunden später wäre die GSG 9 durch die Scheiben am Renngraben 8 hereingeflogen.

Geprobt war auch, im Fall der Fälle direkt ein großes Loch von der gegenüberliegenden Wohnung aus hineinzusprengen, um dann gleichzeitig durch die Scheiben, die Türen und die Wände in einer Sekunde das Volksgefängnis zu besetzen.

Während an diesem Mittwoch die Polizei das Versteck schon auf ihrem Bestellzettel hatte, bediente Horst Herold mit Helmut Schmidt den Dialog mit dem Gegner. Am Mittwochmittag waren alle drei Ultimaten der RAF folgenlos abgelaufen: keine Fernsehmeldung mit Einblendung des Polaroids vom RAF-Gefangenen Schleyer. Keine Live-Übertragung der Vorbereitungen zur Abreise. Und um 12 Uhr mittags hob sich auch kein Flugzeug mit den befreiten Gefangenen in die Luft. Herold hatte recht behalten.

Sie würden ihn schon nicht sofort töten. Er war ein teures Pfand, um das man noch lange feilschen konnte.

Schon um 10 Uhr vormittags ging die Regierung in die Offensive. Über den Hörfunk setzte Herold eine Forderung an die Entführer ab.

Das Bundeskriminalamt ist beauftragt zu prüfen, ob Herr Schleyer noch lebt. Die übersandten Unterlagen belegen nur, daß Schleyer in die Hände von Entführern gelangt ist. Es müßte daher ein Lebenszeichen erbracht werden. Die Polizei wird erkunden, durch welche zu nennenden Einzelheiten ein untrügliches Lebenszeichen nachgewiesen werden kann. Die Polizei wird die entsprechenden Fragen in den Nachmittagssendungen des Hörfunks heute nachmittag stellen.

Das war eine trickreiche Finte von Herold. Natürlich hatte er ein Lebenszeichen. Aber die Entführer hatten eben keine Zeitung, kein Datum beigefügt. Nun bestimmte er für diesen Teil die Spielregeln.

Erst am Nachmittag kommt die Frage. Sie werden sich am Radio aufhalten müssen – soweit das Arrangement von Herold.

Tony wußte, was das bedeutete, und er versuchte mit einem Gegenzug sofort, das Spiel des BKA zu unterlaufen.

Mit einem Papier geht er rüber in das Schlafzimmer. Auf einer Schaumstoffmatte vor der Wand sitzt im olivgrünen Unterhemd der Kriegsgefangene Hanns-Martin Schleyer. Er hat eine Flasche Wasser, einen Aschenbecher und Zigaretten vor sich auf dem Boden. Seine Uhr und seinen grünen Siegelring haben sie ihm gelassen. Immer sitzt ein Wächter bei ihm oder liegt auf dem Doppelbett. Es ist das Schlafzimmer einer Dreizimmerwohnung mit Bad und Küche. Tony erzählt ihm die Geschichte. Er will Schleyer selber an der Lösung beteiligen. Seine Briefe sollen ja nicht wie ein unglaubwürdiges Diktat aussehen.

Tony sitzt nun Schleyer gegenüber und berät gemeinsam mit seiner Geisel, was zu tun ist. Wie stets, läuft in diesem Moment über zwei versteckte Mikrophone eine Aufzeichnung aller

Gespräche mit der Geisel. Ein Fetzen von diesem Band wurde 1982 in einem Erddepot der RAF bei Heusenstamm in Hessen gefunden. Auf der Spule klebte die handschriftliche Notiz »Spindy-Gespräch«.

Spindy war der Mann im Spind, im Schrank – so möchte man es übersetzen. Doch Boock, der darauf besteht, daß Schleyer niemals im Schrank gesessen hat, findet heute eine zweite Übersetzung. »Spindy«, Speindi gesprochen, deute auf die Erscheinung des kleinen, dicken Mannes hin, der eben wie eine Spindel gebaut sei. Spindeldürr war Schleyer aber nicht.

Das Band aus dem Erddepot enthält als eindeutiges Kennzeichen die Hausklingel der Tür im Renngraben. Darauf einen Dialog vom Mittwoch, den 7. September 1977. Ruhig und fast beiläufig beraten sich Geisel und Aufseher.

Boock: »*Die wollen nachher – das ist wohl Teil der Verzögerungstaktik – Fragen stellen, die du beantworten sollst, damit eindeutig ist, daß du noch existent bist.*«

Schleyer: »*Ist das durchs Radio durchgegeben worden?*«

Boock: »*Ja-ja, durchs Radio. Ja, das haben sie beim Lorenz genau so gemacht. Das war dasselbe Spiel. Und die Frage ist, wie wir's jetzt überlegen. Ob wir uns darauf so rum einlassen sollen oder ihnen anders rum diesen eindeutigen Beweis zum Beispiel über den Südwestfunk-Reiseruf an irgendeinen Herrn Sowieso einlassen sollen. Das wär' die eine Sache, oder ob wir's so ändern.*«

Und dann bauen sie das Gerät auf: die neueste Errungenschaft auf dem Videomarkt. Sony Japan-Standard 1. Eine erste mobile Videokamera mit einem Aufzeichnungsgerät und Spulen, noch so groß wie ein professionelles Tonband. Bille hatte es bei Sony in Köln besorgt. Eine Lehrerin, die das Aufzeichnungsgerät für ihre Schulklasse verwenden wollte. Sehr eifrig, sehr zukunftsweisend, dachten die Leute bei Sony.

Auf ein Handzeichen spricht der Gefangene direkt in die Kamera. Er sitzt verschwitzt im dunklen Unterhemd vor der Kamera, die, leicht aufsichtig, auf den Mann am Boden herunterblickt. Schleyer spricht frei und ruhig.

Ich bin heute, am 7. September 1977, durch die Entführer in gro-
ben Umrissen über den Stand der Beratungen der politisch Verant-
wortlichen, soweit das durch die Medien bekannt geworden ist,
unterrichtet worden. Ich habe den festen Eindruck, daß die Ent-
führer zu ihren Zusagen stehen werden, daß aber Verzögerungen
in der Abwicklung des Falles meine Lage verschlechtern werden.
Ich möchte vor allem meine Familie grüßen, ihr sagen, daß es mir
den Umständen entsprechend gut geht und daß ich hoffe, daß ich
bald wieder bei ihr sein kann.

In einer zweiten Botschaft erinnert Schleyer an die Meldung des
Südwestfunks. Was sollen noch zusätzliche Fragen? Ist es nicht
ausreichend, wenn er schreibt, daß er im Anschluß an diese Nach-
richtensendung einen Reiseruf gehört hat, *wonach sich ein Herr*
Vijo aus Belgien, der in einem weißen Volvo auf dem Weg von
Brüssel nach Karlsruhe ist, zu Hause melden soll.

Ein Kurier bekommt das Päckchen in die Hand und fährt mit
dem Schnellzug nach Mainz. Bei den vielen Straßenkontrollen
verzichtet das Kommando auf seine Autos. Zu leicht könnte man
an der nächsten Abfahrt in irgendeine Falle geraten. Alle Zeichen
sollen die Polizei bei ihrer Suche in Richtung Süden locken.

Um 14 Uhr, während der Kurier noch im Zug steckt, kommen
in Liblar die Fragen an das Kommando über den Sender: *Das Bun-*
deskriminalamt benötigt als Lebenszeichen ein Tonband, auf dem
Herr Schleyer folgende Fragen beantwortet: »*Wie lautet der Kose-*
name von Edgar Obrecht? Wie heißt die Enkelin heute, und wo
lebt sie?«

Das war mehr als das bekannte Entführungsritual. Der Gefangene wird immer wieder nach Einzelheiten aus seiner Biographie
befragt, die nur er beantworten kann. Fragen, die von der Familie
gestellt und deren Antworten von Frau Schleyer als richtig anerkannt sein müssen. Das kostet Zeit – für Telefonate, Reisen, Kuriere
und Depeschen. Das Kommando muß sich zudem außerhalb der
sicheren Orte bewegen, damit steigt die Chance zum Zugriff.

Ein Tonband legt Spuren. Es erzählt etwas über seine Herkunft:
Produkt und Bandmaterial. Außerdem ist das Band selbst ein

Spurenträger: Geräusche im Hintergrund, bei der Aufnahme leicht zu überhören, können den Spezialisten im Bundeskriminalamt, die den akustischen Bestand zerlegen, wichtige Hinweise geben. Bei den Videobändern später gab das verborgene Hintergrundgeräusch erstaunlich genaue Hinweise auf die Umwelt des Gefangenen.

Unterdessen klingelt um 17 Uhr 25 das Telefon eines evangelischen Pfarrers in Mainz. Eine Frauenstimme meldet sich bei dem überraschten Geistlichen.

Hier ist die Rote Armee Fraktion. In Ihrem Briefkasten liegt ein braunes, unbeschriebenes Kuvert. Geben Sie es sofort an die Bundesregierung weiter.

Die Videoaufnahmen in dem Päckchen hat das Kommando noch mit einer zusätzlichen Forderung in einem beigefügten Handschreiben versehen. Es ist wieder ein Versuch, die Nachrichtensperre zu durchbrechen und die Verhandlungen mit dem Kanzler der Bundesrepublik Deutschland und der Stadtguerilla der RAF vor aller Öffentlichkeit abzuwickeln.

Herold trägt dem Kanzler diese Forderungen der RAF vor:

wir verstehen die nichtveröffentlichung unserer forderung und des ultimatums, die gestern 20.00 uhr in der tagesschau bekannt gegeben werden sollten, korrespondierend zu den geheim gehaltenen entscheidungen des krisenstabes nur als den versuch der bundesregierung, die militärische lösung durchzuziehen. dieselbe funktion hat das manöver des bka, mit der forderung von lebenszeichen schleyers zeit rauszuholen, nachdem sie seit gestern nachmittag schleyers handgeschriebenen brief sowie ein gestern von ihm aufgenommenes foto in der hand haben.

Eine Warnung an Schmidt, sich von den politischen Lösungen weg zu bewegen. Sie wissen, was die andere Seite spielt, und können es doch nicht ändern.

Beigefügt ist eine wütende Drohung, die etwas hohl klingt.

wir haben nicht mehr lange lust uns zu wiederholen
1. die fahndung wird sofort gestoppt
2. die gefangenen werden sofort zusammengebracht

3. die bestätigung dafür wird von einem der gefangenen heute abend über das deutsche fernsehen abgegeben.

Doch es würde keine Fernsehsendungen mit einem Gefangenen und keine Ausstrahlung der Videobänder geben. Herold weiß, daß das Kommando auch das zweite Ultimatum ohne Konsequenz verstreichen lassen wird. Sie haben keine andere Wahl. Wenn sie damit anfingen, dem Opfer einen Finger abzuschneiden, dann sollen sie es nur tun. Das Ansehen, der Mythos der RAF, wäre dann endlich zum realistischen Gruselbild einer Mafiabande zusammengefallen.

Wann und wie die Bundesregierung diese Nachrichten erhielt und zurückspielte, liegt immer noch im dunkeln. Irgendwann aber war die Botschaft im Kanzleramt angekommen – und mit ihr der elende Mann in Unterwäsche.

Zur Bestätigung, daß ich noch lebe, lese ich einen Artikel aus der Stuttgarter Zeitung von heute, 7. September 1977, Seite 5 vor. Überschrift: Senegal bricht Kontakte zu Südafrika ab.

Er hat sich nun seine Brille aufgesetzt und spricht zu dem Menschen, der ihn austauschen soll. Er kennt den Mann und ahnt, was dem Kanzler durch den Kopf geht.

Wenn die Bundesregierung, was ich hoffe, sich entschließt, auf die Bedingungen einzugehen und damit für meine Freilassung einzutreten, so verbinde ich damit die dringende Bitte, von weiteren Verzögerungen Abstand zu nehmen, insbesondere keine Maßnahmen einzuleiten, die als sogenannte militärische Lösung gelten können, denn ich bin nach allen meinen Beobachtungen überzeugt, daß sie unweigerlich meinen Tod zur Folge hätten.

Die Zuschauer im Kanzleramt schweigen zu der Stimme aus dem Grab.

Es sind kleine Spulen mit Videobändern. Nach der Aufzeichnung hat das Kommando das Band einfach durchgerissen und die Botschaft in Tüten auf die Reise ins Büro des Bundeskanzlers geschickt.

Die Männer, die Hanns-Martin Schleyer im Kanzleramt erschrocken zuhören, haben ihn schon aufgegeben, als Tauschobjekt aufgegeben. Aber diese Bilder sind Schmidt bis heute nicht aus dem Kopf gekommen. Er sagt mir: »Dem Hanns-Martin Schleyer war seine eigene seelische Erschütterung deutlich anzumerken, was in mir Mitleiden ausgelöst hat und zugleich Erbitterung, daß wir nicht in der Lage waren, den Mann rauszuholen.«

Man wird ihn finden. Das ist die große Hoffnung und der Trost. Es gilt Herolds Satz: »Jede Stunde Zeitgewinn ist eine Stunde für die Fahndung.«

Über das Fernsehen kommt die nächste Nachricht, mit der »heute«-Sendung des ZDF, ins Volksgefängnis. *Das Bundeskriminalamt hat die Nachricht erst vor wenigen Minuten erhalten. Eine weitere Erklärung folgt.*

Noch während das erste Videoband am späten Nachmittag von Mainz zurück nach Bonn geschickt wurde und dann »verspätet« im Kanzleramt eintraf, hatte Tony am Nachmittag ein zweites Lebenszeichen, diesmal ein Tonband, mit der Antwort auf die Radiofragen mit einem zweiten Kurier auf den Weg gebracht. Um 20 Uhr 44 klingelt es bei einem Mainzer Weihbischof, und wieder meldet sich die RAF mit dem Hinweis, die Papiere aus dem Briefkasten an die Bundesregierung weiterzuleiten.

Auf die Radioanfrage vom Nachmittag, die das BKA gemeinsam mit der Familie Schleyer entwickelt hatte – »Wie lautet der Kosename von Edgar Obrecht? Wie heißt die Euler-Enkelin heute, und wo lebt sie?« –, spricht nun Schleyer mit eigener Stimme die Antwort. *Mein Schwager Edgar Obrecht wurde von meiner verstorbenen Schwester Moki genannt. Die Enkelin des Mathematikers Euler nennt sich heute Euler-Obolinski und lebt in Basel.*

Danach wendet er sich selber noch einmal dringend an die Verantwortlichen in Bonn. Er will dazu beitragen, daß keine Ausflüchte und Verzögerungen den Austausch behindern. Das Terrorkommando nennt er versöhnlich neutral seine »Bewacher«.

War es wirklich seine Mitarbeit oder doch der Druck des Kommandos? Das BKA will auf dem Band im Hintergrund eine weibliche Stimme herausgefiltert haben, die zum Weiterlesen auffordert.

Dieses Lebenszeichen wird nach Auffassung meiner Bewacher das letzte vor meiner Freilassung sein. Die Bewacher drängen darauf, daß jetzt eine Entscheidung der Bundesregierung fällt. Ich bin im übrigen nach wie vor überzeugt, daß die Entführer sich an die Bedingungen halten, wenn die Bundesregierung ihrerseits den Forderungen nachkommt.

Soviel war auch dem Kanzler klar. Das Procedere beim Austausch des Gefangenen Peter Lorenz, dem er seinerzeit selber zugestimmt hatte, war ebenso verlaufen.

Herolds Kriminalbeamte und Tausende Polizisten waren in Köln unterwegs. Für die ortsunkundigen Kriminalbeamten und die Bereitschaftspolizei, die alle in diese Schlacht geworfen wurden, galt eine Faustregel: »Hast du den Dom vor dir, bist du auf dem Weg ins Zentrum. Hast du den Dom im Rückspiegel, bist du auf dem Weg raus aus der Stadt!«

Auf den Autobahnbrücken und in den Tiefgaragen werden wahllos unzählige Autokennzeichen aufgeschrieben und kontrolliert. Auf manchen Anruf hin brechen die Männer der SEK am Abend mit den Waffen im Anschlag durch die Türen völlig unschuldiger Menschen, um sich hinterher zu entschuldigen. Es war eine falsche Spur. Die ist nun platt gemacht. Weiter!

Im Kindergarten soll ein unbekannter Mann übernachten. Es war dann nur ein Liebespaar, das hier eine Nacht verbrachte.

Auf dem Tonband, das um 21 Uhr 15 über den Mainzer Weihbischof auf dem Weg nach Bonn war, hatte Schleyer ausdrücklich um die öffentliche Vorführung seiner Stimme und seiner Videobänder gebeten. *Das Band, das ich heute morgen besprochen habe, und den Brief, der auch eine Mitteilung an die Familie enthält, bitte im Laufe des Tages abspielen.*

Diese Forderung wird mit einem Anruf bei der Deutschen Presseagentur in Düsseldorf um 21 Uhr 30 noch verstärkt: Es ist wieder eine Frauenstimme am Telefon.

»Wenn das ZDF nicht in den laufenden Spielfilm unsere Nachricht einblendet«, so lautet die Drohung, »hat das Konsequenzen für Hanns-Martin Schleyer.« Die Entführer sehen also im ZDF einen Spielfilm. Herold spricht sie nach dem Film mit einer gespielten Geste des Bedauerns an.

Um 23 Uhr 15 sagt der Nachrichtensprecher: *Das Bundeskriminalamt teilt den Entführern Schleyers jetzt mit: Eine Abspielung des Videobandes ist wegen der verspäteten Übermittlung derzeit noch nicht möglich. Zugleich kündigt das Bundeskriminalamt eine weitere Nachricht an.*

Jetzt, um 23 Uhr 55 am Mittwoch, den 7. September, werden die Entführer vor Mitternacht belohnt. Über den Nachrichtensprecher des ZDF gibt das BKA einige positive Signale. Man wird morgen einen ersten Brief von Hanns-Martin Schleyer aus dem Volksgefängnis veröffentlichen. 38 Stunden später, als die Entführer es gefordert hatten.

Geschickt verschleppt! Das Kommando der RAF hat ein Häppchen vor der Nase. Den Happen werden sie niemals kriegen.

7 Fahndungsdruck

Sie hatten sich im Kanzleramt bei der Betrachtung der Videobilder erschrocken.

Und doch wußten sie, daß es schon bald noch mehr Spulen mit dem Mann im Unterhemd geben würde. Die würden ins Ausland geschickt werden, zu Fernsehsendern, deren Loyalität der Bundeskanzler nicht sicher sein konnte. Private Anbieter und Nachrichtenhändler, die im Konkurrenzkampf Entscheidungen unter kommerziellen Gesichtspunkten trafen. Aber man konnte diese Bilder nicht öffentlich zeigen. Keinesfalls! Wir gönnen ihnen diesen Triumph nicht.

Es gab nur einen Ausweg: die Sache mußte raus aus den Medien. Und den Weg dazu hatte das Entführerkommando in seinem politischen Größenwahn selber gewiesen. Man mußte sie dazu bringen, diesen Genfer Anwalt, Monsieur Payot, offenbar ein Vertrauensmann der RAF, als Mittelsmann zu akzeptieren.

»Ein Geschenk des Himmels!« Herold war begeistert.

Er hatte Freunde in Genf. Er sah es geradezu vor sich. Wenn sie in die Telefonzellen gingen, um ihre Botschaften an den Mann in Genf zu übermitteln, würde man ihnen zeigen, was es hieß, diesen Staat herauszufordern. Tausend Beamte wird man rauswerfen, die dann im Frankfurter Stern die Schaltanlagen überwachen und alle Anrufe von der Bundesrepublik in die Schweiz und insbesondere zu diesem Monsieur Payot überwachen und zurückverfolgen. Nicht, daß es gerade legal wäre. Eigentlich war es illegal, so eine Abhörglocke über Herrn Payot zu installieren. Andererseits: es galt schwere Gefahr vom Gemeinwesen fernzuhalten.

Höflich und zurückhaltend spricht das Bundeskriminalamt also zu den Entführern, mit besonders viel Kreide in der Stimme: *Das Bundeskriminalamt stellt anheim, diese Person als Kontaktperson zu bestellen, um Unklarheiten durch parallel eingehende Desinformationen und hinderliche Zeitverluste zu vermeiden.*

Manchmal hat der Bundeskanzler selber die Formulierungen einer Antwort mitberaten und entworfen. »Ist nicht von Goethe – ist von Schmidt!« so sein lakonischer Kommentar. Dieser Text war aber unverkennbar die Stimme von Horst Herold. Jetzt ließ er seinen Vorschlag wirken, seine Ideen allmählich in die Vorstellungswelt der Entführer einsickern.

Herold versteht etwas von psychologischer Kriegsführung und weiß, was eine Desinformationskampagne ist. Beim Hickhack um die »Isolationsfolter« haben ihm seine Gegner vorgeführt, wie man so etwas aufzieht. Nun ist er am Zug. Auf der Couch schläft er oder auf dem Gelände der GSG 9, oder im Dienstwagen auf den nächtlichen Fahrten von Bonn zurück zur Zentrale nach Wiesbaden.

Er macht es nicht anders als seine Gegner – und wie viele andere, Minister, Pressesprecher und der Bundeskanzler. Sie alle sind feldmarschmäßig unterwegs. Das schien normal. Erst heute fragt sich der eine oder andere von ihnen, ob verantwortliche Entscheidungen nach wochenlangem Schlafentzug und Tausenden von Zigaretten überhaupt noch denkbar sind. Aber im Augenblick ist Krieg, und nur wenige stellen diese Fragen.

»Es ist inzwischen ein Krieg von sechs gegen sechzig Millionen. Ein sinnloser Krieg« – Heinrich Böll hatte diese Sätze 1972 im »Spiegel« an Ulrike Meinhof geschrieben. Er hat ihr die Erfolglosigkeit des Konzeptes der RAF vorgerechnet: »Ich halte es für psychologisch aussichtslos, Kleinbürgern, Arbeitern, Angestellten, Beamten (auch Polizeibeamten), die vom Erlebnis zweier totaler Inflationen geschreckt sind, ihren relativen Wohlstand ausreden zu wollen.«

Aber die Entführer, auf der anderen Seite des Schachbretts, haben sich in die Gedankenwelt der Politiker hineingedacht: Die brauchen kleine Erfolge, und wir geben ihnen einen kleinen Happen, der sie in die Irre führen wird. Eine solche Leimrute für die Polizei wurde noch am Dienstag, den 6. September, ausgelegt: Der Mercedes 230, mit dem sie Schleyer ins Volksgefängnis nach Liblar transportiert hatten, wurde in einem anderen Kölner Vorort, in den weitläufigen Tiefgaragen der Hochhaussiedlung Am Kölnberg Nr. 5 abgestellt. Im Kofferraum findet die Polizei einen Manschettenknopf, der sofort zur Familie Schleyer transportiert und identifiziert wird.

Es gab eine weitere Leimrute. Am 7. September fuhr jemand aus dem Umfeld des Kommandos einen von Knut Folkerts in München gekauften VW-Bus nach Lörrach und stellte ihn nur 300 Meter von der Schweizer Grenze unverschlossen ab. Auf der vorderen Sitzbank fand die Polizei eine Krawatte, die Schleyer am Tag seiner Entführung getragen hatte. Verschiedene Schlüssel an einem Bund auf der Sitzbank hinter dem Fahrersitz paßten in die Wohnungstür der Schleyers. Sie haben ihn nun in die Schweiz verschleppt, sollte das BKA denken.

Aber Herold roch die simple Falle. Der Mann, der selber Informationen so dosiert herausgeben konnte, daß bei seinen Empfängern die gewünschten und vorher berechneten Entscheidungen in Gang gesetzt wurden, war auch nicht irritiert, als einmal auf einem Videoband, wie nebenbei, Schweizer Lebensmittel am Bildrand zu sehen waren. Das Kommando würde sich die Videos vorher immer wieder ansehen, das war klar, und wenn sie also diese Produkte im Bild stehenlassen, dann sollen wir denken, daß die Geisel in die Schweiz verschleppt wurde. Wir sollen den Schwerpunkt der Fahndung vom Westen in den Süden verlegen.

Der Umkehrschluß bei Herold lautete: Sie sind im Westen. Er ist noch ganz in der Nähe in einem Versteck. Ohne Not bewegen die sich nicht. Aber *wir* setzen ihre Kuriere in Bewegung, Mitglieder der RAF, die zum engsten Kreis gehören und deren Anzahl deshalb nicht so groß sein kann. Herold stoppt die Zeiten von der Eingabe von Impulsen bis zur Ankunft einer Antwort. Wenn um 10 Uhr eine Frage des BKA im Radio gestellt wird und dann die Antwort um 17 Uhr 55 in einem Mainzer Briefkasten liegt, sind das fast sechs Stunden. Die Frage des BKA, die um 14 Uhr im Radio gestellt wurde, war dann um 21 Uhr 15 Uhr ebenfalls in Mainz eingetroffen, also nach sieben Stunden.

Nahm man die Zeit der Verarbeitung der Meldung im »Volksgefängnis«, die Fahrzeit eines Kuriers aus dem allerengsten Täterkreis mit dem Vorortbus zu einem Bahnhof, der weiteren Übergabe an einen Reisekurier für einen Schnellzug Köln-Mainz, so sprach auch danach alles dafür, daß sich das Kommando noch nicht aus dem Kölner Raum entfernt hatte.

Die Kämpfer der RAF bewegten sich eben nicht, wie sie das mit Mao doch so gern getan hätten, wie die Fische im Wasser im Volk – und das wußten sie. Die klammheimliche Freude, die sie nach dem Mord an Buback und Ponto vielfach beobachten konnten, war nun auch bei den Sympathisanten in Schrecken und Nachdenklichkeit umgekippt. Die Welt, in der sie sich nun bewegten, war die der Neckermänner. So nannten sie die bemitleideten und verachteten Sklaven des Konsumparadieses Bundesrepublik. Aber einer von denen hatte aufgepaßt, und das war so gefährlich. Nicht die Fahndungsmaschine der Polizei: der Hausmeister am Wiener Weg 1b.

Für den Schlüssel zur Tiefgarage war eine Wohnung in diesem Haus angemietet worden. Als das BKA später einen kleinen

Minipanzer durch die aufgesprengte Tür des Apartments einrollen ließ, zeigte die Kamera den Kriminalisten vor der Tür nur die Bilder einer leeren Wohnung: eine Luftmatratze, ein Funksprechgerät und ein Nachttischlämpchen, mit dem man etwas Anwesenheit simulieren konnte.

»Wir haben ihnen das Auto und die Wohnung gegeben«, sagt Peter-Jürgen Boock heute, »um sie zu beschäftigen.«

Es war ihnen klar, daß die Fahndung immer wieder eine Wohnung nach der anderen knacken würde. Das Spiel bestand darin: gerade dann schon aus der letzten konspirativen Wohnung heraus zu sein, wenn die GSG 9 durch die Türen brach.

Wieviel Tage hatte man sich für das neue Versteck am Renngraben gegeben? Zehn Tage, sagt Boock, und kreist damit den Zeitraum ein, den das BKA später für ihren Aufenthalt dort auch feststellen konnte. Aber war es nicht auch der immer größer werdende Fahndungsdruck, der sie dann mit Schleyer aus der Bundesrepublik nach Holland trieb? Waren nicht in Holland ebenfalls nur mit Mühe die Quartiere rechtzeitig fertig geworden, um dann schon alsbald wieder von der Fahndung gefährdet zu sein?

Es war wohl so: von Anfang an geriet die Gruppe mit ihren Entscheidungen und Aktionen ins Stolpern und kam nicht mehr dazu, die eigenen Schritte und Entscheidungen in Ruhe zu überprüfen.

Das Bundeskriminalamt stocherte mit langen Stangen im Nebel und trieb mit dem Geräusch der Fahndung das Kommando vor sich her. Der Bundeskanzler und sein oberster Kriminalbeamter begannen am Tag der Entführung ein Katz- und Mausspiel mit der RAF, in dem sie mit allen Mitteln der psychologischen Kriegsführung, mit Verwirrung, Täuschung und Intrigen die andere Seite über die eigenen Absichten täuschten.

Am Donnerstag, den 8. September, eröffnete Herold die Partie mit der Einlösung eines Versprechens.

Der zweite Brief des Kommandos mit den Forderungen der Freilassung der RAF-Gefangenen wird über die Medien veröffentlicht. Um 13 Uhr 20 knüpft der BKA-Chef über den Rundfunk an seine Forderungen nach einem Vermittler an. Die RAF soll eine Kontaktperson benennen, hoffentlich den Mann, den das BKA schon im Visier hat. Aus der Erklärung des Bundeskriminalamtes, die am Tag zuvor um Mitternacht im ZDF gesendet wurde, können die Entführer die Gesprächsbereitschaft des Bundeskriminalamtes entnehmen.

Danach ändert sich zum ersten Mal der Ton der Gesprächsführung und zeigt, daß auch die Regierung im Gespräch und für die Modalitäten der Verhandlung Grenzen setzen will, die nicht so ohne weiteres zu überschreiten sind.

Das Bundeskriminalamt warnt die Entführer, diese Bereitschaft durch unzumutbare Forderungen nach Publikationen von Einzelheiten zu gefährden. Die bisherige Kommunikation über Rundfunk und Fernsehen hat sich als unzweckmäßig erwiesen. Deshalb erscheint die bereits gestern anheim gestellte Benennung einer Kontaktperson dringlich. Dieser Kontaktperson könnten Modalitäten genannt werden.

Modalitäten für die Übergabe waren aber bereits genannt – da sie verstrichen waren, mußten sie nun erneut formuliert werden. Die Entführer hatten diese Volte selbstverständlich durchschaut – auch das wußte Herold, aber sie konnten sich nur schlecht dagegen zur Wehr setzen. In mehreren Schreiben vom Donnerstag, dem 8. September, die am darauffolgenden Freitag bei den Zeitungen eingingen, wehrte sich das Kommando gegen diesen Vermittler und versuchte im Gegenzug selber, die Regierung mit neuen Ultimaten unter Druck zu setzen.

es wird von uns keine weiteren erklärungen geben, bevor die gefangenen nicht abgeflogen sind. um sicher zu gehen, daß schleyer lebt, hat die bundesregierung genügend beweise: seine briefe, das videoband, sowie das tonband mit seinen antworten auf die beiden fragen. kontaktpersonen sind überflüssig wie jeder weitere verzögerungsversuch. die verständigung über schleyers freilassung läuft über die tatsache des abflugs der gefangenen oder gar nicht.

Auch bei AFP und bei der »Frankfurter Rundschau« kam ein identischer Brief jeweils mit einem Polaroidfoto als Anlage am frühen Freitagmorgen mit der Post an. Neben der nun unerfüllbaren Forderung der Bekanntgabe folgten zwei weitere Modalitäten.

2. bis freitag 10.00 uhr morgens, läuft die bestätigung durch einen der gefangenen, daß sie abflugbereit sind.

3. bis 12.00 uhr mittags ist der abflug der gefangenen in einem vollgetankten langstreckenflugzeug der lufthansa gelaufen, der über tv direkt übertragen wird.

Genau so war es zwei Jahre zuvor, im März 1975, gelaufen. Das Fernsehen zeigte live die Bilder vom Abflug der gefangenen Terroristen Rolf Pohle, Ina Siepmann, Verena Becker, Rolf Heissler und Gabriele Kröcher-Tiedemann, die, begleitet von Pfarrer Heinrich Albertz, langsam die Rolltreppe zum Langstreckenflugzeug der Lufthansa hochstiegen. Mit großer Freude verfolgten die Entführer des CDU-Abgeordneten Peter Lorenz, wie sich ihr Erfolg abzeichnete. Am Abend landete die Maschine in Aden, Hauptstadt der sozialistischen Volksrepublik Südjemen. Vierundzwanzig Stunden mußten sie dann auf die Rückkehr von Pastor Albertz warten. Dann saß der ehemalige sozialdemokratische Bürgermeister von West-Berlin vor den Kameras des SFB und verlas eine Botschaft der befreiten Gefangenen, die ein Codewort enthielt, das dem Entführerkommando anzeigte: unsere Kämpfer sind in Aden in Freiheit.

Das versteckte Codewort hatte gelautet »Ein Tag, so wunderschön wie heute«, und damit öffnete sich das Verlies für Peter Lorenz, der nun zu seiner Familie entlassen wurde.

Genau so sollte es auch mit Schleyer ablaufen. Aber die Bedingungen hatten sich inzwischen radikal verändert. Die mit der Lorenz-Entführung freigepreßten Terroristen waren zurückgekommen aus dem Südjemen, und für Schmidt und Herold stand fest: jeder Austausch bringt Blut. Auch das Leben von Peter Lorenz war nach den Anschlägen der letzten Jahre mit Blut erkauft gewesen.

Die Ultimaten der RAF mit den Forderungen nach Bekanntgabe und Abflug der Lufthansamaschine mit den Gefangenen waren also verspätet eingetroffen. Der Bundeskanzler konnte und durfte die Termine ignorieren. Inzwischen hatte Herold Kontakt zu jenem Schweizer Rechtsanwalt aufgenommen, den das Kommando in seinem ersten Ultimatum als Kontrolleur und Begleitperson für den Flug der RAF-Gefangenen benannt hatte: Maitre Payot, Generalsekretär der internationalen Föderation für Menschenrechte bei der UNO.

Dieser galt dem Kommando, nachdem er einmal mit dem RAF-Anwalt Croissant in Paris aufgetreten war, offenbar als Vertrauensmann. Er war aber auch ein Anwalt, der Geld brauchte und gerne eine wichtige Rolle in der Öffentlichkeit spielen wollte. Zwei Eigenschaften, an die das BKA nun erfolgreich anknüpfen konnte. Auf Wunsch der Bundesregierung, allerdings bisher ohne Zustimmung des Kommandos, hielt Payot sich als Vermittler in seinem Genfer Büro bereit. Damit konnte Herold nun die Entführer überrumpeln.

Das BKA teilt am Freitag, den 9. September, um 15 Uhr den Entführern über den Rundfunk offiziell mit, ihre Post sei nun endlich beim Bundeskanzleramt eingetroffen. Im Ton des gespielten Vorwurfs einer Behörde, die wegen dieser Mißverständnisse nun aber einen Vermittler eingeschaltet wissen will, heißt es wörtlich:

Die Entführer wußten bei Aufgabe ihres Briefes am späten Abend des 8. 9. 1977, daß weder die geforderte Erklärung der Bundesregierung noch die Termine des Freitags 9. 9. 1977 zeitlich einhaltbar waren. Der Ablauf belegt erneut die Notwendigkeit der Einschaltung einer Kontaktperson zwecks Entgegennahme und Weiterleitung von Nachrichten.

Das Bundeskriminalamt teilt mit, daß der als Kontaktperson akzeptierte Rechtsanwalt Payot heute ab 18.00 Uhr in Genf für die Entgegennahme und Übermittlung von Nachrichten erreichbar ist.

Damit war man im tödlichen Spiel einen Zug voraus. Das Kommando hatte nun in diesem öffentlich geführten Dialog alle

Hände voll zu tun, die Forderung nach einem Vermittler vom Tisch zu kriegen. Dafür wurde noch einmal der Gefangene selber eingespannt.

Der 8. September ist der fünfte Tag nach dem Attentat. Noch hält die Presse Fragen nach dem Fahndungserfolg zurück. Im Gegenteil: nach einem Beschluß des Bundeskabinetts und einer offiziellen Bitte appelliert auch der Presserat an diesem Tag an die Kollegen, bei der Berichterstattung Zurückhaltung zu üben.

Das wird ein bis dahin einmaliger Vorgang in der Geschichte der Bundesrepublik: die Presse schweigt. Sie verzichtet aus Respekt vor diesem Duell auf die Veröffentlichung von Meldungen, die den Entführern nutzen könnten. Einmal wird dabei sogar die erste Auflage einer Tageszeitung wieder eingestampft.

Wie all das möglich war, darüber wundern sich heute auch diejenigen, die damals die Nachrichtensperre akzeptiert haben. Es war eine merkwürdige Geschichte, die in ihrer Planung und Durchführung bis heute nicht annähernd erforscht und erzählt ist.

Die Tagesschau zeigt am Abend wieder die Bilder einer belagerten Hauptstadt.

In Bonn wird jeder Minister, der einige Meter zu Fuß gehen muß, von drei Sicherheitsbeamten umkreist. Kraftfahrer in Zivil brausen vor und hinter den Politikerlimousinen her. Stacheldraht ist ausgerollt, Panzerspähwagen patrouillieren durch die Straßen. Hundestaffeln gehen durch die Gartenanlagen am Kanzleramt und vor dem Kanzlerbungalow.

Der Sprecher der Tagesschau liest einen Text vor, der offensichtlich mit dem Bundespresseamt abgestimmt wurde.

Die Verhandlungen zwischen der Bundesregierung und den Entführern des Arbeitgeberpräsidenten Schleyer sollen jetzt unter Ausschluß der Öffentlichkeit weitergehen. Nachdem der Dialog mit den Terroristen bisher über Rundfunk und Fernsehen geführt worden ist, haben die Behörden nicht nur eine strikte Nachrichtensperre verhängt, sondern den Entführern noch einmal nahege-

legt, eine Kontaktperson zu benennen, über die man künftig eine verläßliche Verbindung halten kann. Angesichts dieser neuen Taktik läßt sich zur Stunde schwer sagen, wie es um den entführten Arbeitgeberpräsidenten Schleyer steht.

Der Gefangene, dessen Foto jetzt wieder für das gesamte Land hinter dem Sprecher eingeblendet wird, sitzt in diesem Moment auf seiner Schaumstoffmatratze auf dem Fußboden im Schlafzimmer der Wohnung 104 am Renngraben in Erftstadt-Liblar.

In den Wohnungen daneben, darunter und darüber sehen die Menschen mit Empörung und Schrecken dem Fortgang der Geschichte zu. Sie ahnen nicht, daß der Mann, dessen Foto hinter dem Rücken des Tagesschausprechers zu sehen ist, nur einige Meter von ihnen entfernt sein abendliches Möhrengemüse löffelt. Beamte aus den Bonner Ministerien fahren auf dem Heimweg über die Autobahn an den beiden großen, hell erleuchteten Wohntürmen vorbei. Schleyers Bewacher liegt mit der Pistole auf den Steppdecken und schmökert in einem Buch.

Der Gong der Tagesschau war für den Gefangenen vielleicht noch zu hören. Die Meldungen aber laufen gedämpft im Wohnzimmer, am anderen Ende der Wohnung. Ein Rekorder zeichnet diese 20-Uhr-Tagesschau auf. Man wird gleich noch mal das Band abspielen und genauer zuhören, was Schmidt und Herold sich Neues ausgedacht haben.

Unterdessen hat das Bundeskriminalamt in Wiesbaden an die Terroristen eine dringende Warnung gerichtet. Es forderte die Entführer auf, seine Gesprächsbereitschaft nicht durch unzumutbare Bedingungen zu gefährden. Dazu gehören auch das Verlangen nach Veröffentlichung von Einzelheiten.

Das war dreist! Der Mann wollte sie zwingen, den Dialog aus der Öffentlichkeit rauszunehmen. Der drehte den Spieß um und drohte damit, das Gespräch abzubrechen. Soweit die Peitsche.

Dann kam das Zuckerbrot.

Inzwischen gibt es drei Mitteilungen der Terroristen ... Der Inhalt der zweiten Mitteilung ist bisher amtlich noch nicht bekanntgegeben worden. Es wird angenommen, daß es sich dabei um ein Videoband handelt, das Bild und Ton speichern kann. Möglicherweise enthält dieses Band das von den Behörden geforderte untrügliche Lebenszeichen von Schleyer.

Mit diesem Trick hatte sich Herold aus der Affäre gezogen. Das Bundespresseamt hatte mit der Sprachregelung die Forderung zum Teil erfüllt: man gibt den Inhalt zusammengefaßt als Mutmaßung preis. Das war das Häppchen. Der Happen blieb wieder aus.

Nach Angaben des BKA in Wiesbaden konnte dieses Videoband wegen eines technischen Defekts noch nicht, wie von den Absendern gefordert, über Rundfunk und Fernsehen ausgestrahlt werden.

8 »Volksgefängnis«

Sie hatten einen Repräsentanten der westdeutschen Wirtschaftselite in ihrer Gewalt. So schnell finden die den gar nicht. Die dusselige Polizei rennt durcheinander wie ein großer Hühnerhaufen.

Das war Tonys Erfahrung aus den Jahren im Untergrund: man muß sich selber sicher fühlen! Schon wenn man Angst hat, auf der Straße erkannt zu werden, wird es gefährlich. Dann fällt man auf, weil man sich unsicher bewegt. Heute sagt Boock, daß er damals geradezu Situationen gesucht habe, um sicher zu gehen. Er fragte manchmal auf einer Polizeiwache nach dem Weg. Silke Maier-Witt saß einmal unter den Fahndungsfotos der RAF beim Friseur.

Die 15 Meter über den dunklen Flur in den Fahrstuhl – das war der gefährlichste Teil des Weges. Dann war man über die Tiefgarage auch schon raus aus dem Fuchsbau. Keine Polizei weit und breit. Nur die übliche Verkehrsüberwachung in Liblar und Köln. Dennoch wußten sie, daß die Fahndung verdeckt mit großer Intensität weitergeführt wurde. Wie nah sie aber tatsächlich dem Visier der Beamten waren, das konnte sich an diesem Abend keiner vom Kommando Siegfried Hausner vorstellen.

Soviel allerdings wußten sie: Überall auf den Polizeiwachen der Republik würde nun pausenlos das Telefon klingeln. Jeder hatte irgendwo seinen Terroristen erkannt. Christian Klar oder Brigitte Mohnhaupt in Stuttgart und Flensburg gleichzeitig. Nicht anders war es auf der kleinen Wache in Erftstadt-Liblar.

Waren sie wirklich bisher unerkannt aus ihrem Versteck herein- und herausgekommen? Ich lese die Anrufe im Fernsprechnotiz- buch der Polizeiwache Liblar aus dieser Woche:

Ich bin in Köln in einen Bus gestiegen, der vom Busbahnhof in Richtung Erftstadt abfuhr. In diesem Bus befand sich auch eine weibliche Person, die eine große Ähnlichkeit mit der Anarchistin hat, die in der Ponto-Affäre gesucht wurde. Ich wohne in K. und möchte nicht genannt werden. Ich vermute, daß das kleine Haus neben der Bäckerei S. das Haus sein könnte, in welchem man den Schleier (!) festhält.

Damit war Susanne Albrecht gemeint.

Aber auch Harry will man in Liblar gesehen haben. Solchen Hinweisen wird diskret nachgegangen, auch in unmittelbarer Nähe des Renngraben 8. Aber sie haben offenbar zu keinem Ergebnis geführt. Daneben läuft der Polizeialltag: Männer schla- gen auf ihre Frauen ein, das Geschrei wird als »Familienstreitig- keit« von Nachbarn gemeldet und untersucht. Dackel oder Pudel sind entlaufen, und Automaten werden aufgesprengt.

Was wäre, wenn ...? Wenn ein Spülbecken in der Wohnung über Frau Lottmann-Bücklers übergelaufen wäre? Wenn in der Nebenwohnung ein Streit ausgebrochen wäre? Wenn durch lau- tes Fernsehen oder Feiern die Polizei auf den Flur geholt worden wäre? Wenn in der Tiefgarage wieder einmal ein gestohlenes Fahr- zeug aufgetaucht wäre und ein Beamter auch mal bei Frau Lott- mann-Bücklers nachgefragt hätte?

Der Tag im Volksgefängnis am Renngraben in Liblar bot viele Möglichkeiten für solch ein Wenn. Jede Fahrt mit dem Bus zum Bahnhof trug viele Möglichkeiten in sich: Nachrichten wurden am Kopierer im Kaufhaus vervielfältigt – wenn da einer von den vielen hundert Käufern jemanden von den Plakaten wiedererkannte?

Man durfte das alles nicht zu Ende denken. Diesen Fällen stand am Ende immer ein einfaches Wort gegenüber: Dann ziehen wir die Waffe! Notausgang Heckler & Koch!

In der Nacht auf Freitag, den 9. September, tagt wieder der große politische Beraterkreis, in dem Herold auch der Opposition die Lage nach Absprache mit dem Kanzler vorstellt. Um sieben Uhr früh gelangt ein Brief in das Bonner Büro der Agence France Press. Das Kommando Siegfried Hausner versucht noch einmal, die Nachrichtensperre mittels der Franzosen zu durchbrechen. Sie fordern bis zum Freitag, 10 Uhr, die öffentliche Mitteilung, daß die Gefangenen zum Abflug um 12 Uhr mittags in einem vollgetankten Langstreckenflugzeug bereit sind.

Für den Dialog mit der Regierung hat das Kommando eine neue Variante entwickelt: die Voraus-Legitimation. Schleyer erzählt ihnen ein Detail aus seinem Leben, das nur ihm selber und seiner Familie bekannt sein kann. Damit wird Zeit gespart und lästige Trittbrettfahrer ausgesondert.

An diesem Tag lautete der Satz: *welch ein glück, daß der spiegel, der in unserer offenburger wohnung in das kinderbett von Arndt fiel, ihn nicht erschlagen hat.*

Authentisch – und ein makabrer Scherz für die Familie dazu. Waltrude Schleyer mußte schließlich die Geschichte bestätigen.

Auch dieses Ultimatum läßt die Regierung verstreichen. Über den Hörfunk läßt Herold mitteilen, daß ihr Brief erst am Donnerstagabend um 23 Uhr im Postamt Mannheim abgestempelt wurde. So kam er zu spät zu AFP, und so konnte man das Ultimatum nicht einhalten.

Hatten sie wirklich nicht rechtzeitig die Post in den Kasten gekriegt? Das war für das Kommando nicht nachzukontrollieren. Er führte ihnen in der Meldung nur das Wirrwarr vor, das sie selber angeblich mit den vielen unkoordinierten Meldungen anrichteten. Er entwickelte daraus noch einmal seinen Vorschlag, endlich eine geordnete Kommunikation zwischen den Parteien zu organisieren.

Nun war es Herold, der die Termine setzte und ihnen für den Moment wieder einen Schritt voraus war.

Das Bundeskriminalamt teilt mit, daß der als Kontaktperson akzeptierte Rechtsanwalt Payot heute, ab 18 Uhr, in Genf für die Entgegennahme und Übermittlung von Nachrichten erreichbar ist.

Am gleichen Tag, 9. September, 17 Uhr 30, wurde von Hürth aus ein Fernschreiben mit der laufenden Nr. 827 an den Koordinierungsstab beim Polizeipräsidenten in Köln abgeschickt. Unter den Vorschlägen und Hinweisen im Fernschreiben wurde nun, mit zwei Tagen Verzögerung, endlich auch der Hinweis auf den Renngraben Nr. 8 mit der Wohnung der verdächtigen Person, Frau Lottman-Bücklers, über den Ticker zur zentralen Einsatzleitung gebracht.

Der Plan des BKA sah vor, unter dem Stichwort »Exekutivschlag« sämtliche verdächtigen Wohnungen in einem einzigen Moment zu stürmen. In Erftstadt-Liblar bereiteten sich deshalb die Beamten auf die Stürmung der verdächtigen Objekte vor. Maschinenpistolen und Funksprechgeräte wurden zusammengezogen. Mit einem Kollegen ging Polizeihauptkommissar Breithaupt noch einmal zum Renngraben. Er will die Lage der Wohnung in diesem Hochhaus, die ihm besonders verdächtig vorkam, genauer besichtigen. Er würde eine Kräfteberechnung für die Erstürmung der Wohnanlage Renngraben 8 daraus entwickeln.

Getarnt als Handelsvertreter, dringt Breithaupt mit einem Kollegen an diesem Freitag durch das offene Rollgitter an der Einfahrt in die Tiefgarage der Wohnanlage am Renngraben 8 ein. Sie erforschen zunächst die Ausgänge und Eingänge im Keller, werfen einen Blick auf die Fahrzeugkennzeichen und gehen dann genau den gleichen Weg hoch, auf dem vor vier Tagen die meistgesuchte Person der Republik in ihr Versteck geführt wurde. Die beiden sehen, welch ideale Möglichkeiten das Haus bietet. Ein Fahrstuhl, der direkt aus der Tiefgarage in den dunklen Flur im dritten Stock führt.

Ganz am Ende des Flurs liegt die Wohnung 104; Breithaupt geht langsam durch den dunklen Flur auf die Tür zu. Zu seiner Sicherheit trägt er, in einem Halfter versteckt unterm Anzug, seine Pistole. Kollege Kanzinger sichert den Flur zur anderen Seite. Am dunklen Ende ganz hinten links liegt die Wohnung. Vielleicht vierzig Schritte. Breithaupt weiß, daß sein Leben am Ende dieses dunklen Flurs im dritten Stock eines Hochhauses ausgelöscht werden könnte. Er hat die vielen toten Kollegen nicht vergessen. Wenn sich jetzt die Tür öffnet und eine der Personen von dem großen Fahndungsplakat steht im hellen Türrahmen, dann wird er sofort zur Tür gegenüber gehen und dort klingeln.

Als Vertreter für Zeitschriften würde er sich ausgeben. Ganz harmlos.

Was geschah in diesem Augenblick – einen Meter hinter den Mauern, an denen die Polizei so gespannt lauschte? Boock sagt, Tony habe an einem dieser Tage eine Zeitlang allein mit Schleyer im Schlafzimmer gesessen. Flipper, Karla und Anne, das gesamte restliche Kommando, war unterwegs.

»Es gab mehrere Telefontermine, die sich überschnitten«, sagt mir Boock heute. »Und das führte dazu, daß ich mit ihm mehrere Stunden allein war.« Die Informationsoffensive des Kommandos Siegfried Hausner – manchmal sind es zehn oder zwanzig Nachrichten und Briefe an einem einzigen Tag – verlangte offenbar doch mehr Personal, als man zuvor berechnet hatte.

In irgendeinem der Gespräche mit seinem Gefangenen war Tony wieder mal bei der Politik, bei den Schweinereien des Kapitalismus im allgemeinen und der Verantwortung des Gefangenen Schleyer im besonderen angekommen. Waren es die Waffenlieferungen deutscher Firmen in den Nahen Osten? Die Heckler & Koch-Feuerwaffen, mit denen die Christen in Beirut die Palästinenser töteten? Tony war dort gewesen, hatte solche Bilder gesehen, hatte erlebt, wie man einem Kind den Kopf wegschoß.

Das ging tiefer in die Seele als nur Fernsehbilder von Vietnam.

Marcuse hatte zu den Studenten gesagt: wer im Anblick dieser Fernsehbilder nicht schreiend auf die Straße rennt, ist nicht ganz normal. Nun waren sie gerannt. Allerdings mit der Waffe in der Hand.

So was konnte er Schleyer immer wieder erzählen.

Er fragte nach den Unimogs, die Mercedes-Benz nach Brasilien lieferte, wo sie mit Lafetten versehen und zu Rüstungsgütern umgebaut wurden. Wußte der Mann vor ihm das nicht? Kannte er seine Verantwortung, seinen Anteil an den Morden nicht? Sah er nicht das Blut an seinen Händen?

So mochte die Situation sein, als man vom Flur ein Klingeln hörte. Erst fern, dann kam das Klingeln langsam näher, bis es endlich an der Tür Lottmann-Bücklers schellte. Von Schleyers Platz waren es nur drei, vier Meter bis zur Wohnungstür. Das Glas in der Füllung der Schlafzimmertür war nur notdürftig mit DC-Fix abgeklebt. Ein Ruf, ein Schrei Schleyers – und die Person draußen wußte, was sich hinter der Tür verbarg.

Das war der Moment, in dem Tony den Finger auf den Mund legte und langsam die Pistole an den Kopf von Hanns-Martin Schleyer hob.

»Ich könnte viel für dich tun . . ., könnte mich für dich einsetzen.« Hat er das in diesem Moment zu Tony gesagt?

Wer steht nun wirklich vor der Tür und klingelt? Polizeihauptmeister Breithaupt berichtet, er habe bestimmt nicht geläutet. Wäre ihm auch viel zu gefährlich gewesen. Außerdem sei das ja verboten gewesen. Hat Breithaupt den Kasten vom Stromzähler auf dem Flur geöffnet? Mal nachgesehen, ob sich da was dreht, Zahlen notiert, wieviel da so abläuft bei einer einzigen Mieterin? Nein, hat er nicht.

Er zieht sich vorschriftsmäßig wieder zurück. Die Einsatzleitung muß den Alarmschlag auslösen. Dann wird er wiederkommen. Schließlich hat man ihnen alle Daten nach Köln geschickt.

Hat Schleyer in dieser Situation seinem Gegenüber vorgeschlagen: »Laß mich einfach gehen«? Was wäre dann mit dem Polizei-

beamten geschehen, der auf ein Klingelzeichen hin, wie mit einem
»Sesam öffne dich!«, den meistgesuchten Schatz der Republik vor
sich gehabt hätte? Daneben einen Mann, der vielleicht die Hände
hebt, sich damit ein tödliches Gefecht, vielleicht lebenslange Haft
erspart und der vor allem nicht weiter an Mordplänen beteiligt
sein muß ...

Die Versuchung ist an Peter-Jürgen Boock vorübergegangen –
und die Rettung auch. Tony weist das Angebot zurück: »Schlag
dir das aus dem Kopf! Ein für allemal!«

Schleyer: »Hättest du mich erschossen?«

Tony: »Ja!«

Doch Peter-Jürgen Boock, der mir Tonys Geschichte erzählt,
weiß heute eine andere Antwort. Seine ehrliche Antwort damals
wäre »Nein« gewesen. Schleyer habe in die Zweifel hineingefragt.
In die Zweifel Tonys am Sinn und Erfolg der Entführung und am
Konzept der RAF.

Vielleicht war es so.

Nun ist die Familie Schleyer schon fünf Tage am Ginsterweg zusammen, wie sonst nur sonntags. Es werden am Ende sieben Wochen sein. Jörg, der Werbefachmann, sagt: »Sieben Wochen Sonntag, weil wir von morgens bis abends zusammen waren.«

Zwei Kriminalbeamte ziehen ins Haus, wohnen, essen und leben
die lange Zeit mit der Familie. Sie bedienen die Fangschaltung am
Telefon, versuchen zu erklären, was in Bonn vorgeht, kommentie-
ren die Fahndung, soweit sie ihnen bekannt ist. Es ist ihnen aber
nicht viel bekannt. Das meiste erfährt die Familie aus dem Fernsehapparat oder dem Radio. Jeden Abend ruft Justizminister Hans-
Jochen Vogel aus Bonn an: sein dürres tägliches Bulletin.

Hanns-Eberhard erinnert sich:

*Der Bundeskanzler hatte zunächst festgelegt, daß die Familie zu
unterrichten sei. Justizminister Vogel hat das dann sehr geschäfts-
mäßig gemacht. In diesen Gesprächen sind Informationen übermittelt worden für bestimmte Kontakte, die man mit den Entführern hatte, es sind Informationen übermittelt worden über*

bestimmte politische Entscheidungsprozesse, etwa so anstehende Diskussionen wie das Kontaktsperregesetz. Aber es hat sich alles an der Oberfläche bewegt.

Die Familie sollte den Eindruck haben, daß sie in die politischen Entscheidungen mit einbezogen wurde. Eigentlich sollte die Familie Schleyer stillhalten, nicht durch unbedachte Aktionen die Verschleppungstaktik stören.

»Außerdem«, sagt Eberhard heute, »war es für die Zeit danach, um der Öffentlichkeit deutlich zu machen, man hat hier einem Informationsbedürfnis der Familie Rechnung getragen.«

Politischer Besuch, Nachbarn und Bekannte kommen vorbei. Ein überfülltes kleines Haus am Hang, das erst am Abend still wird. Dann kommt die Stunde, in der man allein ist, in der die Bilder und Fragen hochkommen, die im Tagesbetrieb keinen Raum haben. »Was er wohl jetzt macht? Jetzt in der Nacht? Karten spielen? Wenn seine Wächter Skat spielen, ist er dabei. Macht der bestimmt. Oder der diskutiert mit denen. So was kann der gut. Gerade mit jungen Leuten!«

Trost und die Versicherung: er wird sich nicht demütigen lassen. Sie waren sich sicher, »daß er das sehr würdevoll überstehen wird«. Und das erwartete er sicher auch von ihnen: Würde, Haltung und Disziplin. Diese Werte spielten in der Familie eine große Rolle. Nicht jammern und klagen. So kannten sie ihn.

Auch Hanns-Martin Schleyer kann sich in seinem Gefängnis gut vorstellen, wie es zu Hause zugeht. Er weiß, daß nun Hanns-Eberhard, der Älteste, seinen Platz einnehmen wird. Der Sohn, ein junger Rechtsanwalt, soll in diesem schwierigsten aller möglichen Prozesse seinen Vater vertreten, um sein Leben kämpfen, ihn retten.

Am 8. September schreibt Schleyer seinem Sohn einen Brief, der über die Kanzlei von Eberhard der Familie zugeht.

Lieber Eberhard!

Herzliche Grüße an Euch alle, ich bin viel in Gedanken bei Euch. – Mir geht es gesundheitlich gut, aber ich bin über das

*Geschehen nur unzureichend und nur über Informationen meiner
Bewacher informiert. Deshalb kann ich die Wirkung nachstehen-
der Überlegung nur schlecht beurteilen.*

*Das Ziel der Entführer wird sie, bei Ablehnung der Forderungen
und nach meiner Liquidierung, veranlassen, das nächste Opfer zu
holen.*

Distanziert und nüchtern spricht er über seinen eigenen Tod.
Dann baut er die Argumentationskette für seinen »Anwalt« auf.
Schon die Ermordung des Freundes und Bankiers Ponto, so hat er
inzwischen erfahren, sollte eine Entführung zur Freipressung der
RAF-Gefangenen sein. Seine eigene Entführung war als zusätz-
liches zweites Erpressungsmittel gedacht, wenn der Gefangene
Ponto nicht gereicht hätte. Nun wird man einen weiteren Mann
aus der Spitze der Republik gefangennehmen. Sie werden nicht
Ruhe geben, bis sie die Gefangenen freigepreßt haben.

Das haben sie ihm gesagt, und Hanns-Martin Schleyer schreibt
es so auf, als ob er das glauben könnte.

*Es gibt, wie man gesehen hat, keinen absoluten Schutz, wenn
man so sorgfältig und konsequent arbeitet wie die RAF.*

*Man muß also nüchtern Bilanz ziehen und in Abwägung aller
kommenden Entführungsfälle mit dann tödlichem Ausgang (bei
heute und später unveränderten Forderungen) einbeziehen.*

Der Unternehmer Hanns-Martin Schleyer berechnet hier
schon künftige Gewinne der RAF in Form von Entführungen, die
bei seinem Freikauf zu Buche schlagen sollen. Was nutzt es Bonn,
wenn man erst nach dem zehnten Anschlag auf die Forderungen
eingeht? Diese unnötige »Eskalation« könne man verhindern.

Eine verzweifelte Argumentation, die ihm selber vielleicht
unglaubwürdig vorkam. Im Angesicht von Anne, Tony und Flipper, die mit ihren Waffen seit Tagen vor ihm im Volksgefängnis sitzen, ist das aber verständlich. Sie haben gesagt, daß sie nicht das
persönliche Risiko suchen. Nicht unbedingt. Da hat das BKA
schon recht. Aber sie sind bereit, für ihren Kampf zu sterben. Er
glaubt es ihnen. Er muß es ihnen glauben, nachdem er das Inferno
mit dem Blutbad an der Vincenz-Statz-Straße erlebt hat.

Sie haben ihm auch von Andreas Baader und Gudrun Ensslin erzählt. Von ihren Bindungen an diese Führungselite, und daß sie bereit sind, für deren Freilassung auch ihr Leben zu riskieren. All das könnte sein Sohn Eberhard als Argumentationshilfe im Bundeskanzleramt vortragen.

Das sollte Helmut Schmidt ebenso wissen wie H. Kohl. + H.-D. Genscher. Mein Fall ist nur eine Phase dieser Auseinandersetzung, als deren Gewinner ich nach meinem jetzigen Wissensstand nicht das BKA sehe, weil die Personen, deren Freilassung gefordert wird, die Entführer in ungeahntem Maß zu weiteren Handlungen motivieren. Die Verantwortlichen in unserem Land können aber nicht nur im Panzerwagen reisen und werden daher immer Blößen zeigen.

Das war die Nahaufnahme aus dem »Volksgefängnis«. Am Ende überträgt Hanns-Martin Schleyer seinem Sohn in aller Form das Mandat und erinnert ihn an ein Gespräch über die möglichen Hilfestellungen, die er vor längerer Zeit einmal beim Vater erbeten hatte.

Wenn Du Dich als mein Vermittler einschaltest und meine Gedanken bei den Verantwortlichen interpretierst, dann ist das sicher nicht das Mandat, das Du von mir vermittelt haben wolltest, für mich aber eine große Beruhigung. – Ich drehe mit Sicherheit nicht durch, bleibt ihr gesund und optimistisch. Ich war schon oft in schwierigen Lagen – es ist immer wieder gut gegangen.

Viele Bussi an Mutti, Euch alle – die Freunde.

Hoffentlich auf bald!

Dein Vati.

9 Hier spricht die Raff!

Am 10. September, einem Samstag, nehmen die Entführer kurz vor Mitternacht endlich Kontakt zu Rechtsanwalt Payot auf. Ein Wirrwarr von vielen Telefonaten, die sich zufällig oder absichtlich ergeben haben, zeigte deutlich, daß man sich in diesem Punkt arrangieren mußte.

Der Gefangene muß ihnen eine neue Legitimation geben. Was nur er allein wissen kann? »Im Juni habe ich Herrn Karl Werner Sanne und den Vertreter der Vereinigten Staaten bei der Internationalen Arbeiterorganisation getroffen.«

So beginnt dann auch das erste Telefongespräch. Eine Frauenstimme: »Ich bin Mitglied der RAF« – fordert dann:

Bis Sonntagabend, 18.00 Uhr hat einer der Gefangenen im Deutschen Fernsehen aufzutreten und zu erklären, daß die Vorbereitungen für den Abflug im Gange sind. Sobald wir darüber Gewißheit haben, geben wir ein neues Lebenszeichen, das Ihnen ermöglicht, uns für legitim zu halten. Nach der Bekanntgabe des Lebenszeichens geben wir noch sechs Stunden Zeit bis zum Abflug.

Das war nach den gescheiterten Ultimaten zuvor nun das dritte Ultimatum innerhalb einer Woche. Die Stimme am Genfer Telefon gibt zum ersten Mal Hinweise darüber, wie sich das Kommando die Übergabe der Geisel Hanns-Martin Schleyer vorstellt. Dabei gehen die Entführer davon aus, daß der fünfundachtzigjährige Pastor Niemöller bereit ist, ins Flugzeug einzusteigen. Sie haben ihn nicht gefragt. Sie haben es seiner Tochter einfach am Telefon befohlen.

Eine Viertelstunde vor dem Anruf bei Payot hieß es am Berliner Telefon des Pastors lakonisch: »Sagen Sie Ihrem Vater, er soll sich am Montag bereithalten. Herr Schleyer lebt noch. Wie lange noch, hängt von der Bundesregierung ab.« So verfügten sie seit langem über Menschen, die sie als »liberale Scheißer« verachteten.

Die nächtliche Frauenstimme bei Payot gab das Procedere für den Gefangenenaustausch durch:

Sobald die Gefangenen sowie Herr Payot und Herr Niemöller ihr Flugziel erreicht haben, wird Andreas Baader Ihnen einen Satz sagen, der ein Wort enthält, der dem Kommando überbracht wird und diesem erlaubt, zu identifizieren und zu versichern, daß sie gut angekommen sind, damit Schleyer freigelassen werden kann. Was den Ablauf dieser Ausführungen betrifft, ist jeder Kompromiß ausgeschlossen.

Kommando Siegfried Hausner.

Nach Mitternacht, um o Uhr 45, wird der Text vom Büro Payot nach Bonn übermittelt und setzt dort in der nächtlichen Runde Überlegungen in Gang, die dazu führen, daß für die kommende Woche immer abenteuerlichere, phantastische Pläne zur Täuschung der RAF ausgebrütet werden.

Baader, der Gefangene in Stammheim, hat also das Lösungswort im Kopf! Ein Codewort, so wird behauptet, das er nach seiner Befreiung als Fernsehbotschaft an das Entführerkommando durchgeben will. Ein Wort, in einem Satz versteckt. Das sprach dafür, daß Baader aus Stammheim heraus den Überfall organisiert hatte und schon vor dem Überfall das Codewort für den Austausch festgelegt hatte. Wenn man auf anderem Weg an dieses Lösungswort im Kopf von Baader herankommen könnte, dann wären die Entführer vielleicht mit einem Trick zu täuschen.

Nun mußte man Baader und die anderen Gefangenen vollkommen vom Nachrichtenfluß abschneiden. »Bis an die Grenze des Rechtsstaates«, hatte Schmidt gesagt.

In Stammheim war nun der tägliche Umschluß der Gefangenen auf dem Flur vor den Zellen beendet. Auch einfache Zurufe durch den Luftschlitz oben über der Tür – »Hey Jan!« von Baader rüber zu Raspe, oder ein »Hey Andy, hör mal!« zurück zu Baader – sollten unterbunden werden. Zunächst wurde ein Radio im Flur aufgestellt und laute Musik gespielt, wenn sich die Zurufe nicht unterdrücken ließen. Später wurden in der hauseigenen Werkstatt schwere, schallschluckende Holzwände in Auftrag gegeben, die abends vor jede einzelne Zelle gewuchtet wurden.

Sonntag im Volksgefängnis. Schleyer darf sich mit einem Lappen abwaschen. Alles, was dazu beiträgt, daß der Gefangene geistig rege und gesund bleibt, kann man ihm gewähren. Sie benötigen noch seine Mitarbeit.

Heute, am 11. September, ist ein Brief seiner Frau Waltrude in der »Bildzeitung« veröffentlicht worden. Waltrude Schleyer hat diese Zeitung gewählt, weil sie sicher sein konnte, daß die

»Bildzeitung« überall präsent ist. Die Schlagzeile am Sonntag würde niemand übersehen können. Hanns-Martin Schleyer darf den Brief seiner Frau lesen.

Meine ganze Sorge gilt meinem Mann und meiner Familie. Ich bin tief beeindruckt von der Anteilnahme, die mir und meiner Familie aus allen Schichten der Bevölkerung zuteil wird. Diese spontane Anteilnahme am Schicksal meines Mannes hat mich tief bewegt. Ich hoffe inbrünstig mit meinen Kindern, daß alles gut ausgeht und mein Mann bald wieder bei uns sein kann. Mein Mitgefühl gilt aber auch den Angehörigen der Männer, die meinen Mann begleitet haben und dabei ihr Leben lassen mußten. Ihnen fühle ich mich besonders verbunden.

Es ist ein Brief auch an die deutsche Öffentlichkeit: sehr gefaßt, in der Ansprache unpersönlich.

Am Tag zuvor waren die ermordeten Polizisten Pieler, Ulmer und Brändle in Stuttgart unter großer Anteilnahme der Bevölkerung beerdigt worden. Die Begräbnisfeier wurde ausführlich im Fernsehen gezeigt. Neben der Trauer waren auch Wut und Entschlossenheit der Politiker deutlich sichtbar. Die Stimmung in der Republik ging steil abwärts – in Richtung Todesstrafe. Eine erste Meinungsumfrage wird in der »Bildzeitung« zitiert: *67 Prozent der Bundesbürger sind für die Todesstrafe.*

»Er bekam nur das zu lesen, was wir ihn lesen lassen wollten«, sagt Boock. Deshalb wird er auch nicht die zweite Seite dieser Sonntagsausgabe gelesen haben. Hans Habe zitiert hier einen Appell von Heinrich Böll und Professor Gollwitzer an das Kommando Siegfried Hausner.

Wir appellieren an die Entführer: seien Sie sich klar, daß weiteres Töten alles vernichtet, was Sie erreichen wollen, und unabsehbare Folgen für unser ganzes Land haben wird, auch für Ihre Freunde in den Gefängnissen. Lassen Sie die Menschlichkeit über Ihre Planung siegen, und geben Sie das mörderische Tauschgeschäft von Menschenleben gegen Menschenleben auf!

Wie sehr die Stimmung im Land herabgekommen ist, macht der hämische Kommentar des Nazi-Emigranten Hans Habe zu diesem Böll-Aufruf deutlich: *Heinrich Böll, der Meinhof-Verherr-licher, und seine Theologen sollen endlich »in Sack und Asche« gehen und dort für eine lange Zeit der Erprobung schweigend ver-schwinden.*

Auch Golo Mann, der sonst so besonnene Historiker, hatte in der vergangenen Woche das Angebot der Terroristen, die Situation als Bürgerkrieg zu verstehen, angenommen. In einem Leitartikel für die »Welt« sprach er aus, was insgeheim viele Menschen sich wünschten:

Die notwendigen Sofortmaßnahmen: Sämtliche Vertrauensan-wälte der Terroristen sind unter dringendem Verdacht der Kompli-zenschaft auszuschließen ... Ferner dann: die »interaktionsfähi-gen Gruppen« sind aufzulösen. Jeder der Gefangenen ist, soweit möglich, in einem anderen Gefängnis zu isolieren. Man wird dann über »Isolationsfolter« klagen? Das hat man bisher auch getan, obgleich das haargenaue Gegenteil der Fall war. (...) Mit guten Reden von »kühlen Kopf bewahren«, »alle Mittel des Rechts-staates ausschöpfen«, »mit dem Terrorismus sich geistig auseinan-dersetzen« wird es nicht mehr genug sein. Wir befinden uns im Krieg, wir stehen zum Töten entschlossenen Feinden gegenüber.

Das war sie: die bis in die Sprache hinein martialische Ernte der Bluttat von Köln – schon nach einer einzigen Woche. Aber hatten sie nicht genau das vorhergesehen? Zivilisation und Rechtsstaat waren nur aufgeschminkt! Nun kam das wahre Deutschland mit seiner Brutalität, der neue Polizeistaat zum Vorschein.

Einige von ihnen, wie Silke oder Susanne, ahnten, was sie da angerichtet hatten. Aber Tony konnte mit Karla nicht darüber sprechen. Nicht mal mit der Frau, die er liebte, die mit ihm ins Bett ging. Niemand konnte oder wollte sich eine Blöße geben. Zweifel war Verrat! Die Drei von Stammheim würden später schon eine Lösung finden. Da war man ganz sicher.

Sie waren wie Papa und Mama, eine Autorität, deren Auftrag man erst mal ausführen mußte.

Silke Maier-Witt schüttelt heute selbst ungläubig den Kopf, wenn wir im Gespräch diese Stimmung rekapitulieren: Die

Kinder der antiautoritären Bewegung hatten sich so fest an die Autoritäten von Stammheim gebunden, daß sie für deren Befreiung zu töten bereit waren! Sie waren so blind, daß sie die unmoralische Erpressung nicht erkannten.

Das war historisch schon einmal passiert: Die aufklärende Stimme des Marxismus war zum blutigen Terror des Stalinismus verkommen. Aber die vielen Parteigenossen, auf deren heroischen Widerstand gegen den Faschismus sich die RAF oft berief, hatten ihren Kindern niemals die Wahrheit über den Terror in der Partei erzählt.

Tony, Anne, Karla und die anderen hatten die Bilder aus dem Jahr 1972 niemals vergessen: die Festnahme von Baader, Meins und Raspe aus einer Frankfurter Garage. Die Schüsse, die aufgeregten Megaphonstimmen der Polizei waren ihnen wie eine Großwildjagd im Fernsehen vorgekommen. Der Schrei von Holger Meins, der – bis auf die Unterhose ausgezogen – im Polizeigriff vor laufenden Kameras abgeführt wurde. Andreas, der mit dem Steckschuß im Oberschenkel noch auf der Pritsche des Krankenwagens abgefilmt wurde.

»Zornig, ohnmächtig, gedemütigt. Ich war es selbst, den sie da schreiend, an die Trage gefesselt, wegtrugen.« So Peter-Jürgen Boock später.

An diesem Sonntagabend, dem 11. September, haben sie selbstverständlich wieder die Topmeldung in der Tagesschau. Nur mühsam als Bericht getarnt, übernimmt die Nachrichtensendung die Forderung der Regierung.

Das BKA will neue Beweise, daß der entführte Arbeitgeberpräsident Schleyer noch lebt.

Mit dieser Forderung reagierte das BKA auf die jüngsten Verlautbarungen der Terroristen, in denen neue Bedingungen übermittelt und neue Ultimaten gestellt worden sind. Schleyer befindet sich seit sieben Tagen in der Hand seiner Entführer. Das letzte Lebenszeichen stammt vom Mittwoch.

Das war glatt gelogen. Aber Herold zwang seine Gegner wieder zu einer Reaktion.

Zwanzig Jahre später gibt mir Waltrude Schleyer eine kleine Tonkassette. Ich höre Hanns-Martin Schleyer in dieser Sonntagnacht. Leise, mit gedämpfter Stimme sucht er nach Worten.

Jetzt, etwa um Mitternacht vom 11. auf 12. September 1977, wird mir von den neuen Forderungen, die über Monsieur Payot übermittelt wurden, berichtet. Ich bin doch etwas verwundert, daß man wiederum einseitig Forderungen stellt, unter anderem nach einem Lebenszeichen, obgleich ich dieses Herrn Payot gegenüber erst am Samstagnacht eindeutig durchgeben ließ.

Er sagt »vom elften auf zwölften September« und »am Samstagnacht«. Seine Stimme klingt schleppend, Pausen zwischen den Worten. Hat er ein Beruhigungsmittel bekommen? Jetzt muß er wieder über seinen Tod sprechen. Muß denen, die zuhören, deutlich machen, daß die Regierung hier um seinen Kopf kämpft.

Auf der anderen Seite wird die Hauptforderung, die für meine Existenz entscheidend ist, nämlich wie der Beschluß der Bundesregierung lautet, nicht bekannt gegeben. Ich meinerseits weiß, daß ich etwa dreißig Minuten nach meiner Freilassung über Telefon meine Familie in Stuttgart unterrichten kann. (...) Grüße bitte meine Lieben. Ich bedanke mich vor allen Dingen bei meiner Frau, der der Appell von gestern sicher nicht leicht gefallen ist.

Hier war es ihm sogar gelungen, eine Ortsangabe in den Text zu schmuggeln. Tatsächlich befand er sich nicht weiter als 30 Minuten von seiner Kölner Wohnung entfernt. Hat das damals niemand verstanden?

Hauptkommissar Breithaupt fährt in diesen Tagen immer wieder mit dem Wagen die Strecke am Renngraben entlang. Zu seiner Frau sagt er dann beiläufig: »Da oben sitzt der Schleyer!«

Von der Kölner SOKO hört er nichts mehr. Wahrscheinlich waren sie da und haben diskret die Spur überprüft. Doch in Wirklichkeit hat das Fernschreiben das BKA niemals erreicht. Oder ist es dort nur beim falschen Mann gelandet? Ist es im Wirrwarr der Kompetenzen zwischen BKA, LKA und örtlicher Polizei zwischen die Ritzen gefallen?

Horst Herold, der später einmal nur versuchsweise den Namen Lottmann-Bücklers in seinen Rechner eingegeben hat, sagt dazu:

Es hätte nur irgendein Beamter, der diesen Hinweis hatte, einmal den Computer befragen müssen, und er wäre mit Erkenntnissen überschüttet worden, die die Polizei veranlaßt hätten, natürlich sofort die GSG 9 einzusetzen. Es ist eine ungeheure Tragik, daß diese Befragung des Computers, die die Lösung geliefert hätte, unterblieben ist.

Noch zwei weitere lange Tonbandbriefe spricht der Gefangene in dieser Sonntagnacht auf den kleinen Kassettenrecorder.

Tony hatte ihn gefragt: »Wer könnte dir helfen? Wer ist von deinen Freunden in der Lage, auf den Kanzler Druck zu machen? Wem willst du etwas sagen?« So waren sie auf zwei mächtige Männer gekommen: Eberhard von Brauchitsch und den jungen Oppositionsführer Helmut Kohl.

Von Brauchitsch war der Freund, der Vertraute. Als Generalbevollmächtigter der Flick KG würde er mit Leidenschaft und aller Macht um das Leben seines Freundes Hanns-Martin kämpfen. Helmut Kohl stand ihm nahe. Schleyer hatte schon den jungen Ministerpräsidenten von Rheinland-Pfalz gefördert, ihm das große LKW-Werk von Mercedes-Benz auf den Acker gestellt.

Schleyer hatte sich in den letzten Tagen immer wieder gefragt, warum die RAF so leicht an ihn herangekommen war. »Wie habt ihr das gemacht?« Sie können erzählen, tun das auch gerne, damit er wütend ist und die Verantwortung laut und öffentlich der Politik zuschieben kann.

Und der Gefangene weiß, daß es gut ist, wenn die jungen Leute vor ihm starke Geschichten erzählen können. Er ist beeindruckt. Eine Form von Gemeinschaft entsteht. Sie wollen hier lebend raus – und das geht nur, wenn die unfähige Politik und die blöde Polizei keinen Unsinn anstellen. »Die Bonner Laienspielschar« – so reden sie die Männer um Helmut Schmidt klein.

»Hier spricht die Raff!«

»Wer bitte?«

»Die Er-Aa-Eff – RAF!«

Manchmal sind Chefsekretärinnen oder Familienmitglieder bei einem dieser ominösen Anrufe erstaunt, die Entführer so direkt am Telefon zu erleben – die meistgesuchten Phantome der Republik direkt im Ohr. Sie fragen aber zumeist, ganz Absicht, naiv nach und wollen bewußt nicht verstehen.

So dauert es auch eine Weile, bis die Sekretärin des Generalbevollmächtigten der Flick KG begreift, daß der junge freundliche Mann am anderen Ende dringend ihren Chef, Eberhard von Brauchitsch, sprechen will. Ihr »nicht zu sprechen« wird mit einem energischen Konter gegen die Sekretärinnenmentalität aufgebrochen. *Herr von Brauchitsch wird stinksauer sein, wenn Sie das nicht machen. Das kann ich Ihnen jetzt schon sagen.*

Aber die kluge Sekretärin versteht heute gar nichts. Ein Band läuft mit, soviel weiß sie. Das Gespräch wird vom Bundeskriminalamt aufgezeichnet. Selbstverständlich hatte Herold mit diesem Kontakt gerechnet.

Das ist eine Information. Die hat ein Ultimatum. Die hat alles mögliche drin! Herr von Brauchitsch braucht das. Sofort.

Mit größter Verbindlichkeit wird dann das Geschäftsgespräch von der RAF beendet. *Das ist an die Flick KG adressiert. Und abgegeben haben es die Entführer von Herrn Schleyer. Ich leg jetzt auf. Tschüs dann!*

Am Montag, den 12. September, wird im Düsseldorfer Parkhotel ein Päckchen für Herrn von Brauchitsch hinterlegt. Darin befindet sich, neben einem kleinen Anschreiben Schleyers an seinen Freund, eine Tonkassette – abzugeben an Helmut Kohl. Das Kommando wollte sichergehen, daß die Botschaft nicht vom Bundeskriminalamt unterschlagen wird.

Lieber Helmut Kohl. Die Situation, in der ich mich befinde, ist auch politisch nicht mehr verständlich. Dies veranlaßt mich, an meine politischen Freunde einen Appell zu richten.

Der Gefangene hat offenbar die Vorstellung, daß er verschiedene Figuren auf dem Brett in Bewegung setzen könnte. Zumindest spielt er für die Entführer einen Menschen, der die Hoffnung hat, daß man austauschen wird. Er rekapituliert die Geschichte der letzten Woche: die Warnungen und die Bewachung durch die Polizei. Man habe alles eingehalten, was an Sicherungsmaßnahmen verlangt wurde. Die Politik nicht! Deshalb liege eindeutig eine Schuld bei Politik und Polizei.

Wie stümperhaft das alles gemacht wurde, beweist der Ablauf des 5. September. Und die Kenntnisse, die ich heute über die ungestörten, obwohl leicht erkennbaren Vorbereitungen besitze, zeigen mir, wie wenig die Verantwortlichen in Wirklichkeit über den Terrorismus wissen. Man kann sich nicht nur auf den Computer verlassen, man muß auch den Computer durch menschliche Gehirne speisen, wenn man von ihm richtige Erkenntnisse erwartet. Ich habe immer die Entscheidung der Bundesregierung, wie ich ausdrücklich schriftlich mitgeteilt habe, anerkannt. Was sich aber seit Tagen abspielt, ist Menschenquälerei ... ohne Sinn.

Eine Pause auf dem Band. Papiergeräusch, ein Rascheln. Die Herren im Bundeskanzleramt schauen auf den Kassettenrecorder, der mitten auf dem Tisch steht. Das Band ist von einem Boten soeben hereingebracht worden. »Papiergeräusche«, sagt Herold zum Bundeskanzler, »vielleicht will er signalisieren, daß er etwas liest, das ihm auf dem Papier vorgeschrieben wurde.«

Die Szene ist dem Chef des Bundeskriminalamts peinlich.

Seit Tagen erwartet man von ihm Erfolge bei der Fahndung. Nun greift die RAF ihn über das Tonband an Helmut Kohl persönlich an. Aber Herolds Computer ist sehr wohl von menschlichen Gehirnen gespeist worden und kann sehr genau die richtigen Fragen beantworten, wenn man sie ihm nur stellen würde. Aber die Stimme auf dem Band spricht genau das aus, was hier im Raum alle, die verantwortlichen Minister und auch er selber, denken.

Es sei denn, man versucht mit naiven Tricks meine Entführer zu fangen. Das wäre zugleich mein sicherer Tod, und ich kann mir nicht vorstellen, daß man zwar die offizielle Ablehnung der For-

derungen scheut, aber Vorbereitungen trifft, um mich still um die Ecke zu bringen, das man dann vielleicht als technische Panne ausgeben könnte. Seit man Tag und Nacht berät, ich frage mich eigentlich, worüber noch, hat man mir den Eindruck vermittelt, man würde die Forderungen annehmen. (...) Nachdem das BKA, vor allem bei den vorbeugenden Maßnahmen, eindeutig versagt hat, die Bundesregierung sich offenbar nicht zum Handeln entschließen kann (...), ist es nunmehr Aufgabe der Opposition, die Verantwortlichkeiten klarzustellen und offenzulegen.

Aber Helmut Kohl wird nichts klarstellen. Sein Freund hat ihm die Argumente für die Öffentlichkeit aufgeschrieben. In einem vertraulichen Gespräch mit dem Bundeskanzler hat Kohl sich längst für Zusammenarbeit und Unterstützung der harten Linie entschieden. Er steht dafür, in diesem Fall die Fraktionen der CDU/CSU ruhig zu halten.

Am Ende der Tonbandaufzeichnung folgt die Drohung des toten Mannes aus dem Volksgefängnis: *Ich bin nicht bereit, lautlos aus diesem Leben abzutreten, um die Fehler der Regierung, der sie tragenden Parteien und die Unzulänglichkeit des von ihnen hochgejubelten BKA-Chefs zu decken.*

Das war zuviel. Herold steht auf und will den Raum verlassen.

An der Tür holt ihn der scharfe Befehl des Kanzlers ein. »Herold! Hiergeblieben! Der Mann sagt das doch nicht freiwillig!«

Von diesem Band wird eine Kopie angefertigt, um sie anderen öffentlichen Stellen zugänglich zu machen, wenn durch deine fehlende Reaktion erkennbar wird, daß dich dieses Band nicht erreicht hat.

In alter und vertrauensvoller Verbundenheit. Dein Hanns-Martin Schleyer.

Helmut Kohl will sich bis heute dazu nicht äußern.

Man darf sich vorstellen, daß ihm diese Tage unvergeßlich geblieben sind. Es hatte bis dahin monatliche Treffen mit dem Freund und Wirtschaftsfachmann Schleyer in seinem Bonner Büro gegeben. Sie hatten sich noch wenige Tage vor der Entführung dort gesprochen. Auch eine mögliche Entführung soll dabei erwähnt und Kohl für Härte plädiert haben. Kohl glaubte also wohl, das Einverständnis seines Freundes Schleyer für die harte Linie voraussetzen zu können.

Noch während der große Krisenstab im Kanzleramt tagt, trifft nur einige Minuten entfernt ein Brief der RAF ein. Die Bonner Filiale der Agence France Press würde sich nicht vom Kanzler an die Leine legen lassen, dachten die Entführer. Doch auch die französische Agentur arbeitete mit der Bundesregierung zusammen, ließ die Briefe vom Bundeskriminalamt abholen und analysieren.

Was sich am Montag in der Post der Agentur befand, brachte AFP dann um 14 Uhr 38 als Meldung über den Ticker: *die entführer von hanns-martin schleyer erwarten »bis 24 uhr die entscheidung der bundesregierung«. diese neue frist gab das »kommando siegfried hausner« in einer am montag der französischen nachrichtenagentur afp übermittelten botschaft an.*

Um 15 Uhr 26 schickt die Agentur, nach Intervention der Bundesregierung, eine Eilmeldung an ihre Nachrichtenkunden hinterher: *schleyer achtung redaktionen: auf ersuchen des bundespresseamtes bitten wir sie, unsere meldung ueber die neue botschaft der schleyer-entführer vorläufig nicht zu veröffentlichen.*

Schon am Morgen hatte sich die Familie Schleyer wieder zu Wort gemeldet. Auf der Titelseite der »Bildzeitung« rief Waltrude Schleyer dem Bundeskanzler zu: »Tauscht ihn aus!«

In einfachen Worten formulierte sie die Argumente, die ihr Sohn Eberhard gemeinsam mit der angesehenen Stuttgarter Anwaltskanzlei Mailänder später ausführlicher beim Bundesverfassungsgericht verwenden würde.

Ich bitte zu bedenken, daß nach unserer freiheitlichen Ordnung die Würde und das Leben eines jeden Menschen unsere höchsten Rechtsgüter sind. Gegenüber der Rettung menschlichen Lebens müßten daher alle weiteren Forderungen, auch die auf den Strafanspruch des Staates, zurücktreten. Ich bin zutiefst davon überzeugt, daß unser Staat, für dessen freiheitliche und demokratische Entwicklung mein Mann sich mit seiner ganzen Kraft eingesetzt hat, die moralische Substanz hat, sich der Herausforderung seiner fanatischen Gegner zu stellen und ihrer Herr zu werden. Aus dieser inneren Stärke heraus wird er es sich erlauben können, die Forderung der Terroristen zu erfüllen.

Der Sohn hatte das Mandat des Vaters übernommen.

Und der Vater erfuhr davon. Sie lasen den Appell im »Volksgefängnis« am Renngraben 8 und ließen es den Gefangenen mitlesen. Mochte Frau Schleyer auch »Terroristen« schreiben und sie als fanatische Gegner bezeichnen: ihre Argumentation war hilfreich, und der Mann auf der Matratze sollte es lesen und ebenso verwenden. Endlich schien Bewegung in die festgefahrene Geschichte gekommen sein.

Hanns-Martin Schleyer konnte sich ausrechnen, daß an diesem Aufruf die Kanzlei Mailänder, in der Eberhard als Sozius arbeitete, mitgewirkt hatte. Das lief deutlich auf eine Klage beim Bundesverfassungsgericht hinaus. Vielleicht hat Schleyer selber seine Entführer ermutigt, am Ginsterweg in Stuttgart anzurufen. Hier bestand vielleicht eine andere Möglichkeit, Nachrichten in die Öffentlichkeit zu bringen.

Niemand würde der Familie verwehren können, über ihre Informationen zu sprechen.

Um 14 Uhr 52 ist die freundliche Stimme der RAF bei den Schleyers am Telefon und diktiert – ganz ruhig, zum Mitschreiben – die bisher geheimgehaltenen Forderungen, das letzte Ultimatum: Die Gefangenen von Stammheim sollen selber die Länder bestimmen, in die sie ausgeflogen werden möchten. Dann folgt noch eine Warnung, die der Familie zeigt, wie wenig sie aus Bonn erfährt.

Auf weitere BKA-Meldungen werden wir ohne konkrete Schritte von seiten der Bundesregierung nicht mehr reagieren. Falls die Bundesregierung auch dieses Ultimatum schweigend übergehen will, hat sie die Konsequenzen zu tragen.

Auch das Telefon des Vorstandsvorsitzenden von Mercedes-Benz, von Zahn, klingelt an diesem Tag. Es klingelt nochmals bei der Familie und endlich auch beim französischen Unterhändler Payot. Überall wird dringlich an das Ultimatum für Montag, 24 Uhr, erinnert. Payot gibt am Nachmittag um 16 Uhr 45 diese wichtige Meldung direkt ins Kanzleramt weiter: *Wir bringen ihnen zur Kenntnis, daß die Person in den nächsten 24 Stunden hingerichtet – exekutiert – wird, wenn die deutsche Regierung nicht eine konkrete Maßnahme durchführt. Das Ultimatum beginnt heute, am 12. September 1977, um 12.10 Uhr.*

Das war noch mal Luft für weitere zwölf Stunden. Genau wie Herold es vorausgesagt hatte. Man mußte einfach Nerven behalten.

Er schlug dem Kanzler vor, nun in der nächsten Runde mit den Verhandlungen über einen Austausch in der Öffentlichkeit zu beginnen. Scheinverhandlungen – selbstverständlich. Hinhalteverhandlungen. Er hatte da einen Mann, der für die Verhandlungen mit Baader, Ensslin und Raspe bestens geeignet war: Alfred Klaus.

10 Fragebogen

Klaus, Abteilungschef der Einheit TE 13 / Terrorismus im Bundeskriminalamt, war seit vielen Jahren mit den Gefangenen auch persönlich bekannt. Wie kein anderer Polizist hatte er von Anfang an ihre Karriere beobachtet und begleitet. Schon 1970, als sich die Journalistin Ulrike Meinhof an der gewaltsamen Befreiung des Gefangenen Andreas Baader beteiligte, war er auf ihre Lebensspur gesetzt. Klaus sammelte Meldungen, organisierte die ersten Dossiers, besuchte persönlich die Familien der RAF. Mal konnte er eine Lesebrille ins Gefängnis mitbringen, mal einen Pfarrer zum Besuch bei den Gefangenen begleiten. Der »Familienbulle«, wie selbst die RAF ihn spaßhaft nannte, war genau der richtige Mann für diese Verhandlungen.

Das alles würde man nun Payot mitteilen – und damit das Ultimatum erneut auf unbestimmte Zeit verlängern.

Gemeinsam formulierten Politiker und Kriminalist die Botschaft an die Entführer. Die Ankündigung der Botschaft ließ man schon über die Spätausgabe der Tagesschau in das Versteck der Entführer senden. Zur gleichen Zeit meldete sich eine Stimme aus Paris bei Payot und fragte den Text der Bonner Regierung ab.

Irgendwo in einer Telefonzelle, am Bahnhof in Essen oder Köln, läßt sich dann ein Zuarbeiter vom Kommando Siegfried Hausner die Meldung durchsagen und trägt sie ins Volksgefängnis.

Drei Punkte hat die Regierung für ihre Gesprächspartner formuliert. Offiziell spricht natürlich das BKA mit den Kriminellen der RAF.

1. Das Bundeskriminalamt wird Vorbereitungen einleiten. Hierzu werden Befragungen der Gefangenen erfolgen. Über die Befragungen werden prüfbare Aufzeichnungen gefertigt, die Herr Rechtsanwalt Payot im Original zugehen werden. Öffentliche Bekanntgaben kommen nicht in Betracht.

Das war genau das, was die RAF gefordert hatte, zugleich aber waren wieder weite Wege vom BKA eingebaut worden. Schön, daß Andreas, Gudrun und die anderen nun endlich Besuch vom BKA bekamen. Die zweite Generation war auf Erfolgskurs. Andererseits mußten die Originale mit den Handschriften der Gefangenen von Stammheim nach Genf gefahren werden. Dann folgte der Inhalt des Fragebogens, der in Stammheim vorgelegt werden sollte:

1. Sind Sie bereit, sich ausfliegen zu lassen?

2. In einer Erklärung der Entführer vom 12.9.1977 wird gesagt: »Die möglichen Zielländer können der Bundesregierung nur von den Gefangenen selbst genannt werden.« Können Sie dieses Flugziel nennen?

Ein weiterer Punkt, von Herold schlau im Text untergebracht, war die Forderung nach einem erneuten Lebenszeichen. Sie hatten ja dummerweise selbst mit der baldigen Exekution gedroht. Nun würde man doch mal nachfragen dürfen ...

Dabei wird erneut an eine Frage aus dem Privatleben des Gefangenen erinnert. *Es ist unzumutbar, Gefangene freizugeben, ohne daß die Gewähr dafür besteht, daß die Entführer nicht auch Herrn Schleyer ermorden.*

Wieder kann man Wegmessungen anstellen.

Aber die Ratlosigkeit der Bonner Journalisten formuliert in dieser Nacht Friedrich Nowottny, live vor dem hell erleuchteten Bundeskanzleramt.

Seit nunmehr einer Woche das gleiche Bild. Eines der Beratungsgremien zur Lösung des Falles Schleyer tagt immer im Kanzleramt: tagsüber – in den langen Nächten. Ist die Staatsmacht blockiert? Haben die Mörder von Köln eines ihrer Ziele erreicht? fragt die Öffentlichkeit. Es geht um Menschenleben, es geht um das Leben von Hanns-Martin Schleyer. Alle Parteien wissen es. Wer dem emotionsgeladenen Druck von unten in diesen Stunden folgt, läßt aus dem Auge, worum es geht. Es geht um die Erhaltung eines Menschenlebens. Es geht um das Leben von Hanns-Martin Schleyer. Und damit zurück nach Hamburg.

Am Ende der ersten Woche schickte Hanns-Martin Schleyer, in einer Ahnung dessen, was in Bonn passiert, seinem Sohn einen Stimmungsbericht: *Die Ungewißheit ist in meiner Lage natürlich scheußlich. Wenn Bonn ablehnt, dann sollen sie es bald tun, obwohl der Mensch – wie es auch im Krieg war – gerne überleben möchte.*

Am 13. September, Dienstag, fliegt in der Dämmerung ein Hubschrauber aus Bonn in Richtung Stuttgart-Stammheim. Der Passagier: Alfred Klaus.

Vor fünf Jahren, im Juni 1972, hatte er neben dem verletzten Andreas Baader im Hubschrauber gesessen. Nachmittags hatte Herold Baader, Raspe und Meins in Frankfurt eine Falle gestellt. Die Garage mit dem Sprengstofflager lag unter Beobachtung. Man wartete geduldig, daß die drei mit ihrem Porsche in den Unterschlupf einkehrten. Der Sprengstoff war inzwischen gegen harmloses Material ausgetauscht worden.

Nach dem Steckschuß brachte Klaus dann Baader persönlich ins Düsseldorfer Gefängnislazarett. Er sah und erlebte Baaders

Paranoia, gegen die Schmerzen eine Betäubung zu bekommen. »Sie wollen mich in der Narkose nur vernehmen und aushorchen.« Die Ärzte konnten ihn dann doch überreden. Aber am Morgen nach der Operation die Frage des Künstlers nach der Presse: »Was bringen die Zeitungen, Herr Klaus?«

Drei Jahre später hatte Klaus dann mit Baader einen Disput in dessen Stammheimer Zelle gehabt. Eine Denkschrift über die Zellenzirkulare, die Klaus verfaßt hatte, war zu Baader gelangt.

Wieder war es die merkwürdige Eitelkeit Baaders, die Klaus aus diesem Gespräch in Erinnerung geblieben ist: *Er hatte meinen Auswertungsbericht gelesen über die Zellenmaterialien, und ich habe seine Rolle dabei etwas unterschätzt. Er hat also mehr verfaßt, als ich gedacht habe. Es gab Zellenzirkulare, die ich nicht ihm, sondern anderen, den beiden Frauen, der Meinhof oder der Ensslin, zugeordnet habe, und darüber war er mir böse.* »Sie liegen völlig falsch! Ihre Zuordnung der Papiere entspricht nicht so ganz den Tatsachen.« *Er wollte sagen: Ich bin auch sehr wohl fähig, ein gutes Papier zu verfassen.*

Mit Fahndungsarbeit hatte Klaus seit Beginn der Schleyer-Entführung gar nichts zu tun gehabt. Er saß abseits der Hektik in seinem Godesberger Büro und dachte darüber nach, wie man auf anderen Wegen zu einer friedlichen Lösung der Entführung kommen könnte.

In seiner Aktentasche hat er jetzt die Fragebogen, die ihm Herold noch in der Nacht in Godesberg gegeben hatte. Klaus weiß, daß er nun in Herolds Geschäft der großen Verwirrungen eingespannt ist. Das Vertrauen der Häftlinge zu ihm soll dabei helfen. Er wird sie einzeln befragen, sie werden *verschiedene* Flugziele nennen und sich damit abermals für einige Tage verheddern.

Das ist der Auftrag. Vielleicht aber kann man mehr daraus machen, als sich die Auftraggeber in Bonn vorstellen.

Klaus ist ein ebenso ungewöhnlicher Polizist wie Horst Herold. Groß, schlank, blond, und mit manchmal zuviel Mitgefühl für seine kriminelle Klientel. Ein Baptist, HJ-Verweigerer, der im Dritten Reich auf eines der Kriegsschiffe der deutschen Marine geflüchtet war, um nicht an den Brutalitäten der Nazis direkt beteiligt zu werden. Nach dem Krieg ging er mit sauberen Händen zur Kriminalpolizei.

Auch in den Mördern, Kinderschändern und Dieben, die ihm dort ins Netz gingen, sah er als Christ noch die irregeleiteten Wesen, die doch auch aus der Hand des Schöpfers stammten. Ein sensibler und sympathischer Kriminalbeamter, der manchen Verdächtigen nach der Verhaftung zur Beichte brachte. Wer ihm gegenüber sitzt, glaubt einen pensionierten Studienrat für die Fächer Deutsch und Geschichte vor sich zu haben.

»Stammheim war ganz still«, sagt mir Klaus, der inzwischen seine alten Unterlagen herausgesucht hat.

Ich war ja mit dem Hubschrauber gekommen, und irgendwie haben die Gefangenen das mitgekriegt. Es herrschte Spannung, diese nervöse Spannung übertrug sich auch auf uns. Wenn Sie Baader nehmen, der war eben voller nervöser Spannung und ging nicht auf mich zu, um mich freundlich zu begrüßen. Es wurde überhaupt nicht gegrüßt. Nein. Abwarten, Distanzierung.

In der Nacht zuvor hatte Andreas Baader in seiner Zelle nach dem Anstaltsleiter Nusser verlangt: *Ich muß in dieser Situation dringend mit einem Verantwortlichen aus Bonn sprechen, bevor eine nicht wiedergutzumachende Entscheidung getroffen wird.*

Nusser hatte das nach Bonn gemeldet, und deshalb wartete an diesem Morgen neben Alfred Klaus auch Bundesanwalt Löchner auf Baader.

Schwarze Jeans, rostrotes T-Shirt und ein Hemd darüber – so der Auftritt des »Leitwolfs« der RAF, wie ihn Horst Bubeck mir vorstellt.

Bubeck hat viele Jahre als Vollzugsbeamter mit diesem allerschwierigsten Gefangenen seines Lebens verbracht. »Baader war der Chef, dem sich die anderen unterordneten«, meint er. »Kein Fleisch wurde vom Frühstückswagen genommen, bevor er nicht für sich ausgewählt hatte. Die Papiere der Meinhof – über Nacht mühevoll für ihn geschrieben – warf er beim Umschluß hoch in die Luft: ›Alles Mist, Du Fotze.‹«

Dieses und anderes mehr hat Bubeck in all den Jahren im siebten Stock erlebt. Er hat niemals darüber sprechen wollen. Es ist ihm aber immer nahe geblieben.

Als wir auf den kleinen Balkon seiner Wohnung hinaustreten, kann er mit dem Finger auf den Klotz gegenüber zeigen:

Da – das ist die Wand aus Glasbausteinen im siebten Stock. Da haben wir abends Rollos heruntergefahren, damit die Videokameras besser den Flur ins Bild kriegen. Der Dachgarten darüber war sozusagen der Hof, auf dem die ihre Runden drehen konnten. Sommer und Winter. Bei Regen wurden die von denen unten beneidet, weil sie ein Dach drüber hatten. Im Sommer gab es Schattenplätze. Sie haben sich aber auch manchmal in die Sonne gelegt.

Irgendwo im siebten Stock hat sich Baader, irgendwann im Verlauf des Jahres 1977, fotografiert. Mit einer Minox – heimlich in den Aktenordnern der Anwälte ins Gefängnis geschmuggelt –, für eine Buchillustration in einer wirren Schriftensammlung der RAF, die dann in Schweden erschien. In der Bundesrepublik des Jahres 1977 herrschte eine Stimmung aus Angst und Paranoia. Alles RAF-Material wurde aus der Öffentlichkeit ferngehalten. Es herrschte die Vorstellung, diese Ideen seien eine Art Viren, die schon bei Kontakt jeden wehrlosen Bürger anspringen und in einen Sympathisanten verwandeln konnten.

Baaders heimliches Selbstportrait: dunkle Haare über dem schwarzen Hemd, lange Koteletten, eindringlicher Blick in die Kamera, die Stirn ein wenig kraus gezogen – Marlon-Brando-Pose.

Leicht hüstelnd trat er am 13. September, hereingeführt von Bubeck, vor seine Gesprächspartner Alfred Klaus und Bundesanwalt Löchner. Der Commandante ergriff ungefragt das Wort. Man hatte ihm zuzuhören.

Alfred Klaus notierte sich auf der Rückfahrt:

Baader schien nervös und durch den Informationsmangel verunsichert zu sein. Ich hatte den Eindruck, daß die Entführung Schleyers und die daran geknüpften Bedingungen mit den

Gefangenen, zumindest im Detail, nicht abgestimmt worden waren.

Andreas Baader verlangt zunächst eine Unterrichtung über die Lage der Verhandlung mit dem Entführerkommando. Da schweigen die beiden Gäste. In dem kahlen Raum gab es nur einen Tisch mit vier Stühlen. Einen Aschenbecher auf dem Tisch. Baader raucht seine selbstgedrehten Zigaretten. Er diktiert den Abgesandten dann seine Botschaft in den Notizblock.

Klaus berichtet: »Er war innerlich erregt. Seine Sprache überschlug sich.«

Baader: *Wenn ein Austausch erfolgt, dann kann die Bundesregierung damit rechnen, daß die Gefangenen nicht in die Bundesrepublik zurückkehren. Es ist nicht beabsichtigt, das Potential der RAF danach wieder aufzufüllen, um dann den bewaffneten Kampf fortzuführen. Ich kann hier allerdings nur für diejenigen sprechen, die hier in Stammheim inhaftiert sind oder hier inhaftiert gewesen sind. Diese Versicherung an die Bundesregierung, nicht in die Bundesrepublik zurückzukehren, gilt auch für den Fall, daß das Urteil im Stammheimer Prozeß aufgehoben werden sollte, oder sonst eine signifikante politische Veränderung eintreten sollte. Die Bundesrepublik hat nur die Wahl, die Gefangenen umzubringen oder sie irgendwann wegen Haftunfähigkeit zu entlassen. Wenn die Regierung uns ausfliegen läßt, wird das für längere Zeit eine Entspannung bedeuten. Es liegt also im Interesse der Bundesregierung, eine weitere Eskalation zu vermeiden. Die Bundesregierung muß sich also um ein Aufnahmeland für diejenigen Gefangenen bemühen, deren Freilassung gefordert wird.*

Klaus und Löchner sehen sich an. Wie weit weg von jeder Realität lebte dieser Baader? Er diktierte dem Bundeskanzler wie ein Guerillero-Führer die Bedingungen für die Verhandlung! Und er hatte sogar die Hoffnung, daß der Mann in Bonn ihm folgen muß.

Die Haftzeit hat den einstigen Bohemien und Revoluzzer Baader schwer getroffen. Aber er hat in der Zelle wenigstens lesen können, hat zum ersten Mal in seinem Leben ein Buch in Ruhe zu Ende studiert. Nicht mehr das hektische Leben, nächtliche Kneipenbesuche in der Künstlerszene Berlins der frühen sechziger Jahre: enge Jeans, keine Unterwäsche, Lederjacke, Alkohol, Drogen – und Frauen, wann immer man wollte. Autos wurden grundsätzlich ohne Führerschein gefahren – frei und ungebunden wollte man tun, wonach einem der Sinn stand.

Ja, nach den Heldenjahren von Stammheim wollte Baader noch leben, zumindest Stammheim überleben – so das Gefühl derjenigen, die ihn gesehen haben. Da war noch Hoffnung an diesem Tag, daß die Rechnung mit Hanns-Martin Schleyer aufgehen würde.

Er läßt sich deshalb auch gerne täuschen.

Klaus öffnet seine Aktentasche und legt ein DIN-A-4-Blatt auf den Tisch: »Das ist also der Fragebogen, den ich Ihnen nun vorlegen muß. Das ist mein Auftrag. Sie sollten hier selber Ihre Antworten mit Ihrer Handschrift eintragen.«

Unter die Frage: »Sind Sie bereit, sich ausfliegen zu lassen?« schreibt Baader nur ein »ja«. Die zweite Frage nach den Flugzielen will er nicht beantworten. »Damit geben wir der Bundesregierung zuviel Informationen. Das kann ich nicht ausfüllen.«

Klaus bleibt beharrlich. »Herr Baader, könnten Sie diese Meinung niederschreiben?«

Baader schreibt dann den Satz: »Wir meinen, daß die Bundesregierung die Länder, die in Frage kommen, um die Aufnahme ersuchen muß.« Dann unterschreibt er mit Datum und einem einfachen »Baader«.

Im Verlauf des Gesprächs kann Klaus Andreas Baader schließlich davon überzeugen, daß die Bundesregierung nicht überall in der Welt herumfragen kann, wer denn diese Gefangenen aufnehmen will. Er möge doch Vorschläge für Länder aufschreiben, bei deren Regierung der Bundeskanzler nachfragen soll. So schreibt Baader dann über seine erste Absage die Länder »Algerien/Vietnam«.

Als auch die anderen Stammheimer Gefangenen befragt worden sind, läßt sich Baader nochmals ins Besprechungszimmer zu Alfred Klaus führen. Ganz unten auf der Seite, unter seiner Unterschrift, ergänzt er noch drei weitere Zufluchtsländer seiner Wahl: »Libyen/VR Jemen/Irak«.

Vietnam schien tatsächlich ein sicherer Hafen zu sein. Die RAF glaubte, mit ihrer Zerstörung der amerikanischen Einsatzzentrale für die Bombardierung in Vietnam, im IG-Farben-Haus in Frankfurt, das Flächenbombardement für eine Woche gestört zu haben. Wie hätten sie gestaunt, wenn sie Tage später dem Gespräch zwischen Staatsminister Wischnewski und dem ehemaligen Außenminister der Revolutionsregierung Vietnam zugehört hätten ...

Nach Baader betritt Gudrun Ensslin den Raum.

Sie hatte wirres Haar, wie auf den Minox-Fotos, die einmal in der Haftanstalt gemacht wurden, mit einer Zigarette im Mund. Dieses letzte Foto der lebenden Gudrun Ensslin zeigt sie im Jeanshemd mit Perlmuttknöpfen. Die blonden Haare strähnig bis auf den Kragen, die Zigarette lässig im Mund. Sie erinnert ein wenig an die Sängerin Marianne Faithful. Gequältes, eingefrorenes Lachen: fotografierter Widerspruch zur Idee vom Glück, dem neuen Menschen in Gestalt des Guerillero. Weggelächelte Bitterkeit.

Sie nimmt keine Zigarette von Klaus an. Stumm schreibt Ensslin nur ein »ja«. Und unter die zweite Frage nach den Ländern ihrer Wahl den Satz: »Ja, nach einer gemeinsamen Besprechung aller Gefangenen, deren Auslieferung das Kommando fordert.« Außerdem fordert sie ihren Anwalt Otto Schily zu sprechen.

Danach wird Jan-Carl Raspe vorgeführt, und er schreibt fast den gleichen Text wie Gudrun Ensslin auf den Fragebogen. »Ich mache die Beantwortung der Frage davon abhängig, mit den Gefangenen, deren Freilassung gefordert wird, sprechen zu können.« Man sah die Absprache.

Raspe hatte heimlich ein Radio in der Zelle versteckt, einen kleinen Transistor. Der Stammheimer Untersuchungsausschuß ließ sich später von einem Gutachter erläutern, wie Raspe mit Baader und Ensslin über stillgelegte Leitungen und selbstgebaute Drahtbrücken Radio hören und Meldungen austauschen konnte.

Aber Klaus und Löchner, die wohl merken, daß die Gefangenen in bestimmter Weise informiert sind, fragen im Augenblick nicht nach. Das Ziel ihrer Reise war erreicht.

Noch aus dem Gefängnis in Stammheim informierte Klaus den Präsidenten des BKA telefonisch vom Ergebnis der Stammheimer Befragung. Herold konnte sich freuen. Baader hatte sich dazu verleiten lassen, mehrere Länder zu nennen. Besser konnte es nicht kommen. In der Ordnung und Reihenfolge der Zielländer, die befragt werden sollten, hatte er zudem ein wunderbares Wirrwarr angerichtet.

Das brachte Zeit, kostbare Stunden für die Fahndung. Nun mußte das alles erst mal zu Payot transportiert werden, von dort zum Entführerkommando, und dann konnte man erneut den guten Klaus mit einem neuen Fragebogen nach Stammheim schicken. »Algerien, Vietnam, Jemen, Libyen, Irak« – wie hätte man es denn gerne und in welcher Reihenfolge?

Mit dem Gong der Tagesschau um 20 Uhr hat sich die Bevölkerung der Bundesrepublik, wie schon an den Abenden zuvor, vor dem Fernsehapparat versammelt, um die Fortsetzung des öffentlich ausgestrahlten Entführungsdramas mit zu verfolgen. Die junge Dagmar Berghoff darf es an diesem Dienstagabend verkünden:

Zwischen den Entführern des Arbeitgeberpräsidenten Schleyer und der Bundesregierung ist der Kontakt wiederhergestellt. Nach vierundzwanzigstündigem Schweigen teilte der Genfer Anwalt Payot heute mit, daß er von beiden Seiten Mitteilungen mit Informationen und genauen Forderungen erhalten und weiter geleitet habe.

Und später um 22 Uhr 24 heißt es dann: *Das Bundeskriminalamt hat für die Entführer bei Rechtsanwalt Payot die Antworten der Gefangenen hinterlegt.*

11 Verhör im Volksgefängnis

Am Mittwoch, den 14. September, muß sich Hanns-Martin Schleyer wieder einmal vor der kleinen Sony Kamera Standard 1 an die Öffentlichkeit wenden.

Er sitzt auf seiner kleinen Schaumstoffmatratze auf dem Fußboden, Wasser und Zigaretten zu seiner Verfügung. Er blickt über das Doppelbett mit braunem Furnier durch die Gardinen auf das große Hochhaus dahinter. Das Band wird von einem Kurier um 16 Uhr 27 im Bonner Hotel Bristol einmal mehr für die Agence France Press abgegeben. Schleyer wendet sich diesmal direkt an die Journalisten. *Ich wende mich deshalb an die Öffentlichkeit und hoffe, daß es noch genügend freie Journalisten gibt, die bereit sind, diese Überlegungen zu publizieren.*

Er spricht von der »Nachrichtensperre« und entwickelt eine Argumentation, die eine Mitleidsbewegung in Gang setzen könnte. Er hat sich, sagt er, dem Votum der Regierung unterworfen. Allerdings habe sich durch das erfolglose Taktieren der Regierung die Lage für ihn verändert.

Nachdem aber die Bundesregierung und die politischen Parteien in Verhandlungen eingetreten sind und meiner Familie und auch mir gegenüber und auch der Öffentlichkeit gegenüber immer wieder bekundet haben, daß sie letztlich meine Befreiung, meine lebende Befreiung wünschten, ist natürlich auch in mir der Wunsch weiterzuleben immer stärker geworden, und immer mehr verfolge ich die Maßnahmen des Bundeskriminalamtes, die nach meiner Beurteilung in Tricks bestehen, die es ihnen ermöglichen sollen, Zeit zu gewinnen, um meine Entführer zu finden.

Damit war der Freipaß für die Regierung, Schleyer zu opfern, wieder zurückgenommen.

Was war das aber wert, wenn man nicht sah, wie er das alles formulierte? Er war ein Gefangener, der in das Objektiv einer Kamera sah und dabei die Pistolen dicht hinter sich spürte. Alles roch nach Diktat, und die Regierung durfte getrost behaupten, daß er so was in Wahrheit gar nicht sagen wollte.

Das Kommando hatte den Gefangenen instruiert. Er war in die Details der Verhandlungen eingeweiht und konnte nun den Versuch machen, den Journalisten die Hintergründe zu schildern. Er gibt zugleich Hinweise darauf, wie man den Hinterhalt der Bonner Politik verstehen konnte.

Ich kann mir nicht vorstellen, daß es in den Überlegungen der politisch Verantwortlichen Gedanken gibt, die darauf hinzielen, zwar offiziell den Eindruck zu erwecken, als ob man die Forderungen erfüllen wolle, die in Wirklichkeit aber ein stilles Ende, das als technische Panne ausgegeben werden könnte, bevorzugen würden.

Wenn das die Journalisten von ihm hören, kann die Regierung diesen Plan nicht mehr durchführen – so die Überlegung. *Ich bin in großer Sorge, daß man durch ein solches Vorgehen erreichen will, daß die Fehler, die begangen wurden, durch mein stilles Ende abgedeckt werden müssen.*

Dann macht er einen Sündenkatalog von Bundesregierung und BKA auf: mangelndes Eingehen auf seine Lebenszeichen, der Fehler, einen fremdsprachigen Mann wie Payot einzuschalten, »und vieles mehr«.

Er wirbt für seine Sache.

Für die Entführer neben der Kamera ist er ein vorbildlicher Gefangener. Letztlich der deutsche Mann mit Disziplin, jener Typus, den sie so sehr verachten. Sie selbst werden ihm in den nächsten Wochen noch ähnlicher werden, als sie es wünschen. Und dann ganz am Ende werden sie da landen, wo sie niemals ankommen wollten: im Land ihrer Eltern.

Disziplin und Gefühlskälte, Rechthaberei, Größenwahn – all das hatten sie bei der Generation, die Hitler diente, mit Verachtung diagnostiziert. »Wer seine Vergangenheit nicht erforscht, ist gezwungen sie zu wiederholen« – dieser von ihrer Generation immer wieder zitierte, tiefgründig wahre Satz gilt auch für die erste und zweite Generation der RAF. Nun sind sie selbst dabei, die Irrtümer ihrer Eltern zu wiederholen, und das Tempo der Ereignisse hält sie davon ab, sich weitere Fragen zu stellen. Ihre Eltern hätten ihnen solche Geschichten aus ihrem eigenen Leben erzählen können – wenn sie nur die Kraft gehabt hätten, darüber zu sprechen. Und wenn sie die Chance gehabt hätten, daß wir ihnen glaubten.

Der Videobrief landet zunächst wieder im Bundeskanzleramt. Wie lange wird man die Veröffentlichung solcher Bänder noch verhindern können?

Noch ist die Stimmung in der Bevölkerung gegen einen Austausch. Hanns-Martin Schleyer hat selber davon gesprochen. Er gilt seit Jahren als profitgeiler Arbeiterschinder. Profit, Mehrwert, Diebstahl – das sind populäre Kampfbegriffe in den siebziger Jahren.

Schleyer selbst hatte die öffentliche Demontage der Unternehmer beklagt: »Der Unternehmer ist der Bösewicht des Jahrhunderts: Ausbeuter, Profitmacher, Preistreiber, Machterschleicher. In unzähligen Fernsehspielen, Theaterstücken, Romanen wird ihm die Schurkenrolle zugeteilt: die linke Agitation macht ihn zur Hauptzielscheibe ihrer sogenannten Gesellschaftskritik.«

Der Weg der Bundesrepublik in einen Gewerkschaftsstaat, die Entwicklung eines Teils der SPD, die auf einen ganz anderen, einen sozialistischen Staat zusteuere – das alles hat er als Vertreter der Arbeitgeber wie kein anderer in den letzten Jahren öffentlich, mit Applaus und sehr vielen Buhs und Pfeifkonzerten, ausgesprochen. »Die Unternehmer sind nicht bereit, einen neuen Sozialfeudalismus hinzunehmen«, so Schleyer noch zu Beginn des Jahres. Gemeint waren damit die Gewerkschaften und deren angebliche Absicht, »in unserer Gesellschaft bestimmen zu wollen, was sozial gerecht und ökonomisch vernünftig ist«.

Hat er das alles selber geglaubt – in dieser Schärfe? Jahre später hatte sich der Traum der Gewerkschaften mit einer eigenen Bank (BfG), einem riesigen Lebensmittelkonzern (Co-Op), dem größten Bauunternehmen (Neue Heimat), der Lebens- und Sterbeversicherung von selber ausgeträumt. Machtgierige und geldgeile Gewerkschaftsfunktionäre, in Managementpositionen mit Millioneneinkommen hochkatapultiert, hatten sich nicht zügeln können, wollten auch so leben wie die Millionäre auf der anderen Seite des Verhandlungstisches – Rotaryyacht und Jagdvilla mit goldenen Wasserhähnen, Golfclub und junge Mädchen in Südamerika. Niemand hatte sie bei ihrem Vernichtungswerk an den alten Ideen und Einrichtungen der Gemeinwirtschaft gehindert.

Schleyer hätte sich viel Ärger erspart, wenn er nur einfach abgewartet hätte. Nun mußte er für seine Überzeugung büßen.

Er büßte aber auch für die Schuld, als junger Mann Mitglied der SS gewesen zu sein. Er hatte sich zwar nicht bei den Totenkopfdivisionen aufgehalten. Aber für das Kommando Siegfried Hausner – und nicht nur für sie – war er Mitglied der brutalsten Verbrecherorganisation gewesen. Einer jener Menschenschinder, die es geschafft hatten, nach zwei Jahren Internierungshaft bei den Amerikanern wieder im Kreise seiner alten Kameraden ganz oben im Machtspiel mit dabei zu sein. Sie würden es ihm vorrechnen, würden die Millionen Opfer der SS auf sein Konto schreiben. Wenn es nicht vorwärts ginge mit dem Austausch, würden sie kein Mitleid haben.

Die Bänder mit den stundenlangen Gesprächen zwischen Schleyer und seinen Entführern liegen noch heute im Auslandsversteck der RAF. Vielleicht in Bagdad oder in Aden.

Ich versuche mir vorzustellen, wie so ein Verhör anfängt, wie es hochköchelt bis zu den Anklagen dieses Mitglieds einer »Verbrecherischen Vereinigung«. So hatten 1945 die alliierten Sieger die SS qualifiziert. Vielleicht zeigte er auf das Familienfoto, das die Zeitungen veröffentlicht hatten, sprach über seine Familie, seine Söhne und Enkelkinder.

Tony will sich daran erinnern.

Sie hatten natürlich das »Schwarzbuch: Strauß, Kohl & Co.« gelesen. Da wurden Schleyers Briefe aus der NS-Parteiakte zitiert: »Ich bin alter Nationalsozialist und SS-Führer...« Ein Greuel war das für Schleyer gewesen, weil man dem Autor deswegen nicht mit einem Prozeß kommen konnte. Wer würde das aber verstehen?

Der Gefangene hat es in seiner Lage sicher noch mal versucht. »Wer nicht dabei war, wird das nur schwer verstehen.«

Karla, auf dem Spießerehebett gegenüber, und Tony ahnen in diesem Moment sicher nicht, wie sehr sie selber diesen Satz zwanzig Jahre später brauchen können – wenn andere verstehen wollen, warum *sie* das alles getan haben. Wenn sie ihre moralische Rechtfertigung aus der Zeit heraus wiederfinden wollen ...

Im September 1977 können sie über das abgedroschene Argument nur bitter lachen: »Die Leichenberge werden wir nie verstehen. Und wie ihr dann einfach so weitergemacht habt nach 45 – als ob nichts gewesen wäre!«

Die Kontinuität dieses SS-Mannes war überdeutlich. Übrigens, sein Chef, der Daimler-Benz-Generaldirektor Dr. Joachim Zahn, war ein noch älterer Kämpfer, mit noch niedrigerer Mitgliedsnummer in der NSDAP: SA-Obersturmführer Zahn. Es paßte einfach alles zusammen. Die alten Kämpfer hatten die Leichenberge der Vergangenheit zu verantworten und nun schon wieder die Leichenberge in den Befreiungskriegen der Dritten Welt – die Toten im Libanon. Sie lieferten nach beiden Seiten, diese gewissenlosen Menschen, und sprachen noch offen darüber.

So könnten solche Gespräche angefangen haben. Oder Schleyer bekam das Mikrofon in die Hand und mußte seinen Lebenslauf diktieren. *Nach Kriegsbeginn kam ich nach Prag, wo ich die Leitung des NS-Studentenwerks übernahm. Mai 45 kam ich in die amerikanische Gefangenschaft. 51 bin ich dann in den Flickkonzern eingetreten und bei der Daimler Benz AG. Seit 1959 Vorstandsmitglied.*

»Nach Kriegsbeginn kam ich nach Prag« – wie begann denn der Krieg und wieso kam man nach Prag, in die abgepreßten und besetzten Gebiete? Die Kapitalisten folgten ihren Soldaten und raubten diese Länder aus! Als ob man nicht wüßte, wie es in Prag unter der Nazibesatzung zugegangen war! Mit Extrarationen hatte man die Arbeiter in die Kriegsproduktion geführt. Mit Terror, wie in Lidice, wurden sie nach dem Attentat auf Heydrich gefügig gemacht. Die Vernichtung der Intelligenz war schon geplant, und nur die »Gutrassig – Gutgesinnten« wären mit ihrer Eindeutschung davongekommen. Und der alte Kriegsgewinnler Flick hatte ihn nicht zufällig in seine Firma geholt!

Alle diese Bonzen hatten geschönte Lebensläufe, für die Feier- und Weihestunden der BRD! Alle konkreten Bezüge zur Nazi-Zeit waren getilgt. Aber vor ihnen konnte sich der Mann nun nicht länger verbergen. Sie ließen keine Ausreden gelten.

Schleyer, wo warst du? Daß sie in moralischer Selbstüberschätzung die Rolle des lieben Gottes spielten, war ihnen bei so viel Haß und Selbstgerechtigkeit wohl kaum spürbar.

Erst später einmal, wenn auch die anderen, die dabei waren, und wenn die Tonbänder selber sprechen werden, wird das Bild von Schleyers Tagen und Nächten im Volksgefängnis klarere Konturen gewinnen. Tony hatte von Gudrun Ensslin einen Satz gelernt, der ihm selber plausibel den Weg wies. »Dieses System ist so verhärtet, daß man es nur mit Gewalt knacken kann.«

Eins ist sicher: bei diesen Diskussionen im »Volksgefängnis« standen sich die Nachkriegsgeneration und ihre Väter in der schärfsten Form gegenüber.

»Ihr wart die guten Söhne und er der böse Nazi-Vater«, sage ich zu Boock über diese Szenen, und er antwortet: »Ja, das trifft es.«

Schon nach der ersten Woche war dem Kommando deutlich geworden: Sie hatten dem Staat den Krieg erklärt, und nun fuhr dieser Staat alles auf, was er zu Verfügung hatte. In der Politik und den Medien gab es kein anderes Thema mehr als die Schleyer-Entführung, obwohl so wenig Informationen durchdrangen. Die gesamte deutsche Polizei suchte sie, und das Kommando wußte, daß stündlich Spuren und Hinweise vom Großrechner im Bundeskriminalamt geprüft wurden.

Das hob ihr Bewußtsein und bestätigte die Bedeutsamkeit der RAF.

Auf der anderen Seite mußte man schleunigst mit der Geisel die Bundesrepublik verlassen. Die Niederlande, mit ihrer traditionell skeptischen Grundhaltung zu Deutschland, mit ihrem liberalen Alltagsleben fern deutscher Polizeikontrollen, war als nächster Aufenthaltsort vorgesehen.

Der Fahndungsdruck war deutlich spürbar, deshalb mußte alles schneller gehen als zunächst vorgesehen. Tony mietete gemeinsam mit einer Frau, die sich Karola Stöhr nannte, in Den Haag ein Haus für die Umsiedlung des Gefangenen an. In der Stevinstraat

266 fanden sie schließlich ein dreistöckiges Reihenhaus in guter
Gegend, das sie sofort beziehen konnten. Hellbraun verklinkert,
mit roten Dachziegeln über den Giebeln, so standen die Reihen-
häuschen ohne Vorgarten dicht aneinander, die Stevinstraat entlang. Vorgezogene kleine Erker mit Blumen ließen den Blick der
Passanten frei ins Zimmer – kaum Gardinen wie in Deutschland.
Doch Bäume standen auf dem breiten Bürgersteig, und über die
vierspurige Straße bis zur gegenüberliegenden Häuserzeile war es
weit genug, daß ihnen niemand in die Zimmer hineinsehen
konnte. Nur ein paar Straßen weiter, und man war am Meer.
Zwei Tage später erwarteten sie den Transport aus Deutschland.

Seit Donnerstag, dem 15. September, so sagte es später der Stromzähler am Renngraben in Liblar, war hier kein Strom mehr verbraucht worden. Irgendwann in der Nacht von Mittwoch auf
Donnerstag wurde Hanns-Martin Schleyer – nun zum zweiten
Mal – noch einmal verkleidet durch den Flur und über den Fahrstuhl in die Tiefgarage geführt. Die Plätze am Fahrstuhl unten, an
den Türen und am Wagen waren mit Posten besetzt, so daß die
Geisel unbeobachtet in den Kofferraum geschoben werden
konnte. Eine Fahrt an die grüne Grenze nach Holland, wo früher
einmal Torf abgebaut worden war, durch einen Hohlweg, wo früher Loren gefahren waren, brachte ihn zum Treffpunkt mit den
Genossen, die in Holland die Übernahme vorbereitet hatten.

Tony, der das Haus in der Stevinstraat einzurichten hatte, wartete schon ungeduldig auf die Ankunft des holländischen Liefer-
wagens. Der Kombi mit seiner brisanten Ladung mußte dann aber
noch eine geraume Zeit auf einem Parkplatz an der Autobahn bei
Den Haag warten.

Zu spät hatte die Mannschaft mit dem Lieferwagen den großen
Weidenkorb aufgetrieben, in dem man Schleyer auch am hellich-
ten Tag unverdächtig vom Lieferwagen die engen Stiegen hoch
und in sein neues Gefängnis transportieren konnte. Erst im großen Kaufhaus Bijenkorf – Bienenkorb – hatten sie endlich diesen
Weidenkorb gefunden, und nun sah auch vor den neugierigen

Nachbarn alles wie ein ganz normaler Umzug aus. Tony, der eine Zeitlang in Amsterdam gelebt hatte, konnte alle Fragen in holländischer Sprache beantworten.

Aber woran lag es wirklich, daß Schleyer fast einen halben Tag in seinem Weidenkorb auf dem Parkplatz warten mußte? Waren die Stromableser vor der Hausübernahme noch nicht in der Stevinstraat gewesen? Es war eindeutig ein überstürzter Ortswechsel – mit vielen Risiken für das Kommando.

Zugedeckt mit einer Wolldecke lag Schleyer in einem Kombi und bemerkte selber, daß die Logistik seiner Gegner nicht so fehlerfrei funktionierte, wie sie das gerne von sich behaupteten.

Kein Anwohner der Stevinstraat, der an diesem Tag als Passant amüsiert zusah, wie der mächtige Korb schaukelnd über die Straße getragen wurde, konnte sich vorstellen, daß genau darin der meistgesuchte deutsche Staatsbürger versteckt war und daß die netten jungen Leute, die hier ein Haus bezogen, die gefährlichste kriminelle Vereinigung ihres Nachbarlandes darstellten: die RAF.

Was sich hinter diesen drei Buchstaben verbarg, lernten dann auch die Niederländer kurze Zeit später mit Schrecken kennen.

Die Familie Schleyer ahnt noch nicht, daß in Bonn die Entscheidung gegen jeden Austausch schon lange gefallen ist. Ein entsprechender Illustriertenbericht wird am Abend in der Tagesschau zurückgewiesen:

Im Entführungsfall Schleyer hat die Bundesregierung bisher keine Grundsatzentscheidung getroffen. Das Bundespresseamt bezeichnete am Abend einen Illustriertenbericht als falsch, daß unmittelbar nach der Mordtat in Köln der große Krisenstab einen Austausch grundsätzlich abgelehnt habe.

An diesem 15. September leben die Gefangenen in Stammheim seit elf Tagen mit den Umständen der sogenannten Kontaktsperre. Ein Gesetz mit der Begründung, Schaden und unmittelbare Gefahr abzuwehren, wurde im Bundestag eilig durchgebracht und verhinderte jeden Kontakt zu den Anwälten und Gespräche der Gefangenen untereinander.

Doch trotz aller Kontaktsperren rufen sich die Gefangenen auch tagsüber, wie schon früher, Nachrichten zu. Sie tun so, als ob sie etwas aus dem Radio unter ihnen aufgeschnappt hätten. Doch sie wissen sehr genau, daß die gesamte Republik nun, mehr noch als zur Zeit des großen Prozesses in der Halle gegenüber, auf diese Gefangenen blickt.

Die RAF in Stammheim hörte mit.

Die öffentliche Debatte zwischen dem Kanzler Schmidt, Oppositionsführer Kohl und Franz-Josef Strauß wurde in den Meldungen des Rundfunks ausführlich gebracht. Die Diskussion zeigte deutlich, daß es genau so ablief, wie sie es erwartet hatten. Die Forderungen nach der Todesstrafe, sogar nach Geiselnahme der Stammheimer – das alles entwickelte sich so, wie es gar nicht anders sein konnte. Schon dafür hatte es sich gelohnt.

So hörten sie den Bundeskanzler, der am Vormittag im Parlament zu diesem Thema seine Meinung sagte und dabei offenbar versuchte, die Todesdrohung für sie herunterzuspielen und der Stadtguerilla den Kombattantenstatus zu verweigern.

Uns erreichen viele Ratschläge, die über solche Maßnahmen weit hinausgehen wollen, bis hin zu dem Vorschlag von Repressionen und Repressalien, die sich gegen das Leben einsitzender Terroristen richten. Ich will dem Bundestag meine Überzeugung dazu nicht verhehlen. Androhen kann man nur, was man auch tatsächlich ausführen darf. Drohungen mit Schritten, die unsere Verfassung brechen würden, sind deshalb untauglich. Die Mitglieder der Bundesregierung und auch ich selbst haben vor dem Bundestag geschworen, das Grundgesetz und die Gesetze des Bundes zu wahren und zu verteidigen. Die Tat von Köln ist Mord. Die Täter sind Mörder. Ein Mord, von dem behauptet wird, er diene einem politischen Zweck, bleibt nichtsdestoweniger Mord. Die Vorstellung der Terroristen, sie führten einen Krieg, wie sie sagen, ist eine absurde Vorstellung.

Lächelten sie über diese Anstrengung des Kanzlers, der RAF die politische Bedeutung zu nehmen? Wenn die Politik in Bonn inzwischen vom BKA gemacht wurde, dann zeigte das ja schon den Primat der Polizei – die Politik organisierte eine militärische Lösung, wie die Polizei. Genügte das noch nicht?

Und wenn er sich nochmals direkt an uns hier in Stammheim wendet – wir werden uns nicht beirren lassen.

Sie wußten, daß auch die Kämpfer vom Kommando Hausner gegen dieses bourgeoise Geseire immun waren. Da hatte Pastor Albertz schon recht gehabt, als er vor einigen Tagen im Rundfunk sagte, daß die zum Terrorismus entschlossenen Kämpfer »unansprechbar« seien. Da konnte der Zwerg im Parlament herumkrähen, was er wollte.

Beenden Sie ihr irrsinniges Unternehmen! Sie irren sich! Wir werden uns von Ihrem Wahnsinn nicht anstecken lassen. Sie halten sich für eine auserwählte kleine Elite, welche ausersehen sei – so schreiben Sie – die Massen zu befreien. Sie irren sich! Die Massen stehen gegen Sie!

Schon der Applaus dieser großen Allparteien-Koalition im Bundestag zeigte ihnen bis nach Stammheim, daß sie dabei waren, diesen Staat zu verändern. Bald würde es auch den eingesperrten Massen nicht mehr als »Wahnsinn« vorkommen, sich ebenfalls gegen die Allmacht des Staates zu stellen – und sie, die RAF, hatte ihnen diese Möglichkeit gezeigt. Auch wenn sie dabei zugrunde gingen, das war mit auf der Rechnung.

Ungläubig blickte Baader die Vollzugsbeamten an, als der Plattenspieler, in den ersten Tagen zusammen mit Radio und Fernseher konfisziert, auf einem Rollwagen in die Zelle zurückgebracht wurde.

»Ein Beschluß des Senats.« Man wollte die Kontaktsperre nicht unnötig mit dem Entzug von Musik beschweren.

Baader sah sofort, daß die Versiegelung und die Plombe gar nicht aufgemacht worden waren. Hatten sie wirklich das Gerät nicht aufgeschraubt und die Manipulation entdeckt? Im Inneren des Geräts klemmte, gehalten von Drahtklammern, die versteckte Pistole mit einem geladenen Magazin. War das Glück?

War es eine Falle? Hatten sie die Patronen ausgetauscht? Was für ein Spiel lief hier?

Für den Moment gab es immer noch Hoffnung auf einen Austausch. Leben, dort draußen, bei den Genossen in Afrika leben – in Libyen, im Irak. Bagdad, ein orientalisches Traumbild, stieg, vermischt mit Erinnerungen an seine früheren Aufenthalte dort, in ihm auf.

Dann rollte er sich auf dem Zellenboden in die Sonne, dort, wo sie durch das Fliegendrahtgitter ein kleines, vergittertes, warmes Viereck hingeworfen hatte. Er ließ den Plattenspieler laufen, setzte sich die Brille mit den dunkelblauen Gläsern auf. Lag da und wartete. Lange konnte es nicht mehr dauern.

12 Exotisches Denken ist erlaubt

Exotisches Denken ist erlaubt! Nichts soll tabu sein! Helmut Schmidt hatte ausdrücklich dazu aufgerufen, in der Runde alle denkbaren Möglichkeiten zur Befreiung der Geisel vorzuschlagen und zu diskutieren. Sie sollten versuchen, »das Undenkbare zu denken«. Deshalb wurden hier sogar rabiate Vorschläge ausgesprochen, etwa für eine Art Gegenerpressung der Terroristen.

Klaus Bölling, der privat Protokoll führte, erinnert sich daran, daß Franz-Josef Strauß auf solche Gedanken gekommen ist. Wenn nämlich die RAF den Kombattantenstatus für sich beanspruchte und darauf bestand, eine bürgerkriegsführende Partei zu sein, dann konnte man als Staat auch so argumentieren: Da die RAF das so sieht, werden auch wir der Roten Armee Fraktion als Kriegspartei gegenübertreten. Dann können Maßnahmen erwogen werden, wie sie mehr oder minder auch im Krieg legitimiert sind.

Konnte das auch »Standrecht« heißen?

Bölling: *Das hat vielleicht so in der Luft geschwebt. Es ist nicht ausgesprochen worden. Aber da der Bundeskanzler ausdrücklich eingeladen hatte, alles zu durchdenken und dann auch nicht halt zu machen bei den Grenzen des Rechtsstaates, sondern über diese Grenzen hinauszudenken, sind solche Überlegungen, wenn auch mit größter Vorsicht, angedeutet worden.*

Doch Justizminister Vogel weist die Runde in die Schranken. »Meine Herren! Hier ist eine absolute Barriere. Das läßt schlechterdings die Verfassung nicht zu!«

Andererseits wollte Schmidt sich nicht vorwerfen lassen, eine Lösungsvariante unbedacht gelassen zu haben. Deshalb gab er Staatssekretär Dr. Fröhlich den Auftrag, mit einigen Geheimdienstleuten alle möglichen Modelle für eine Kriegslist oder einen Bluff gegenüber der RAF durchzuspielen und ihm vorzutragen.

Wie könnte man die RAF hereinlegen? Fröhlich entwickelte das Modell Doublette: Eine Maschine mit den elf freizulassenden Gefangenen fliegt in Frankfurt ab, vor den Kameras des Fernsehens, und kommt heimlich auf einem anderen Flugplatz wieder ins Land zurück. Eine zweite Maschine fliegt mit Schauspielern, die Baader, Ensslin und die anderen RAF-Gefangenen doubeln, in das Land, das für den Austausch vorgesehen ist. Dort zeigen sie sich beim Aussteigen, das Fernsehen sendet diese Bilder nach Deutschland ...

Doch wie würde man dann das Codewort von Baader bekommen?

Im Krisenstab wurde selbstverständlich auch die Möglichkeit diskutiert, die RAF-Gefangenen wirklich in ein befreundetes Land ausreisen zu lassen, um sie dann, nach der Befreiung Schleyers, wieder mit Hilfe der Polizei einzusammeln. Wischnewski macht den Vorschlag, solch ein Szenario in Togo durchzuführen. Er dachte, mit seinen guten Beziehungen zu diesem Land würde man einen Weg finden, das Problem zu lösen. Wäre es aber möglich gewesen, diese Aktion geheim zu halten? Wie hoch war die Gefährdung Schleyers dabei – und was denkt die Öffentlichkeit, wenn so ein Spiel mißlingt?

Andere glaubten, mit Hilfe der Israelis falsche Flugterminals aufbauen zu können, dort einen Ghaddafi zu doubeln, um von Baader auf diese Weise nach der Landung das Codewort zu bekommen. In langen Plansequenzen wurden auch die abseitigsten Szenarien durchgespielt. Sogar eine fingierte Meuterei der GSG 9 wurde erörtert: Bei der Eskortierung der Häftlinge zum Flughafen sollte die Truppe meutern und mit der Erschießung der Stammheimer Gefangenen drohen, wenn das Kommando Siegfried Hausner nicht sofort die Geisel Schleyer freigäbe. Aber wie konnte man androhen, was man nicht auch auszuführen in der Lage war?

Wer sollte so etwas von der GSG 9 wirklich für möglich halten?

Der bizarre Einfall ist allerdings auch ein Reflex der Stimmung in diesen Wochen. Er ist ein Zeichen der körperlichen und zunehmend auch seelischen Erschöpfung der Beteiligten.

Sogar ein holländischer Hellseher wurde eingeschaltet, und in Süddeutschland meldete sich eine Frau, die sich angeblich darauf verstand, den Verbleib des Verschleppten mit »Pendeln« erkunden zu können. Und was heute unglaublich scheint: auch diese Möglichkeit wurde wahrgenommen! Dr. Fröhlich, ein liberaler und gebildeter Mann, ließ sich von der Familie Schleyer Kleidungsstücke Hanns-Martin Schleyers aushändigen, die für die Pendelei notwendig waren.

»Ich habe nichts mehr davon gehört«, sagt mir Fröhlich.

Am Freitag, den 16. September, wird von der RAF die Leitung Payot-BKA über das Genfer Telefon genutzt. Um 17 Uhr 46 meldet sich ein Sprecher des Kommandos Siegfried Hausner in der Anwaltskanzlei des Maitre Denis Payot. Er muß als Ausweis der RAF-Identität nochmals die alte Legitimation benutzen, sagt er – ein Zeichen, daß dieser Sprecher zur Zeit nicht in der Nähe der Geisel ist.

Wir möchten gerne, daß das Bundeskriminalamt Fragen nach den Lebenszeichen von Herrn Schleyer stellt, die wir dann telefonisch beantworten würden, um Zeitverluste zu vermeiden. Im übrigen wissen wir, daß sich die Fragen in bezug auf die Aufnahmeländer allein wegen der mangelnden Anstrengung seitens der Bundesregierung verzögern, und wie das Bundeskriminalamt wissen sollte, liegt eine solche Verzögerung kaum im Interesse Herrn Schleyers.

Am selben Abend um 21 Uhr 10 stellt das BKA die Frage nach dem Satz, mit dem der dreijährige Arndt seinen Vater zum Geburtstag gratulierte, und nach dem Zeitpunkt, an dem Hanns-Martin Schleyer seine Frau zum ersten Mal in Berlin getroffen hat.

Noch bevor die Wege über den RAF-Telefonisten nach Den Haag und zurück die Antwort ermöglichen, kann um 22 Uhr 03 die Stimme der RAF am Telefon mit einer schon vorher eingeholten Legitimation Denis Payot neue Informationen zur Freilassung der Geisel geben. Der Text ist allerdings zu kurz, um mit einer Fangschaltung erfolgreich zu sein.

Es folgt ein kurzer Text zu den Freilassungsmodalitäten:

Sobald Herr Niemöller und Herr Payot mit der Nachricht der Gefangenen, daß sie sicher gelandet sind, zurückkommen, wird Herr Schleyer freigelassen, spätestens nach 48 Stunden. Das hängt ab von den Bedingungen der Fahndung. Herr Schleyer wird die Möglichkeit haben, sofort nach seiner Freilassung seine Familie telefonisch zu benachrichtigen. Kommando Siegfried Hausner.

Polizeihauptkommissar Breithaupt sah nun kein Licht mehr im dritten Stock, wenn er an dem Haus im Renngraben vorbeikommt. Doch es läßt ihm keine Ruhe. Drei Spuren hat er, und für eine der drei Spuren probiert er etwas Besonderes, geht über seine Kompetenzen hinaus.

Ein Kollege auf Schloß Gymnich, einer von denen, die Staatsgäste bewachen, hat Zugang zu Herolds berühmten Computer PIOS. Wenn man den bittet, mal einen der Namen von seinem Zettel einzugeben? Breithaupt hat neben Lottmann-Bücklers zwei weitere Spuren zur Auswahl. Er entscheidet sich für die falsche.

Später wird er für den heimlichen Zugriff auf den Rechner befragt. Herold hatte das System so angelegt, daß jede Nachfrage bemerkt wurde.

Am Samstag, den 17. September, läßt das BKA über die Schiene Payot dem RAF-Kommando mitteilen, daß Staatsminister Wischnewski inzwischen mit Algerien und Vietnam Kontakt aufgenommen hat. Dabei wird zugleich ein Problem offensiv zur RAF rübergeschoben: Man will schon etwas genauer wissen, wie die Übergabe, der glaubhafte Austausch verlaufen könnte. *Unbeschadet der Tatsache, daß die Frage nach zumutbaren – wir wiederholen – zumutbaren Modalitäten der Freilassung nach wie vor unbeantwortet ist, wird bestätigt, daß Kontakte mit dem ersten und dem dritten der von Baader genannten Zielländer stattgefunden haben.*

Hans-Jürgen Wischnewski, der Staatsminister beim Bundeskanzler, war erst im Jahr zuvor, 1976, von Helmut Schmidt in sein Amt berufen worden. Eigentlich sollte er nur für die Beziehungen des Kanzlers zum Parlament und zur DDR zuständig sein. Seine besondere Begabung, in schwierigen Verhandlungen eine Lösung zu finden, seine weit zurückreichenden sehr guten Beziehungen zum arabischen Raum machten diesen Mann zu einem besonders wichtigen Botschafter des Bundeskanzlers. Die beiden eng befreundeten Männer wußten genau, was für die Bundesrepublik, was für die Partei und für Schmidt selber auf dem Spiel stand.

»Wenn ich alles sehe, von 1945 bis heute – und ich habe das ja alles bewußt miterlebt –, dann glaube ich, daß das die größte Herausforderung war, die es in der Bundesrepublik in diesen Jahren gegeben hat.« So erklärt es mir Wischnewski im Jahr 1996.

Man würde alle diese Beziehungen in Gang setzen müssen, man würde sehr viel riskieren müssen, um einen Weg aus dieser gefährlichen Krise herauszufinden. Wischnewskis Reisen in die Länder auf den Wunschzetteln Baaders, Ensslins und der anderen Mitglieder der RAF waren zunächst eingepaßt in das Schema des Bundeskriminalamts: Wir spielen auf Zeit.

Ben Wisch mußte seine guten Bekannten in den Regierungszentralen der Dritten Welt darum bitten, ihm bei dem offiziellen Ersuchen um eine Aufnahme der Terroristen eine ebenso offizielle Absage zu erteilen. Die Stammheimer Gefangenen sollten erken-

138

nen, daß die Bundesregierung kein Land auf dieser Welt findet, das diese deutschen Terroristen aufnehmen will. Sie würden neue Zielländer angeben, und wiederum würde Wischnewski neue Flüge unternehmen müssen, die wiederum Tage in Anspruch nahmen – das alles, um zu den alten Ergebnissen zu kommen: Aufnahmeersuchen abgelehnt!

In welch konzentrischen Kreisen sich diese Geschichte allerdings noch von der Bundesrepublik aus nach Europa und dann nach Afrika ausweiten würde, um schließlich die ganze Welt zu beschäftigen, das ahnte noch niemand, als Ben Wisch nach Algerien flog, um sich hier die erste Absage zu holen. Aber schon dieser erste Flug am 14. September drohte in einer Katastrophe zu enden. Drei Aggregate an der Maschine der Bundesluftwaffe fielen aus, und nur mit Mühe konnte man auf einem französischen Militärflughafen in Südfrankreich notlanden. Damit begann eine Unglücksserie auf Wischnewskis Flügen, die sich fortsetzen sollte.

Der frühere Staatsminister erinnert sich heute daran, wie schwierig es war, von Algeriens Präsident Boumedienne die gewünschte Absage zu erhalten. Der Präsident hatte erst kurz zuvor Hanns-Martin Schleyer zu Wirtschaftsgesprächen nach Algerien eingeladen. Im Gespräch mit Wischnewski bekam er das Gefühl, möglichenfalls für den Tod des Arbeitgeberpräsidenten verantwortlich gemacht zu werden. Helmut Schmidts Vermittler mußte ihm das Zeitspiel erklären, wie sehr man jeden Tag benötigte, um den Gefangenen vielleicht doch noch zu finden. Der »gute Freund Algeriens« bekam dann doch noch die gewünschte Absage.

Von Algier flog Wischnewski nach Tripolis und verhandelte dort mit Innenminister Belgassem, der alsbald eine Zusage gab. Das ganze Gewicht der Bundesrepublik wurde ins Spiel gebracht, und es zeigte sich bei diesen Reisen und Verhandlungen, wie hochangesehen das Land mittlerweile war. Die Reise führte Wischnewski am 17. September von Tripolis über Bagdad nach Aden.

»Es war noch nicht der Irak des Saddam Hussein«, sagt Wischnewski, »aber Saddam war schon in Verantwortung. Vom Irak haben wir nie eine Antwort bekommen. Nie. Ich hatte ihnen damals gesagt: Es genügt, wenn wir die Antwort in zwei Tagen bekommen, um auch im Rahmen unserer Zeitplanung Zeit zu gewinnen. Wir hätten ja auch der anderen Seite (der RAF) sagen können: die brauchen Zeit, um sich in dieser Frage zu entscheiden.«

Das Rätsel um die Funkstille aus Bagdad löste sich erst viel später. Denn zu diesem Zeitpunkt wurde gerade in Bagdad, wo Wischnewski verhandelt, ein palästinensisches Team zur Entführung einer deutschen Lufthansamaschine aus Palma de Mallorca aufgestellt und für das Hijacking in einem dortigen Wüstencamp trainiert.

Der sozialistische Südjemen hatte 1975 die deutschen Terroristen aufgenommen, die von der Bewegung 2. Juni mit der Entführung von Peter Lorenz freigepreßt worden waren. Dieses Mal war es einfach. Die jemenitische Regierung war seinerzeit dafür als Terroristenhandlanger beschimpft worden. Ein weiteres Mal würde sie keine RAF-Mitglieder beherbergen. Wischnewski war zufrieden.

Aber wieder einmal mußte eine deutsche Ersatzmaschine von der Luftwaffe dem Botschafter hinterher fliegen. Nun hatte sich der andere Pilot eine schwere Fischvergiftung zugezogen. Wischnewski wandte sich in seiner Not an die DDR-Botschaft in Aden, und die deutschen Ärzte dort retteten ihrem westlichen Landsmann das Leben.

Am 20. September, morgens um 8 Uhr, landete Staatsminister Wischnewski wieder in Bonn. Jetzt erst informierte er offiziell das BKA, und von hier ging die Botschaft an den Anwalt Payot: *Die Befragungen der Zielländer sind auf das zweite und vierte der von Baader genannten Zielländer ausgedehnt worden.*

Die Anfrage nach dem Irak lief ja noch, und zu einem Besuch in Vietnam würde Wischnewski erst am 25. September starten.

Danach geht das BKA sofort wieder in die Offensive. Ein Anrufer am Genfer Telefon des Büros Payot hatte am Morgen um 3 Uhr 48 behauptet: »Herr Schleyer ist tot.« Der Anrufer hatte sich als »RAF Köln« bezeichnet. Dieser merkwürdige Umstand gab dem

BKA nun das Recht, zwei weitere Lebenszeichen von Hanns-Martin Schleyer zu fordern:

a) Was wollte Sohn Eberhard im Alter von acht Jahren werden?
b) Welche Dame wollte Herrn Schleyer in Prag vorsingen?

Wer aber hatte von der RAF in Genf angerufen? Wer konnte so dumm sein? Wer hatte sonst noch diese Telefonnummer?

13 Mord in Utrecht

Hinter den Fragen nach Lebensbeweisen Hanns-Martin Schleyers verbargen sich immer wieder Anekdoten aus der Familiengeschichte der Schleyers. Das war auch ein Versuch, dem Gefangenen Erinnerungen an hellere Stunden in sein Gefängnis zu schicken.

Ebu, wie der älteste Sohn Schleyers in der Familie genannt wurde, war im Alter von acht Jahren zur Erstkommunion gegangen. Dabei hatte er mit dem Pfarrer eine Art Dialog in der Kirche zu führen. Der spätere Jurist machte seine Sache dabei so gut, daß er ein dickes Lob erhielt: »Mein Junge, du hast das Zeug zum Papst!« Seitdem wollte der achtjährige Sohn Schleyers Papst werden. Die Dame, die Hanns-Martin Schleyer in Prag vorsingen wollte, war die bekannte Ufa-Schauspielerin Margot Hielscher.

Solche Geschichten boten Schleyer Gelegenheit, sich zu erinnern und in diesen Erinnerungen mit der Familie zusammen zu finden. Er konnte seinen Wächtern davon erzählen. Hinter der Maske des Kapitalisten konnte er eine menschlichere Gestalt sichtbar werden lassen. Er mußte sie an seinem anderen Leben teilhaben lassen, sie in vielen Gesprächen so nah wie möglich an sich heranholen, damit es ihnen, wenn die Stunde kommen sollte, nicht so leicht fiel, ihm die Pistole an den Kopf zu setzen und abzudrücken.

Wenn sie ihn dann mit ihren Fragen in Ruhe lassen und er in den langen Nächten allein vor sich hin dösen und träumen darf, kann er für Momente aus dem Gefängnis entweichen, sich nach

Hause phantasieren. Er sieht sie am langen Tisch unter dem Fenster, mit dem Blick über das kleine Tal auf den Berg gegenüber. Wie es langsam dunkel wird, bis nur noch die Leuchtpunkte der Häuser am Hügel gegenüber mit den Lichtern des Fernsehturms darüber sichtbar sind. Dann, wenn es still wird, werden sie von ihm sprechen, das spürt er, das weiß er genau.

Ich weiß, daß sich mein Mann in der trostlosen Einsamkeit seines derzeitigen Aufenthalts große Sorgen um seine Familie macht. Er muß daher wissen, daß hierzu kein Anlaß besteht, auch wenn uns diese Gedanken und Fragen beklemmen und quälen.

Wieder einmal spricht Waltrude Schleyer über die »Bildzeitung« zu ihrem Mann. Sie spricht ihm Mut zu: *Vor allen Dingen hilft uns aber in diesen schweren Tagen das Bewußtsein um seine eigene innere Stärke. Sie wird ihn der gegenwärtigen ungeheuren Herausforderung Herr werden lassen.*

Waltrude spricht gleichzeitig zu ihrem Mann und seinen Entführern. Sie muß das tun, damit die Botschaft auch Optimismus ins Volksgefängnis trägt. Mehr Hoffnung, als die Schreiberin im tiefsten Herzen fühlt.

Ich bin zutiefst davon überzeugt, daß ich meinen Mann gesund wiedersehen werde. Die Liebe seiner Familie, die um mich versammelt ist, wird dazu beitragen, daß er das Schreckliche des Anschlags von Köln und der Tage der Gefangenschaft verarbeiten kann.

Von diesen langen Tagen und Nächten am Ginsterweg im Stuttgarter Elternhaus erzählt mir 20 Jahre später Hanns-Eberhard Schleyer:

Wir waren immer hin- und hergerissen, wenn wir über seine Situation gesprochen haben. Wir waren verzweifelt, weil wir nicht wußten, wo er ist, unter welchen Bedingungen er lebt. Wir wußten nicht, welchen Pressionen er ausgesetzt gewesen ist. Wir wußten nicht, ob er bestimmten Behandlungsmethoden unterzogen worden ist. Das war die eine Seite. Aber wir wußten auf der anderen Seite ganz genau, und das hat uns dann immer wieder aufgerichtet, daß er sich in seiner Würde nicht würde beschädigen lassen.

Er würde mit ihnen diskutieren. Ihr Vater war ein Unternehmer, der genau wußte, was er tat. Hanns-Martin Schleyer hatte Argumente. In zahllosen Reden und Auseinandersetzungen hatte er offensiv die soziale Marktwirtschaft verteidigt und das Bild eines modernen Unternehmers entwickelt, der aktiv zum Wohl der Belegschaft unterwegs ist. Es war das Bild eines schöpferischen Menschen, der aus den Potentialen von Menschen, Ideen, Technik, Rohstoffen und Kapital die Realität aus Produkten und Wohlstand organisiert. Dabei durfte der Staat den Freiraum nicht mit Verordnungen und der Regelwut der Bürokraten behindern. »Wer die Milch *und* das Blut der Kuh will, der ist bald am Ende.«

Unter seinen Sprüchen gab es viele Klassiker, und so mancher Satz hat erst zwanzig Jahre später seine Rechtfertigung gefunden. Sozial ist der Unternehmer, wenn er Gewinne macht und damit die Arbeitsplätze verteidigt. »Der Unternehmer ist schlicht sittlich verpflichtet, Gewinne zu machen.« So konnte er reden, und damit war er in den siebziger Jahren für manche Menschen ein provokanter Komiker.

Es müssen merkwürdige Séancen gewesen sein, wenn diese Bewacher mit der Spitze des westdeutschen Unternehmertums ein Privatissimum über Marktwirtschaft abhielten. Zum Beispiel: der Markt als Antreiber für die Entwicklung von Produkten. Er macht jedem Produzenten schnell klar, was die Leute wünschen und was er ihnen nicht verkaufen kann.

»Vergleich das mal mit der sowjetischen Planwirtschaft. Der russische Schuhproduzent wird in 10 Jahren nicht merken, was gefragt ist, weil er sein Spitzenmodell immer weiter verkaufen kann. Es ist ja das einzige Modell auf dem Markt. Der Unternehmer der Marktwirtschaft ist verloren, wird mit seinem Untergang vom Markt bestraft, wenn er nicht weiß, was gewünscht ist.« Es ist ein Wagnis, ohne Garantie des Gelingens. Deshalb braucht es den Anreiz des Gewinns. »Ohne Gewinn gibt es keinen Leistungsanreiz, keine Erhaltung der Wettbewerbsfähigkeit, also kein Wachstum, Stagnation als Vorstufe der Rückbildung, Sinken der Masseneinkommen, Verlust der Arbeitsplätze.«

Aber Kapitalismus war nun einmal Ausbeutung. Sie hatten ihre Geschichte der Klassenkämpfe studiert. »Wie falsch und unmoralisch das ist, siehst du schon an der Kriegsproduktion, die nach 1945 erst langsam mit der Aufrüstung begann. In deinem System mußt du Waffen exportieren, um die Arbeitsplätze zu sichern. Ihr exportiert das noch in die Dritte Welt, um diese Länder von euch abhängig zu machen und die Märkte zu beherrschen.« Dann konnte der Mann von Mercedes auch mal einen Punkt abgeben. Natürlich nur, um ihn gleich wieder einzusammeln: »Leugne ich gar nicht. Ist ja auch Heuchelei, so zu tun, als würden unsere Unimogs nur zur Rodung im Urwald eingesetzt, als wüßten wir nicht, was die damit machen. Aber die Sowjetunion muß genauso ihre MIGs exportieren, um die Entwicklungskosten reinzuholen.«

Es half aber nichts: Sie sahen die Kriegsproduktion und hatten moralische Kategorien im Kopf. Schleyer sah in einer funktionierenden Marktwirtschaft, im Wohlstand, genügend Moral.

»Profit ist gut« stand gegen »Profit ist böse«.

Manchmal gab es wohl nur ein gequältes Lächeln von Schleyer über den Unfug, der ihm da vorgeworfen wurde.

»Nennt mir ein besseres System! Wir machen das sofort!«

»Red' nicht so einen Scheiß. Ihr Kapitalistenschweine bestehlt das Volk!«

Bei diesen Gesprächen, die eigentlich Verhöre waren, lief immer das Tonband mit. Vielleicht würde er etwas ausplaudern, das man der Presse zuspielen könnte. Etwas, das sie vielleicht ihren Freunden in Beirut über die Geschäftspraktiken von Mercedes-Benz mitteilen konnten. Und alles zusammen sollte später in einem »Prozeß« gegen Hanns-Martin Schleyer verwendet werden. Das Volk, vertreten durch die RAF, gegen den Ausbeuter Dr. Hanns-Martin Schleyer! Ein Prozeß, den man dann ebenfalls mit der kleinen Videokamera festgehalten hätte.

Silke Maier-Witt, die einmal die Aufgabe zugewiesen bekommen hatte, diese endlosen Schleyer-Bänder abzuschreiben, war erschrocken über den Verlauf und das niedrige Niveau der Verhör-Gespräche: *Die Befrager waren so etwas von niedlich und dumm.*

Ich habe damals noch mit Frau Hofmann darüber gesprochen. Ich habe nur gedacht: Mein Gott, die Bänder müssen wir vernichten! Zum Beispiel kann ich mich erinnern, daß Schleyer einen Satz gesagt hat: »Ihr müßt euch das nun nicht vorstellen, wie Klein-Fritzchen sich den Kapitalismus vorstellt.« Und solche Vorstellungen kamen da wirklich.

Sie waren derart blind in ihrem Fanatismus, daß sie die Fakten nicht anerkennen wollten.

Die Konsequenz dieser Protokolle war, so sagt Silke mir: *Daß wir uns überlegt haben: Wenn wir noch einmal jemanden entführen und ernsthaft befragen, das war klar, so kann das nicht wieder laufen, so ad hoc, und teilweise unbeleckt von Fakten.*

Am Beginn der Woche, am Montag, den 19. September, wären die Kämpfer der RAF in Den Haag beinahe der Polizei in die Falle gelaufen.

Eine deutsche Frau, vielleicht Angelika Speitel oder eine andere Frau der RAF, die sich Ursula Dietrich nannte, wollte bei der Autovermietung Trompgarage in Amsterdam einen Mietwagen zurückgeben. Der Inhaber der Vermietung war aber mißtrauisch geworden. Mit den Daten des Führerscheins in der Hand, fragte er bei der Polizei, ob es denn seine Richtigkeit habe mit jener Ursula Dietrich, Paulinenallee 50, Hamburg. Die Auskunft: Das sei ein Falsifikat.

Also hielt der Vermieter Frau Dietrich bei der Rückgabe ihres Ford Granada so lange hin, bis die Polizei in der großen Garage aufkreuzte.

Als der Dienstwagen in den Hof der Garage fuhr, wußte Ursula Dietrich, daß sie erkannt worden war. Sie mußte nicht gleich ihre Waffe ziehen. Wie stets bei der RAF, gab es zur Sicherheit ein Begleitkommando – der Mann, der sich im Hintergrund hielt, könnte Christian Klar gewesen sein. Der Polizeibeamte Siersma jedenfalls hatte nach kurzem Sprint die flüchtende Frau eingeholt und schon an der Schulter gepackt. Doch jetzt schoß ein Mann, der gleichzeitig aus der Garage gerannt war, aus kurzer Entfernung auf Siersma, der verletzt zu Boden ging und die Frau loslassen mußte. Zeugen dieser Flucht sahen noch, wie das Paar mit einem ockerfarbenen Kadett flüchtete.

Ein weiterer Mann der RAF, Siegfried Fries, wie er sich nannte, hatte in der Kaktusbar in der Trompstraat eine schwarze Tasche abgestellt, die er nach dieser Flucht nicht mehr abholen konnte. Die Polizei fand hier später ein Tonbandgerät der Marke Uher und ein Memopocket.

Seit dieser Schießerei in der Trompgarage warteten nun auch in einem anderen Autoverleih Kriminalbeamten auf die Rückgabe angemieteter Wagen unter dem Namen Dietrich.

Wahrscheinlich liefen sämtliche Fingerabdrücke auf RAF-Papieren und angemieteten Wagen inzwischen vom BKA in Wiesbaden zur Identifizierung an die Kollegen nach Holland. Oder umgekehrt: Herold ließ im BKA alle Spuren aus den Niederlanden an den in seinem Rechner gespeicherten Fingerabdrücken vorbeiführen: Brigitte Mohnhaupt, Sigrid Sternebeck, Elisabeth von Dyck und Knut Folkerts fanden sich darunter.

Budget-Rent-a-Car war ein kleiner Autoverleih in Utrecht. Durch das große Schaufenster zur Straße sah man die lange Theke mit dem niedrigen Ecktisch und zwei Sesseln davor. Hier saßen am 22. September zwei Männer und warteten – wie drei Tage zuvor ihre Kollegen in Den Haag – auf Ursula Dietrich. Einer der Polizisten hieß Arie Kranenburg. Der wartete hier auf seinen Tod.

Sie erkennen ihn nicht gleich, den Mann mit dem Paßnamen Siegfried Fries. Sie hatten auf eine Frau gewartet. Während der Deutsche mit der Rückgabe seines Ford Taunus beschäftigt ist, erhalten sie ein Zeichen von der Theke. Als er seinen Autoschlüssel rüberschiebt, erheben sich die beiden Kriminalbeamten und stellen sich ebenfalls an die Theke, nehmen den Mann in die Mitte. Siegfried ahnte wohl, was diese zwei gelangweilten Besucher bedeuten konnten. Doch ein Blick aus dem Fenster zeigte keinerlei Hinweise auf einen Einsatz der niederländischen Polizei. Er spürt seinen Revolver im Bund, der ist durchgeladen und entsichert.

Wie würden sich die Holländer verhalten? Hatten sie ebenfalls ihre Waffe gezogen und entsichert? Dann hatte er keine Chance.

Doch den holländischen Kriminalbeamten hatte man nicht erzählt, wie es derzeit im Nachbarland zuging. Sie lernten erst in diesem Augenblick, daß stimmte, was in den Nachrichten seit Wochen gezeigt wurde.

Als Cornelius Pietersee den Mann vor sich mit einem einfachen Griff ans Handgelenk festnehmen will, hört er es krachen und spürt die beiden Schüsse in seinem Bauch. Direkt in der Drehung aus der Hüfte hatte der Verdächtige seinen Colt Detectiv Spezial mit dem groben Kaliber 38 viermal hintereinander abgefeuert. Mit zwei Schüssen in Brust und Bauch bricht auch Arie Kranenburg zusammen. Er ist tödlich getroffen.

Die Polizisten waren vor ihm auf den Steinboden gesackt, so daß der angebliche Siegfried sofort aus dem Laden auf die Straße flüchten konnte. Seinem Sicherungskommando, einer blonden Frau, gelang es nicht mehr, einzugreifen. Sie sah noch, wie Siegfried schießend vor neu hinzukommenden, aus einem Auto herausspringenden Kriminalbeamten, die hinter ihm herfeuerten, davonlief. Dann strauchelte er jedoch und wurde entwaffnet.

Am Abend wurden im Fernsehen Einschüsse in Kopfhöhe gezeigt, die ihn zur Aufgabe gezwungen haben sollen. Die Frau entkam mit einem Fahrzeug.

Diese Schüsse von Utrecht weckten die Niederlande auf und ließen eine Fahndung anlaufen, die nun auch das Quartier in der Stevinstraat unsicher machte.

Was früher in Filmen vorkam, später in Fernsehnachrichten aus dem Ausland, ist heute harte Wahrheit in den Niederlanden: Terror, Niederschießen von Menschen, ohne ein Wort zu verlieren, schrieb »Het Vrije Volk« am kommenden Tag.

Helmut Schmidt telefonierte mit dem holländischen Ministerpräsidenten Joop den Uyl und sprach sein Beileid aus.

Wie schon vom ersten Tag an, versicherte sich Helmut Schmidt der Rückendeckung aus dem Ausland: Frankreich, USA,

England. Die deutsche Öffentlichkeit sollte wissen, daß der Bundeskanzler in dieser Sache nicht isoliert handelte. Doch der Faschismusverdacht der RAF sollte die antideutschen Ressentiments vor allem in Frankreich schüren. Wie sich das bedrohlich stärker werdende Deutschland entwickeln würde, war für viele Franzosen noch nicht entschieden. Die RAF konnte in ihrem Quartier in Paris mit der Unterstützung von manch prominenter Stelle rechnen.

Die Holländer wollten Siegfried zunächst nicht nach Deutschland ausliefern, sondern in den Niederlanden aburteilen. Aber Horst Herold konnte schon auf der Grundlage der Funkbilder und Fingerabdrücke beweisen, wer der Polizei dort in Utrecht in die Falle gegangen war: Knut Folkerts, der sich hinter dem Namen eines Toten verbarg. Der echte Siegfried Fries war vor Zeiten in einem Bochumer Gefängnis verstorben.

Die Auslieferung ließ nicht lange auf sich warten.

Die Frage einer Beteiligung von Folkerts an dem Mord in Köln und der Entführung von Hanns-Martin Schleyer – so hat mir Herold vor einer halben Stunde gesagt – kann nicht beantwortet werden. Dem BKA liegen jedenfalls über eine solche Verbindung keine gesicherten Erkenntnisse vor – so Regierungssprecher Bölling am Abend im ZDF.

Warum sollte man ausplaudern, wie heiß die Spur tatsächlich war? Der 25jährige Taxifahrer Knut Folkerts hatte im Jahr 1976 gemeinsam mit dem Philosophiestudenten Christian Klar und dem Studenten der Geschichte Günther Sonnenberg in einer Karlsruher Wohngemeinschaft gelebt. Sie hatten sich gemeinsam im »Komitee gegen Folter an politischen Gefangenen in der BRD« organisiert, und Herold suchte sie seit dem Mord an Generalbundesanwalt Buback am 7. April diesen Jahres. Zwei der drei vorgeblichen Studenten hatten auf der schwarzen Suzuki gesessen, die an Bubacks Auto an der Ampel herangefahren war und ihn samt seinem Fahrer niederschoß. Ein dritter Mann wartete in einem Fluchtwagen. Auch an der Installation des Granatwerfers gegenüber den Fenstern des Bundesgerichtshofs in Karlsruhe war, nach der Spurenlage, Knut Folkerts beteiligt.

148

Viele Hinweise kamen nun aus den Niederlanden. Hier mußte sich jetzt das sogenannte Volksgefängnis befinden. Oder waren sie mit Schleyer inzwischen wieder umgezogen? Nach Belgien oder Frankreich? Oder vielleicht auf ein Schiff, auf einer der zahlreichen Wasserstraßen im Nachbarland? Nato-Flugzeuge kreisten über der See, beobachteten Segelschiffe, die Polizei kontrollierte in den Häfen verdächtige Schiffe.

In den Fernsehnachrichten sah man an diesem Freitagabend die Fotos von Knut Folkerts und Brigitte Mohnhaupt: *Der fünfundzwanzig Jahre alte Knut Folkerts wird zum Kern der RAF gezählt. Er soll mit dem schon festgenommenen Günther Sonnenberg und dem noch flüchtigen Christian Klar den Mordanschlag auf Generalbundesanwalt Buback verübt haben. In seiner Begleitung war die siebenundzwanzigjährige Brigitte Mohnhaupt.*

Im ZDF hieß es: *Brigitte Mohnhaupt gelang die Flucht in einem PKW in Richtung Autobahn. Bei der Großfahndung arbeiten holländische und deutsche Behörden eng zusammen.*

Folkerts war eine Schlüsselgestalt. Nach seiner Verhaftung in Holland bot das BKA ihm 1 Million Mark und eine neue Identität an, wenn er das Versteck mit dem entführten Schleyer verriete. Vergeblich.

Wer immer die blonde Frau in Utrecht gewesen sein mag: Die Fahndungsfotos und die Aufforderung der niederländischen Polizei an die Bevölkerung, Tips zu geben über verlassene Mietwohnungen und Hinweise auf die gezeigten Personen, führten zu einem Hinweis aus einem Hotel in Den Haag. Eine sympathisch und schick gekleidete junge Frau hatte dort ihre Tasche in der Bar zurückgelassen. Darin fanden sich unbespielte Videobänder – ganz genau das gleiche Material, wie es für die Aufnahmen mit Hanns-Martin Schleyer verwendet wurde.

14 Katastrophe programmiert

In Stammheim lebten hinter den Doppeltüren aus Stahl, Schaumstoff und Holz die Gefangenen den Alltag ihrer Einzelhaft.

Am Tage wurden die Zellentüren für die Essensausgabe geöffnet. Ein »guten Morgen« oder »Tag« von den Vollzugsbeamten.
Von unten aus dem Hof tönten die Stimmen der Hofgänger, dann
auch die Rufe von Frauen und Männern, die den Gefangenen hinter den Mauern Botschaften zuriefen. Durch die Fenster sahen sie
in diesen Wochen einen warmen Herbst zu Ende gehen, blickten
vom siebten Stock aus auf das Dorf Stammheim.

Die Gefangenen der RAF lagen auf den Matratzen am Boden,
hörten Musik und lasen Bücher. Am späten Nachmittag wurden
wieder die Schallelemente vor die Zellentüren geschoben. Nun
waren auch die Geräusche vom Flur verschwunden. Jetzt hatten
sie Zeit und die Sicherheit, sich mit den Nachrichten aus der Welt
zu beschäftigen. Raspe konnte mit seinem kleinen, unentdeckten
Transistor die Meldungen abhören, und über ein Stecksystem von
Drähten gelangte der Ton bis in die Zellen von Andreas Baader
und Gudrun Ensslin.

Ob es allerdings mit Hilfe dieser Anlage wirklich zu Gesprächen zwischen den Zellen kam, ist nicht sicher. Der damalige
Bewacher Horst Bubeck kann es sich einfach nicht vorstellen, daß
seine Gefangenen wirklich diese technischen Möglichkeiten aus-
genutzt haben. Auch die vierte Gefangene auf dem Flur, Irmgard
Möller, die einzige Überlebende vom siebten Stock, will nichts
von diesem heimlichen Zellentelefon gewußt haben.

Andererseits gibt es eindeutige Hinweise auf Absprachen zwischen den Gefangenen während der Kontaktsperre.

Spät in der Nacht, wenn Baader oder Raspe nicht einschlafen
können, drücken sie auf einen Knopf in der Zelle, der ein Licht
draußen aufleuchten läßt. Dann kommen die Beamten mit Medi-
kamenten wie Dolviran und Optipyrin. Sie wuchten noch einmal
die Schallwände an die Seite. Die Klappe in der Zelle wird aufge-

schlossen. In Gegenwart des Sanitäters müssen die Tabletten mit einem Glas Wasser heruntergespült werden.

Hatte sich Karla erschrocken, als sie im holländischen Fernsehen ihr Foto als Fahndungsbild sah? Boock sagt mir heute, daß sie sich vor Fahndungsfotos nicht fürchten mußten.

Wir sahen doch nicht aus wie irgendwelche Fahndungsfotos. Das hat uns nun wirklich nicht tangiert. Wir haben regelmäßig bei jedem in der Gruppe, der in der Illegalität war, etwa alle zwei, drei Monate einen kompletten Imagewechsel gemacht. Das heißt: Die Frisur verändert, das Outfit verändert, die Erscheinung einfach verändert, so daß die Leute eigentlich ziemlich häufig wechselten vom Typus her und also wenig zu tun hatten mit den Fahndungsplakaten. Ich hatte sehr kurzes Haar, Schlips und Kragen. Heute würde man sagen: jung dynamischer Managertyp, der dabei ist, zu irgendeiner Tagung oder zu irgendeinem Kongreß zu fahren. Mit Aktenköfferchen und allem was dazu gehört.

Diesen jungen Manager mit schickem Oberlippenbärtchen sah man in den nächsten Tagen in einem Penthouse in Brüssel. In diesem Haus, in dem auch viele Angestellte der EG aus aller Herren Länder wohnen, fiel der alerte junge Mann nicht weiter auf, wenn er aus der Tiefgarage in sein Apartment oben auf das Dach fuhr.

Am Telefon gibt er dann ins Volksgefängnis in Den Haag das Schlüsselwort zum erneuten Transport des Gefangenen Hanns-Martin Schleyer durch: »Die Filiale ist eingerichtet!«

Wenn Peter-Jürgen Boock von Tony erzählt, klingt alles nach überlegter Planung und großer Selbstsicherheit. Man war schließlich den Fahndern vom Bundeskriminalamt immer einen Schritt voraus. Mit alldem habe man gerechnet. Selbst die Verhaftung von Knut Folkerts habe niemanden umgehauen.

Der Mann sollte sowieso weg aus Holland, und nun kam er eben nach Brüssel, und wenn's sein mußte, hatte man noch Wohnungen in Frankreich und anderswo an der Hand. Das hätte noch Monate so gehen können, und am Ende wäre Schmidt weich geworden.

Solange die anderen Kämpfer des Kommandos sich ausschweigen, werden wir uns mit den Berichten von Boock auseinandersetzen müssen. Doch Silke Maier-Witt, die vom BKA als Beteiligte auch dieser Szenen vermutet wurde, hat andere Erinnerungen. Die Verhaftung von Folkerts hat alles »fürchterlich durcheinandergebracht«, sagt sie mir:

Es war durchaus kein geordnetes Vorgehen mehr, sondern da war schon etwas, das jederzeit schieflaufen könnte. Keiner von uns hatte jemals so eine Situation erlebt. Und alle waren ja letztlich unerfahren. Das muß man sich mal vorstellen. Und ich habe ja auch so cool getan! Mein Gott, ich habe mir nicht einmal überlegt, was passiert, wenn ich jetzt in eine Kontrolle gerate, also daß ich mich damit ernsthaft auseinandergesetzt hätte ...

Vietnam lag am anderen Ende der Welt. Als Wischnewski am nächsten Tag, Sonntag, den 25. September, um 22 Uhr 45 in Köln-Bonn das Transportflugzeug der Bundesluftwaffe bestieg, fand er drei komplette Besatzungen an Bord vor. Ohne Pausen war der Flug über Alaska kalkuliert. Wischnewski wußte, daß er mit seiner Reise ins Hoffnungsland der RAF die Entführer wieder eine Zeit lang »innerlich beschäftigen« konnte. Solange er in der Luft war, konnten sie dem Gefangenen Schleyer nichts antun.

Wie würden aber die Mitglieder einer Revolutionsregierung auf seinen Vorschlag reagieren? *Ich bitte Sie im Namen des Bundeskanzlers, meiner Bitte, die Gefangenen der RAF aufzunehmen, nicht zu entsprechen.*

Die RAF verstand sich schließlich als Bündnispartner und Genosse des Vietkong. Die Ho!Ho!Ho!Tschi-Minh-Rufe in den sechziger Jahren hatten viel dazu beigetragen, diesen unseligen Krieg zu beenden. Außerdem waren sie eine Art Verbündete des Vietkong gewesen, als sie das Hauptquartier der US-Streitkräfte in Frankfurt durch ein Bombenattentat lahmlegten. Nun mußte er diese Genossen für ein Betrugsmanöver gegen die Kämpfer der RAF gewinnen.

Während Wischnewski sich seinem Ziel näherte, startete das Kommando Siegfried Hausner eine neue publizistische Offensive.

Ein Polaroid zeigt den Gefangenen Schleyer, diesmal im Anzug und offenem Hemd. Mit beiden Händen hält er wieder ein großes weißes Schild vor dem Bauch. Darauf steht die Botschaft an die Welt draußen, in Druckbuchstaben

SEIT 20 TAGEN
GEFANGENER
DER R. A. F.

Hinter seinem Kopf erhebt sich sieghaft der Stern mit dem Signet »RAF« auf der stilisierten Maschinenpistole.

Der Text der RAF an die Bundesregierung wird erst am Montagabend über den Frankreichkorrespondenten der ARD in das deutsche Nachrichtensystem eingegeben.

wenn der bundesregierung noch am erhalt des lebens von schleyer liegt, muß sie sofort für den stop der fahndung in der brd als auch für den stop der von ihr initiierten fahndung in frankreich, holland und der schweiz sorgen.

Die Niederlande, Frankreich und der Raum um die Rhein-Main-Schiene waren das zentrale Feld der verdeckten Ermittlung. Manche Briefe der Entführer waren auf dem Gare-du-Nord in Paris aufgegeben worden. Selbstverständlich wurden die Reisenden in den Zügen Köln-Paris immer wieder kontrolliert. Auch die Anrufe zu Payot konnten bis zum Telefonanschluß in einer Zelle zurückverfolgt werden. Vor allem die Zellen am Kölner Hauptbahnhof waren dabei aufgefallen.

Wie konnte man es einrichten, daß innerhalb weniger Minuten, nachdem aus einer Telefonzelle in Köln die Genfer Telefonnummer von Payot angewählt wurde, ein Einsatzkommando der Polizei vor der Zelle stand?

An 36 Knotenpunkten wurden rund um die Uhr Bereitschaftspolizisten an einer Zählervergleichseinrichtung eingesetzt, die die gewählte Telefonnummer optisch sichtbar machte. So saßen die Beamten vor wichtigen Anschlüssen, deren Namen sie sich auf Zettel notiert hatten, und konnten mit der Meldung »Zelle Nr. 2 – eine Frau« ein Kommando, das vor Ort auf der Lauer lag, zu den Telefonzellen dirigieren.

153

Hauptbahnhof Köln, Unterflur, war so ein gewählter Einsatzort. Dreimal konnten die Zugriffskräfte ausrücken. Einmal blieb das Kommando im Chorweiler Bahnhof hängen, weil zur gleichen Zeit ein Sonderzug aus Dortmund mit Fußballfans den Bahnhof überschwemmte. Ein zweites Mal blieb das Kommando im Verkehr stecken, und bei einem dritten Einsatz war der Anrufer gerade aus der Zelle verschwunden.

Am Dienstag, den 27. September, hatte der Leiter der Abteilung TE 13 / Terrorismus des BKA, Alfred Klaus, endlich wieder einmal Zeit für einen Spaziergang. Es war ein prächtiger Herbsttag, und die Hügel um Godesberg sind ein schönes Gebiet für kleine Ausflüge. Doch der Piepser in seiner Tasche rief ihn schon bald zurück ins Haus. »Der Hubschrauber steht schon da! Sie müssen sofort nach Stammheim fliegen!« Umgezogen, ins Auto, zum Hubschrauberlandeplatz am Rhein.

So erinnert Klaus heute noch die Hektik dieser Stunde.

Gegen 15 Uhr hatte nämlich der Gefangene Jan-Carl Raspe am Nachmittag den Schalter für das Leuchtzeichen vor seiner Zelle gedrückt. Er verlangte dringend mit Alfred Klaus und Bundesanwalt Löchner zu sprechen. Raspe sagte zu Bubeck, er wolle vor den beiden Besuchern eine Aussage machen und habe ein Schriftstück zu übergeben. Herold ordnete daraufhin sofort die Reise nach Stammheim an. Bundesanwalt Löchner ließ sich entschuldigen.

Gegen 18 Uhr 45 wird der Gefangene Raspe zu Alfred Klaus ins Stammheimer Besuchszimmer geführt. Er hat einen Zettel in der Hand, den er seinem Besucher herüberschiebt.

Zum Fragebogen vom 13. September, Frage zwei nach den Zielorten, habe ich noch eine Ergänzung anzubringen. Ich kann die Liste der bisher genannten Aufnahmeländer um weitere Länder erweitern.

Alfred Klaus wirft einen Blick auf das Papier, das Raspe in seiner Zelle mit der Schreibmaschine aufgesetzt hat.

Für den Fall, daß die Bundesregierung wirklich den Austausch versucht, und vorausgesetzt, die bereits genannten Länder Algerien, Libyen, Vietnam, Irak, Südjemen lehnen die Aufnahme ab, nennen wir noch eine Reihe weiterer Länder

– Angola

– Mozambique

– Guinea Bissau

– Äthiopien

27. 9. 77 Raspe

Klaus überlegte einen Moment. Dann sagte er: »Herr Raspe, Sie haben hier geschrieben ›nennen wir noch eine Reihe anderer Länder‹ und zählen dann genau die Länder auf, die auch Baader genannt hat. Haben Sie denn eine Verständigungsmöglichkeit untereinander?«

Raspe wendet sich zur Seite. Er schweigt. Jan-Carl Raspe ist müde. Er ist erschöpft von dem jahrelangen Kampf, aus der Haft heraus.

»Seine Nervosität und Unsicherheit«, erinnert sich Klaus an den Besuch, »waren unübersehbar.«

Raspe ahnt vielleicht deutlicher als Andreas Baader, daß diese Bundesregierung nicht so schnell nachgeben wird. Und was dann kommt, als letzter Ausweg, ist der Tod. Alfred Klaus will den Augenblick der Verlegenheit überbrücken. »Haben Sie noch etwas zu sagen?«

Klaus ist ein freundlicher, einfühlsamer Mann. Das wird auch Raspe gespürt haben. Unwillkürlich war hier ein Satz gefallen, wie er auch einem zum Tode verurteilten Delinquenten angeboten wird. Letzte Worte.

Raspe sieht seinen Gesprächspartner an. Ist er nicht der wichtigste Mann im Spiel? Nicht Herold oder Schmidt oder deren Minister, die ja nicht nach Stammheim kommen. Klaus wird einen Bericht machen. Sie sollen es wissen.

»So lange, wie das dauert mit diesem Entführungskommando, das läßt doch auf eine polizeiliche Lösung schließen. Aber damit wäre auch eine politische Katastrophe programmiert ...«

Jetzt ist Klaus alarmiert und will es genauer wissen. »Nämlich?«

Raspe: »...Tote Gefangene!«

Die Worte »Tote Gefangene« hat Klaus später in seiner Akten-notiz unterstrichen. Zwanzig Jahre später zeigt er mir seine hand-schriftliche Notiz unter dem offiziellen Bericht.

Erster Hinweis auf Absicht der Selbsttötung. Nicht ernst genom-men!

Er selber habe den Hinweis nicht so ganz ernst genommen, sagt Klaus, zu diesem Zeitpunkt noch nicht. Aber er ist offensichtlich auch von all denen, die dringend auf den Bericht aus Stammheim warteten, nicht ernst genommen worden. Der Text wurde immer-hin nach ganz oben durchgereicht – oder doch nicht nach ganz oben?

Raspe beschwert sich dann bei Klaus darüber, daß die Isolation nach außen total sei.

Es ist nicht einzusehen, warum wir Gefangenen dann nicht hier in der Anstalt miteinander sprechen dürfen. Wenn in Bonn keine Entscheidung getroffen wird, kann dieser Zustand ja noch Monate dauern.

Das Gespräch ohne die Bundesanwaltschaft hat eine sehr persönliche Wendung genommen. Klaus will die Gelegenheit wahrnehmen und einen sehr persönlichen Vorschlag machen. Er überschreitet damit seinen Auftrag und darf, was er nun sagt, strenggenommen gar nicht über die Lippen bringen.

»Herr Raspe, Sie können etwas bewegen, wenn Sie, die Gefan-genen aus Stammheim, eine Botschaft an die Entführer herausge-ben. Wenn Sie sagen, daß Hanns-Martin Schleyer freigelassen werden soll, und damit die Entführung beendet wird, dann wird sich auch hier in Stammheim vieles wieder ändern.« Ein Verhand-lungsangebot, zu dem Klaus keine Vollmacht hatte.

Raspe geht nicht weiter darauf ein. »Die Aufnahme in einem dieser Länder hängt davon ab, mit welcher Intensität sich die Bun-desregierung wirklich ernsthaft darum bemüht.«

Als man Raspe wieder in seine Zelle zurückführt, ist es dunkel geworden. Der Hubschrauber ist fort, und Klaus verläßt das Haus mit einem Dienst-PKW Richtung Bahnhof. Wie ein hell erleuchtetes Schiff sah das Untersuchungsgefängnis in der Dunkelheit aus, gestrandet auf den Äckern von Stammheim.

Bei der langen Fahrt durch die Nacht nach Bonn kamen Klaus immer wieder die Worte Raspes in den Sinn. Die Andeutung der Selbsttötung hatte ihn nachdenklich gemacht. Klaus sah zudem, wie gering die Chance für einen Austausch war, und er hatte das Gefühl, daß niemand ernsthaft eine direkte Verhandlung mit den Stammheimern anstrebte. Man müßte es über die Anwälte versuchen. Das wäre ein erster Schritt. Wenn Schily, der schließlich viel Vertrauen bei seiner Mandantin Ensslin hatte, wieder nach Stammheim durfte und klipp und klar erklärte: »Wenn Ihr das nicht zurücknehmt, diese Entführung, dann legen wir unser Mandat nieder, dann legen alle Verteidiger der RAF ihr Mandat nieder!« Würde das nicht Eindruck machen?

Und wer könnte einem Baader oder einer Ensslin besser erläutern, welch ein Prestigegewinn es für die RAF wäre, Schleyer großzügig ziehen zu lassen, als diese Anwälte, die so viele Jahre mit ihnen gemeinsam den Prozeß durchgekämpft hatten? Was Raspe da angedeutet hat, darf auf keinen Fall geschehen. Seitdem Klaus das ahnt, ist er entschlossen, eine Lösung zu suchen.

In Stammheim hat er sofort dem Anstaltsleiter von diesem Gespräch berichtet und über das Telefon vorab seinen Chef, Gerhard Boeden, im BKA Godesberg und schließlich noch Bundesanwalt Löchner informiert.

Während Klaus noch im Zug sitzt und Möglichkeiten einer direkten Verhandlung durchspielt, formuliert die Kleine Lage beim Bundeskanzler eine neue Antwort auf die Forderungen der RAF. Nach den Meldungen der Tagesschau war der Bundeskanzler mit seinen engsten Beratern zu dem Entschluß gelangt, den Forderungskatalog der RAF entschlossen zurückzuweisen: *Es ist nicht zu erwarten, daß andere Länder von Fahndungsmaßnahmen absehen, wenn dort Polizeibeamte ermordet werden. In der Bundesrepublik laufen Fahndungen wegen der Morde vom 7. 4. 1977 und vom 30. 7. 1977 weiter, deren Einstellung von den Entführern nicht verlangt wurde.*

Tatsächlich befand sich das Kommando mit den Morden an Buback vom 7. 4. 77 und Ponto vom 30. 7. 77 in einer Zwickmühle. Herold fahndete offiziell wegen dieser Morde – wenn sie nun die Einstellung der Fahndung nach den Mördern von Buback und Ponto ausdrücklich verlangt hätten, wäre das ein erstes Zugeständnis gewesen, daß sie auch an diesen Morden beteiligt waren! Auch ins Bundeskanzleramt kehrte mit diesen Repliken jene Dreistigkeit und Entschlossenheit ein, mit der die RAF so lange den Gegner verblüfft hatte.

Verhandlungen mit Vietnam stoßen, wie bereits mitgeteilt, auf große Schwierigkeiten. Staatsminister Wischnewski ist heute, Dienstag, den 27. 9. 1977, um 11 Uhr MEZ, in Saigon gelandet.

15 Abu Hani in Bagdad

Es gab in Wirklichkeit keine Schwierigkeiten in Vietnam. Wischnewski wurde in Saigon zu einem guten Abendessen eingeladen. Der Bürgermeister von Saigon, ehemals Außenminister der Revolutionsregierung des Vietkong, versprach, alles für den Gast aus der Bundesrepublik zu erledigen. Der Gast mußte nicht einmal selber nach Hanoi fliegen. Am nächsten Morgen hatte der Mann die Antwort seiner Genossen aus Hanoi.

Noch heute freut sich Wischnewski, als er mir die Begegnung schildert: »Er hat wörtlich gesagt – und das werde ich nie in meinem Leben vergessen: ›Wir sind nicht bereit, die Leute aufzunehmen. Wir wollen der Bundesregierung bei dieser schwierigen Operation behilflich sein, auch wenn die Leute früher für uns demonstriert haben.‹ Das hat er wörtlich gesagt. Das heißt: in der Zwischenzeit galt auch in Vietnam schon ein bißchen Staatsräson.«

Am 29. September um 3 Uhr früh landet Wischnewski wieder in Bonn.

In der zweiten Lesung des Kontaktsperregesetzes stimmte der überwiegende Teil des Bundestages diesem Gesetz zu. Damit sollte eine Praxis, die seit dem 5. September angeordnet war, gesetzlich abgedeckt werden. Eine der wenigen Gegenstimmen war die des sozialdemokratischen Abgeordneten Manfred Coppick. »Die Aufgabe rechtsstaatlicher Grundprinzipien rettet kein Menschenleben. ... Der Kampf gegen den Terrorismus wird nicht durch Sondergesetze gewonnen.«

Erst am nächsten Tag hat das BKA den Entführern das Ergebnis der Reise übermittelt: *Staatsminister Wischnewski ist aus Vietnam am Donnerstag, den 29.9.1977, 3.00 Uhr, zurückgekehrt. Die Regierung der Volksrepublik Vietnam lehnt die Aufnahme der Gefangenen ab. Auch Algerien hat nunmehr erklärt, daß es nicht zum Aufnahmeland von Terroristen werden wolle. Inzwischen haben die Gefangenen vier weitere Zielländer genannt.*

Schon am Sonnabend, den 1. Oktober, heißt es dazu in einer Botschaft der RAF:

Betreffend der Zielländer weiß das Kommando, daß die BRD in einem Punkt lügt. Das Kommando weiß sicher, daß mindestens ein Land sich bereit erklärt hat, die Gefangenen aufzunehmen. Darüber hinaus weiß es, daß die BRD in den Verhandlungen auf die Zielländer Druck ausübt.

Darauf antwortet am Sonntag, den 2. Oktober, die Bundesregierung mit der Forderung: *Die Entführer werden aufgefordert, unverzüglich das Land zu nennen, das sich angeblich zur Aufnahme der Gefangenen bereit erklärt hat. Eine solche Erklärung liegt hier nicht vor. Falls darauf keine Antwort erfolgt, wird davon ausgegangen, daß die Behauptung nicht ernsthaft war.*

Danach bricht der offizielle Kontakt über das Büro Payot bis zum 9. Oktober ab.

Hanns-Martin Schleyer ist inzwischen mit dem Auto in seinem Weidenkorb von Den Haag aus in das Penthouse hoch über Brüssel transportiert worden. Es gibt einen Moment Ruhe von der aufgeregten Fahndung in den Niederlanden.

Einige der erschöpften und gefährdeten Kämpfer des Kommandos werden in diesen Tagen von der Front zurückgezogen. In kleinen Gruppen reisen sie über den Ostblock nach Bagdad. Von anderen Mitgliedern der RAF, wie Adelheid Schulz, Angelika Speitel, Willy-Peter Stoll und Christian Klar, nimmt die Staatsanwaltschaft an, daß sie zunächst in konspirativen Wohnungen in Hamburg untergetaucht sind. Silke Maier-Witt, Autobeschafferin und Kurier, bleibt im Rhein-Main-Gebiet.

Auch Sieglinde Hofmann bleibt in Europa. Gehört sie zeitweilig mit Flipper zu den Bewachern von Schleyer in Brüssel?

Peter-Jürgen Boock kann mir nur von der Reise Tonys mit Karla nach Bagdad berichten. Bis zum Ende dieser Geschichte kommt er von dieser Reise nicht mehr nach Europa zurück.

In den Reisetaschen tragen die jungen Geschäftsleute ihre Pistolen, ein gut-bürgerlich aussehendes Pärchen und ein Freund, der sie bis zur Flugabfertigung begleitet. Tony, Karla und Flipper gehen durch den bewachten und kontrollierten Flughafen von Brüssel, unter den Augen der Polizei nehmen Tony und Karla den Anschlußflug via Paris und Prag nach Bagdad. Erst kurz vor dem Abschied sammelt Flipper auch ihre Taschen mit den Waffen ein. Die Waffen kommen jetzt erst mal ins Erddepot.

»Die Knarren ins Gurkenbeet, und paßt mir gut auf Spindy auf!« Flipper weiß, daß auf ihn die meiste Arbeit zukommt. Flipper ist sich bei Tony nicht mehr ganz sicher. Hat gespürt, daß in dem Jungen etwas vorgeht, das nach ganz großem Abschied aussehen könnte. Gut, daß er hier rauskommt. Mit einem kurzen »Grüß mir den Old Man« verabschieden sich die drei in das nächste Kapitel ihrer Geschichte.

»Old Man«, so nannten sie Abu Hani, einen Freund, der im Westen als Wadi Haddad, Chef der Abteilung Sonderoperationen der PFLP bekannt war. Freund und Mitkämpfer des Kinderarztes George Habbasch, der diese radikale Palästinenserorganisation, einer Art militärischen Arm der PLO führte, der Palästinensischen Befreiungsorganisation. Der Kampf einiger Palästinensergruppen war in den sechziger Jahren unter den Einfluß der marxistischen Weltanschauung gelangt und mit Unterstützung der Sowjetunion zu brutalem Terrorismus übergegangen. George Habbasch und seine PFLP waren für das Attentat auf das israelische Olympiateam in München 1972 verantwortlich. In den Militärcamps der Palästinenser waren die Kämpfer der RAF bei längeren Aufenthalten immer wieder ausgebildet worden: Pistolen, Handgranaten, Maschinenpistolen. Der Nahe Osten mit seinen vielen PLO-Bastionen war so zum Ausbildungs- und Rückzugsgebiet für die RAF geworden.

In einem eigenen Haus der RAF in Bagdad machten Tony, Karla und andere nun Urlaub vom Geiseldrama. Nach dem wochenlangen Nervenkrieg in Europa, der ständigen Gefahr, fühlten sie sich jetzt unter den Freunden im Irak sicher und frei. Hier war das alles wieder richtig und gut, was sie taten. Vor den Leuten der PFLP konnten sie sich mit der Geiselnahme wirklich sehen lassen.

Durch die Jalousie schießt das scharfkantige Tageslicht ins Zimmer. Die Mischung aus arabischen Gesängen und Stimmen aus den Transistoren weckt das Liebespaar auf dem flachen Bett. Tony und Karla – es gibt nur diese eine Möglichkeit, einen Partner in der Gruppe selber zu finden. Liebesbeziehungen zu Menschen außerhalb der RAF sind lebensgefährlich und verboten.

Tony öffnet das Fenster: Palmen und anderes Grünzeug im Hof. Ein Orangenast hängt so dicht herein, daß Tony für Karla eine Orange pflücken kann.

»Du, schau mal. Da unten im Hof schlachten sie ein Osterlamm.«

Küsse, Umarmungen und Liebesgeflüster wie überall und immer, wenn sich zwei Menschen aneinander festhalten, damit sie nicht vom Globus fallen. Es sind Bilder vom Paradies, die Peter-Jürgen Boock erinnert, wenn er von diesen Tagen erzählt.

Unter dem Bett der Liebenden lag allerdings die Kalaschnikoff.

Vor dem Fenster auf dem Boden stand der Allbandempfänger, Deutschlandfunk und BBC-Auslandsdienst. Soviel Anbindung an die Nachrichtenwelt war notwendig. Und selbstverständlich standen Wachen auf dem flachen Dach mit den Wassertanks, dem Sonnensegel und einem enorm laut ratternden Kühlaggregat. Wenn es einem Kommando des israelischen Geheimdienstes gelingen sollte, hier einzudringen, würde man sich verteidigen.

Besuch beim Standortkommandanten Abu Hani. Büro mit palästinensischer Flagge, Sessel rundherum und freundlicher Bedienung mit Tee. Das freundschaftliche Gespräch beginnt rituell mit der Lagebewertung. Militärische Logik auch hier: Wie steht die Aktion mit Schleyer? Wie sieht das der Gegner? Wie sieht das Europa? Wie stellt sich die Konfrontation in der Bundesrepublik dar? Wie stellt sich die Konfrontation in den arabischen Ländern dar? Alles fast wie auf dem Zettel bei Helmut Schmidt. Dann geschieht das kleine Wunder.

Boock erzählt: *Abu Hani kommt wie der Zauberer mit dem Kaninchen aus dem Zylinder mit zwei fertigen Aktionen. Er sagt: »Wir haben zwei Möglichkeiten vorbereitet, wie wir euch mit einer Aktion helfen können. Ihr habt die Wahl.«*

In Sorge um den Fortgang der Entführung, hatte Abu Hani für seine Freunde Unterstützungsaktionen vorbereitet, die er nun ins Gespräch brachte: Besetzung der Deutschen Botschaft in Kuwait oder Flugzeugentführung.

Karla und Tony wollten sich erst einmal beraten.

Doch wenn man es genau bedachte, hatten sie keine Wahl. Eine Botschaftsbesetzung kam nicht in Frage. Das hatte in Stockholm für die RAF mit einem Desaster geendet. Blieb also nur die Flugzeugentführung, eine Sache, die der RAF und ihren bis dahin üblichen Aktionsformen völlig fernlag. Ihre Angriffe hatten sich bislang gegen die Spitzen des Staates und den »militärisch-industriellen Komplex« gerichtet, und nicht gegen reisende Neckermänner. Flugzeugentführungen waren die Waffe der armen und waffenlosen Palästinenser.

Andererseits konnte die RAF nicht den Palästinensern die Aktionsweise vorschreiben. Sie hätten sich ja auch nicht von den Freunden reinreden lassen.

»Es hätte uns mißtrauisch machen müssen«, sagt Boock, »die Aktion war fertig ausgecheckt. Sie kam auf dem Silbertablett.«

Abu Hani erläutert Karla und Tony: »Eine Gruppe ist schon dabei, das letzte Training für die Entführung zu absolvieren. Man wird die Befreiung der gefangenen RAF-Kämpfer in der Bundesrepublik, zweier PFLP-Kämpfer aus türkischen Gefängnissen und 15 Millionen Dollar von der Bundesrepublik fordern. 7,5 Millionen für die PFLP und 7,5 Millionen für die RAF.«

»Wir haben bei solchen Sachen prinzipiell halbe-halbe gemacht«, erklärt Boock.

»Die palästinensischen Mietlinge«, sagt Herold über die Finanzierung der Entführung.

Es folgen Telefonate mit den Genossen in Europa: Die RAF hat angenommen.

In einem Rückblick versucht mir Peter-Jürgen Boock die Fehler der RAF im Spiel um Leben und Tod ihrer Gefangenen zu zeigen. Dabei muß man sich erinnern, daß die Entführung von Jürgen Ponto der erste Zug in dieser Partie sein sollte. Als zweiter Zug war die Entführung Hanns-Martin Schleyers geplant. Aus der Entführung Pontos wurde dann, aus Nervosität und Aufregung, plötzlich ein Mord.

Wir haben uns ursprünglich mal gesagt: Einer alleine reicht als Druck nicht aus. Diese Einschätzung haben wir über Bord geworfen. Eigentlich ohne sie wirklich zu diskutieren. Erster Fehler.

Zweiter Fehler: Wir hatten die Einschätzung, daß sie es mit zeitlicher Verzögerung in jedem Fall probieren werden, daß sie uns mit polizeilichen Mitteln bekommen. Deshalb haben wir gesagt: Wir halten alles kurz und knapp. Wir lassen uns auf einer bestimmten Stufe auf keinerlei Verhandlungen mehr ein. Wir tauchen mal zwei, drei Wochen völlig stellungslos ab. Wir haben uns dann doch wieder auf Verhandlungen eingelassen, auch dies wieder, ohne es eigentlich zu diskutieren. Aus dem Druck der Situation heraus. Das war der zweite große Fehler. Und der dritte große Fehler war, daß, als wir dann erkannt haben, dieses Spiel auf Zeit kann noch sehr, sehr lange dauern, wir nicht darüber nachgedacht haben, was das in der Konsequenz bedeutet, sondern zu der scheinbar schnelleren Lösung gegriffen haben. Es bot sich an. Es wurde uns offeriert von den Palästinensern. Also zugreifen. Das war der dritte große Fehler.

DIE BEFREIUNG

II

1 Bagdad – Brüssel – Bonn – Mallorca

Noch einmal wurden die Karten neu gemischt und ausgegeben. Noch war das Spiel nicht entschieden.

Herold kann, mit einer blitzartigen Eröffnung, eine massive Fahndung nach den Tätern einleiten, wie sie das Land noch nicht gesehen hat. Er ist darauf vorbereitet für den Tag, an dem er keine Rücksicht mehr auf eine lebende Geisel Hanns-Martin Schleyer nehmen muß.

Das Kommando Hausner hat die Waffe an der Schläfe ihres Opfers – und eine verheißungsvolle Ankündigung aus Bagdad.

Die Häftlinge von Stammheim blickten auf die Waffen, die ihnen einen letzten, selbstbestimmten Weg aus den Mauern des Hochsicherheitstrakts öffnen würden: Baaders Blick auf einen Plattenspieler, in dessen Gehäuse eine versteckte Pistole klemmte. Jan-Carl Raspe konnte an eine lockere Sockelleiste unterm Fenster klopfen, um den dunklen Ton des Hohlraums darunter zu hören, in dem die geladene Waffe auf ihn wartete. Gudrun Ensslin fühlte das Elektrokabel ihres Plattenspielers, und ihr Blick fiel auf das feste Drahtgitter am Fenster. Alles lag bereit.

Die Palästinenser bringen ihre Kämpfer in Position.

»Ich fühlte mich geehrt«, sagt mir Souhaila, »als ich für dieses Kommando ausgewählt wurde.« Ich traf sie in Oslo, noch bevor sie zu ihrem Prozeß nach Deutschland ausgeliefert wurde. Immer noch verletzt von den Schüssen in die Hüfte, behindert beim Gehen und Stehen. Großes Selbstbewußtsein, ausgestattet mit Ironie und Intellektualität, dazu eine Begabung zu großen Aufschwüngen.

Wadi Haddad hatte bei Sympathisanten wie der christlichen Studentin Andrawes den Ruf eines Genies beim Austüfteln militärischer Aktionen. Auch die Entführung der »Landshut«, auf die sie nun vorbereitet wurde, nennt sie »a piece of art«. War sie das christlich erzogene, unschuldige junge Mädchen, dem Haddad sagen konnte: »Souheila, du mußt nun dein christliches Mitleid ablegen«!

Oder war sie viel hartgesottener und entschlossener, als sie uns zeigen will?

Sie würden die Passagiere etwas erschrecken, und dann auf einem Flughafen wie Aden von den Genossen abgeholt werden. Die Passagiere würden mit Lastwagen in ein versteckt liegendes Wüstencamp gebracht. Erst danach würde der lange zermürbende Kampf um die Freilassung seinen Lauf nehmen.

Als Souheila mit den ausgewählten Genossen zusammentraf, erkannte sie nur Nadia Duaibes, eine Freundin ihrer Schwester, libanesische Christin wie sie selber. Sie waren beide erst 22 Jahre alt. Auch Nabil Harb kam auf Befehl Abu Hanis zum Treffpunkt in Bagdad. Er war 23 Jahre alt, ein schöner Junge.

Souheila ist nicht sicher, ob sie den Anführer Akache schon in Bagdad oder erst in Mallorca getroffen hat. Das ist merkwürdig. Aber kein Angeklagter muß sich durch allzuviel Mitwisserschaft vor einem Prozeß in Deutschland selbst belasten.

Drei gebildete junge Leute waren das, die, gut angezogen und mit Manieren versehen, als verwöhnte englisch sprechende Araber oder Iraner alle Kontrollen passieren können. Wer sie beim Training mit den Handgranaten und Pistolen in ihrem Wüstencamp, beim Hantieren mit Sprengstoff und Zündern beobachtet hätte, wäre allerdings zu einem anderen Eindruck gekommen.

Auf der Schaumstoffmatratze sitzt derweil die Geisel Hanns-Martin Schleyer im Penthouse von Brüssel. Sein Blick geht über die zersiedelten Grünflächen am Rand der Stadt. Vielleicht spielt er gerade Monopoly. Bille hatte das Spiel mitgebracht, und es macht ihm Freude, sich abzulenken und sie das Herzchen spielen zu sehen.

»Schleyer, Parkstraße, jetzt aber mal rüber mit der Kohle. Zwei Häuser, das macht genau 10.000 DM!« Er blättert es ihr zu gerne hin. »Mensch, Du gewinnst ja!«

Und beiläufig beim Würfeln: »Mädchen, wie kommst du eigentlich dazu?«

Ihn hatten sie ja auch gefragt, wie er zu seiner Geschichte gekommen war. Sie sollten spüren, daß er sich für sie interessierte, sie versteht.

Manchmal darf er etwas in den Zeitungen lesen. Etwa die Geschichte mit der Flugzeugentführung in Japan. Dort hatten am 28. September, vor wenigen Tagen, Terroristen eine Maschine der JAL gekapert, und einen Tag später hatte die japanische Regierung entschieden, neun Terroristen aus japanischen Gefängnissen im Austausch mit den Geiseln freizulassen. Es ging also! Er wird das im nächsten Brief unbedingt erwähnen.

In seinem Büro in Bad Godesberg sitzt Alfred Klaus. Wenn man die Denkblockaden auf beiden Seiten aufbrechen könnte! Zwischen seinem Chef Herold und den Stammheimern pendelt er wie ein Weberschiffchen hin und her. Nach der nächtlichen Rückfahrt im Zug hat er schon am Donnerstag, den 29. September, einen Vermerk geschrieben.

Als ultima ratio rege ich folgende Überlegungen zur unblutigen Beendigung der Entführungssache SCHLEYER an:

a) Die Gefangenen, deren Freilassung gefordert wird, sind als Tauschobjekte in die Verhandlungen einzubeziehen. Das gilt insbesondere für den RAF-Kader (Baader, Raspe, Ensslin).

b) Sie müssen damit vertraut gemacht werden, daß ein Austausch in keinem Fall in Frage kommt. Ihnen ist anheimzustellen, unter Aufgabe ihrer persönlichen Interessen den Entführern die bedingungslose Freilassung Schleyers zu empfehlen. Die RAF könnte damit einen propagandistischen Erfolg erzielen und verlorengegangene Sympathien zurückgewinnen.

Dieser Satz hat sie in Bonn wohl irritiert.

Bloß keine Aufwertung der RAF. Unter der Überschrift »Vorschlag für weitere Maßnahmen zur Lösung des Problems« hatte er seine Vorschläge weitergegeben. Das Verfahren gegen den RAF-Anwalt Croissant könnte eingestellt werden, Geldbeträge deponiert, und vieles mehr, wenn man mit Phantasie verhandeln will. Aber so sieht es nicht aus. Jede Form der Verhandlung, die wie eine

Aufwertung wirken könnte, verbietet sich. Die Stimmung im Haus macht das klar.

Über Boeden hat er dann von Herold eine merkwürdig produktive Antwort bekommen. »Du sollst das so umformulieren, daß es wie ein konspiratives Schreiben des Kommandos Siegfried Hausner wirkt.« Eine Fälschung, die Herold in der Stunde der Not zur Chaotisierung des Gegners verwenden könnte. Klaus kennt die Sprache der RAF genau und könnte im Jargon eine Nachricht des Kommandos fälschen. Eine Kriegslist. So viele Papiere aus dem Knast hat er gelesen, so viele Kassiber der RAF bewertet, daß er sofort den richtigen Ton findet.

Unsere Geduld ist erschöpft. Die Bundesregierung will uns durch ihre infame Hinhaltetaktik nur darüber hinwegtäuschen, daß sie einen Austausch der Gefangenen nie ernsthaft erwogen hat. Die Verhandlungen Wischnewskis mit den in Betracht kommenden Ländern sind ein Manöver zur Irreführung der Öffentlichkeit. Er soll seine Lustreisen beenden, die doch nur den Zweck haben, die Regierungen von ihrer Bereitschaft zur Aufnahme der Gefangenen abzubringen.

Soweit war die RAF am Schreibtisch des BKA ganz gut vertreten. Wie aber konnte man sich vorstellen, daß sie eine Abkehr von der Ermordung Schleyers formulieren? Klaus tippt in seine Dienstmaschine:

Der Bundesregierung ist die Vernichtung der Gefangenen aus der RAF offenbar wichtiger als das Leben Schleyers, dieses fetten Repräsentanten des Großkapitals in der BRD. Wir lassen uns nicht zu seiner Hinrichtung provozieren und als brutale Killer diffamieren. Dieser Staat kann seine beliebig auswechselbare Charaktermaske unter folgenden Bedingungen wiederhaben:

1. Überweisung von 20 Millionen DM auf ein Schweizer Bankkonto, das von Klaus Croissant treuhänderisch mit der Garantie der jederzeitigen Verfügbarkeit verwaltet wird.

2. Einstellung der Verfahren gegen Croissant und alle anderen Vertrauensanwälte.

3. Wiederherstellung der Haftbedingungen für die Gefangenen, wie sie am 5. 8. 1977 in Stammheim gegolten haben.

4. Zustimmung der Gefangenen, deren Freilassung von uns gefordert wird.

30. 9. 1977   *Kommando Siegfried Hausner*
RAF

Klaus dreht das Papier aus der Maschine und überlegt, ob er eine wichtige Forderung vergessen hat. Nach einem Vergleich mit den letzten Schreiben des Kommandos schreibt er mit der Hand unter Punkt vier in seinen Entwurf:

5. Einstellung der Fahndung für die Dauer der Verhandlungen.

Horst Herold, den ich nach diesen Papieren frage, kann sich hieran nicht erinnern.

Klaus zeigt mir eine Bleistiftnotiz, die er später über seinen Entwurf geschrieben hat.

Vermutlich liefen bereits die Vorbereitungen zur Entführung der LH-Maschine.

Mallorca im Oktober ist ein besonders schöner Abschied vom Sommer.

Sechsundachtzig Menschen im kleinen Urlaubsparadies Mallorca werden sich in einer Woche in einem Flugzeug der Lufthansa treffen. Sehr junge Mädchen sind dabei, die teils zum ersten Mal alleine Urlaub machen dürfen: Simone, die mit 16 Jahren noch eine ältere Freundin dabei hat. Simone und Dorothee, Beate, Diana und Jutta hatten im Sommer einen Schönheitswettbewerb gewonnen, nun gab es eine Woche Mallorca als Belohnung. Jutta hatte mit ihrer Tochter aus Jux mitgemacht. Die Überraschung: Nicht die Tochter, die Mutter gewinnt den Wettbewerb. Jutta hatte ihren Mann, den Sohn Mike und ihre Tochter einmal zu Hause gelassen. Eine Woche für sich. Baden, Surfen, Bootfahren und auch ein bißchen flirten, mit den andern Mädchen ausgehen und tanzen bis in die Puppen.

Auch Rhett, ein junger Vater mit seinem dreijährigen Sohn, ist auf der Insel und hat seinen Freund, Hartwig, mitgenommen. Auch die Schwestern Iris und Kirsten sind da. Sie ist schon Lehrerin und auf ihrer Spezialsprintstrecke Deutsche Meisterin. Sie hat die jüngere Studentin Iris zum Urlaub eingeladen. Und die Lufthansaangestellte Birgit mit ihrem zehnjährigen Stefan. Hans, der ältere Boxpromoter, und Gregorio Canellas, der seine Tochter mitbringen wird. Vor Jahren, bis zum Skandal, war der spanische Großhändler noch der Präsident des Fußballclubs Kickers Offenbach. Der Bundesligaskandal ist aber längst vorbei, und Canellas hat eine schöne achtzehnjährige Tochter, die bald ihr Studium auf der Uni in Palma de Mallorca beginnen soll.

Sie alle, die alten Menschen, die Kinder, Ehepaare im besten Alter, die hübschen jungen Mädchen und die starken jungen Männer, genießen das Ende des Sommers 1977. Ein Glück! Bald wird für sie nichts mehr so sein wie vor diesen Tagen. Nie mehr. Für das ganze Leben.

Ob auch der schöne Nabil Harb im Hafen von Palma die Tage genießt? Mißtrauisch blickt er aus dem Photo, schielt fast an Souheila und der Kamera vorbei. Machen sie vielleicht durch das Foto irgend jemanden auf sich aufmerksam? Dabei ist er als iranischer Urlauber mit seinem grünen T-Shirt und dem falschen iranischen Namen »Riza Abbazi« sicher. Genauso wie Souheila, die er in Palma fotografiert. Sie schafft ein Lächeln, stützt sich mit einer Hand auf der Mauer ab und hält mit der anderen Hand ihre Umhängetasche fest.

Hatten sie die Waffen aus dem Hotelzimmer mitgenommen? Oder war die tödliche Fracht mit der unbekannten Kurierperson noch nicht angekommen? Sprengstoff, Zünder, zwei Pistolen mit Munition und die Handgranaten. Die Suitcases für das Versteck lagen auf dem Zimmer schon bereit.

»Klick« machte es auch bei Akache und der schönen Nadia Duaibes. Er hat sie im Arm. Seit sie mit Nabil als zweite Reisegruppe nachgekommen ist, hat sie den Platz im Doppelbett neben dem Kommandanten Akache. Dieser Mann, der später unter dem Namen Machmud mit einer ganzen Reihe teuflischer Einfälle Schrecken und Todesangst im Flugzeug verbreiten wird, wirkt hier seltsam entspannt. Nadia Duaibes, einen Kopf kleiner, lehnt sich mit ihrem dünnen Sommerkleid an ihn.

Akache hat in Beirut Menschen sterben sehen, und er weiß, was es heißt, andere Menschen zu töten. Er kann das ganz professionell. Sie werden gehorchen, die Deutschen, wenn man ihnen erst einmal zeigt, daß man die Macht hat.

Als das Palästinenserkommando am 10. Oktober seine Flüge für die LH 181, Abflug Mallorca-Frankfurt, für den 13. Oktober bezahlt, sitzen sie alle bereits in der Falle: Diana, Jutta, Simone, Rhett, Hartwig, Birgit, Stefan und all die anderen. Die Stewardeß Gaby hätte nicht dazugehört. Sie kam erst durch einen Zufall auf die Maschine. Aber ohne Gaby wäre es eine andere Geschichte geworden.

Kaum einer der glücklichen Ferienmenschen hatte sich groß um die Schleyer-Entführung gekümmert. Sie kannten diesen unglücklichen Mann aus der »Bildzeitung«. Er hatte das Schild vor dem Bauch und war in der Hand dieser Terroristen. Das ging ja seit sechs Wochen schon so. Vielleicht war alles vorbei, wenn sie aus dem Urlaub zurück waren.

Gerade jetzt wieder erschien in der »Bildzeitung« ein neues Titelbild mit dem Schmerzensmann. Drei Gesichter von Schleyer sollten die schreckliche Entwicklung vom zweiten über den zwanzigsten und einunddreißigsten Tag der Geiselhaft belegen. Darüber, in großen Buchstaben: *Frau Schleyer: Halt aus, wir brauchen Dich! Viele bekannte und unbekannte Menschen versuchen, Dir und uns Trost zu geben, und wenn alle diese guten Gedanken und Hoffnungen übertragen werden können, müßtest Du ein wenig Kraft schöpfen können für die Zeit, die uns noch trennt.*

Am Donnerstag, den 6. Oktober, durfte sich Hanns-Martin Schleyer aus Brüssel mit einem Brief an die Familie und an die Öffentlichkeit wenden. Er schrieb den Brief zunächst mit der Hand, als persönlichen Entwurf. Dann wurde er vom Kommando abgetippt, und das Konvolut wurde von einem Pariser Postamt mit 16 Kopien an Agenturen, Zeitungen, aber auch an die Familie Schleyer und an den Freund und Flickmanager Eberhard von Brauchitsch geschickt. Als Beipack gab es ein neues Polaroid von Schleyer.

Im Text stehen einige Sätze an Waltrude Schleyer. Der Dank für einen Brief, der wieder über die »Bildzeitung« an ihn gelangt ist. Auf einem weiteren Video spricht Hanns-Martin Schleyer frisch und energisch. Eine Tagesschau aus dem Volksgefängnis:

Ich kann meiner Frau versichern, daß es mir physisch und psychisch gut geht, soweit es mir unter den gegebenen Umständen möglich ist. Die Ungewißheit ist die schwerste Belastung.

Das »gut geht« hat er auffallend fröhlich auf »gut« betont. Er will heute Kraft und Entschlossenheit ausdrücken.

Ich habe in der ersten Erklärung zum Ausdruck gebracht, daß die Entscheidung über mein Leben in der Hand der Bundesregierung liegt, und habe damit diese Entscheidung akzeptiert. Aber ich sprach von Entscheidung und dachte nicht an ein über einen Monat dauerndes Dahinvegetieren in ständiger Ungewißheit.

Jeder kann sehen, daß er einen Brief abliest. Es ist ja klar, daß es seine eigenen Worte sind.

Der Angriff – »ich sprach von Entscheidung« – ist fast eine Standpauke, wie er sie vor unfähigen Mitarbeitern halten würde. Mit den nächsten Sätzen fährt die Kamera wieder groß an das Gesicht heran. Das soll sagen: das, was nun kommt, ist die Meinung des Gefangenen.

Das Vorgehen der Japaner beweist die Richtigkeit der Behauptung meiner Entführer, daß es Länder gibt, die aufnahmebereit sind.

Meine Familie und meine Freunde wissen, daß ich nicht so leicht umzuwerfen bin und über eine robuste Gesundheit verfüge. Dieser Zustand eines nicht mehr verständlichen Hinhaltens ist aber gerade nach der Entscheidung der japanischen Regierung und ihrer konsequenten Haltung, nach der sie sich als mitverantwortlich für die Entführung bezeichnete und Maßnahmen erst nach der unblutigen Abwicklung dieses Vorgangs ergreifen wird, auch von mir nicht mehr lange zu verkraften. Man muß schließlich die Umstände berücksichtigen, unter denen ich lebe.

Schleyers Sätze sind zügig, mit einem fast sportlichen Nachrichtendrive gesprochen.

Aber wenn die Kamera nah heranfährt, ganz nah, als ob sie nur noch die Augen durch das Glas der Brille zeigen wollte, dann bricht sich das Bild gerade in seinen tot-traurigen Augen. Die lang gewachsenen Haare bilden als Zeichen einer allmählichen Verwilderung einen noch deutlicheren Gegensatz zur Ordnung, die der für dieses Mal herausgeputzte Anzug, Hemd und Ziertuch ausdrücken sollen. Ein schneller Blick Schleyers nach rechts, an der Kamera vorbei, zeigt, daß und wie er kontrolliert wird. Er darf das schon sagen, was da auf seinem Zettel steht. »Ermordung«, obwohl die zukünftigen Mörder ihm gegenübersitzen.

Er fordert eine Entscheidung der Regierung.

Dies um so mehr, als meine Entführer nach meiner festen Überzeugung so nicht mehr lange weiter machen werden. Ihre Entschlossenheit kann nach der Ermordung Bubacks und Pontos nicht in Zweifel gezogen werden.

An diesem Donnerstag, den 6. Oktober, befindet sich wie immer auch Dr. Henck, Facharzt für Psychiatrie, im Hochsicherheitstrakt von Stammheim, um nach den Gefangenen zu sehen. Horst Bubeck erinnert sich, daß die Gefangenen ein normales Verhältnis zu Dr. Henck hatten. »Wenn gar nichts mehr lief bei uns, der Arzt war immer noch ein Mann, der mit ihnen sprechen konnte und mit dem auch sie vernünftig gesprochen haben.«

Manchmal kamen auf Anordnung des Doktors kleine Vergünstigungen heraus, wie das Heizkissen in Raspes Zelle. Für Bubeck lachhaft – Raspe hatte bald aus dem darin enthaltenen Bimetall ein Morsegerät gebastelt.

Bei den ärztlichen Gesprächen hält sich Bubeck neben der offenen Tür auf:

Und da war es so, daß der Arzt mit Raspe am Fenster stand und hat sich mit ihm unterhalten. Sehr lange, fünf, acht Minuten. Das war sehr lange für solche Unterhaltungen. Und da ist mir aufgefallen, daß sich der Raspe abgewandt hat, hat rausgeschaut. Er konnte einfach nicht mehr weitersprechen. Es liefen ihm die Tränen runter.

Raspe sprach zuerst von Schlafstörungen, vielleicht auch von diesem Sarg, in den sie jeden Abend gepackt wurden: die Decken vor den Fenstern, die Platten vor der Tür. Und dann stand wohl unversehens das Bild vom Ende vor ihm: Sterben. Was ihm der Gefangene noch unter Tränen gesagt hat, findet sich in einem Vermerk für die Anstaltsleitung. Dr. Henck warnt davor, daß Raspe zum Suizid bereit sei, und fragt an, »wie ein eventueller Selbstmord verhindert werden kann«.

Aber wer sich wirklich selber töten will, kann auf Dauer auch in einem Gefängnis nicht davon abgehalten werden. Das war dann auch das Ergebnis eines Gesprächs zwischen Horst Bubeck und seinem Chef.

Mit jeder Woche, die ins Land ging, stieg die Nervosität unter den Gefangenen. Das wurde für Alfred Klaus deutlich, weil er die Stufen des Verfalls bei den verschiedenen Etappen seiner Besuche erleben konnte.

Am Sonnabend, den 8. Oktober, hatte Baader dringend den Besuch von Klaus verlangt. Ein Anruf aus Stammheim zum BKA. Horst Herold schickt seinen Beamten mit einem Hubschrauber von Bonn wieder in Richtung Stammheim. Um 17 Uhr 45 sitzt Klaus Baader gegenüber.

»Haben Sie eine Nachricht für mich? Können Sie mir was sagen?« So geht der Gefangene fahrig und nervös das Gespräch an.

»Sie haben gerufen, Herr Baader. Was haben Sie mir zu sagen?«

Aus der nervösen und unzusammenhängenden Erklärung Baaders schreibt Klaus sich die Stichworte hin, die er auf der Rückfahrt später ergänzen will.

Baader spricht vom »jämmerlichen Spiel« und »der Potenzierung der Isolation seit sechs Wochen«. Wenn das kein Ende finde, dann würden die Gefangenen entscheiden.

Aus heutiger Sicht meint Klaus, die Nervosität im Gespräch mit Baader aus dem gleichen Grund wie bei Raspe erklären zu können: »Eigentlich wollen sie nicht sterben. Auch Angst sprach aus ihrem Verhalten.« Baader spricht davon, daß die Sicherheitsorgane mit einer »Dialektik der politischen Entwicklung konfrontiert« würden, die sie »zu betrogenen Betrügern macht«. Ob der Tod mehr Sinn macht, wenn man sich in solchen Sätzen wiederfindet?

Aber dann bringt er die einfache Version. »Wir Gefangenen beabsichtigen nicht, die Situation länger hinzunehmen. Die Bundesregierung wird künftig nicht mehr über die Gefangenen verfügen können!«

Klaus verwundert: »Herr Baader, in welcher Welt leben Sie eigentlich? Sind das nicht etwas irreale Vorstellungen?«

Nun kommt es überdeutlich: »Das ist eine Drohung!« sagt Baader. »Es wird sich dann um eine irreversible Entscheidung der Gefangenen in Stunden oder in Tagen handeln.« Steht auf und verläßt die Besucherzelle.

Klaus sieht, daß Baader mit den Nerven am Ende ist. In seinem offiziellen Bericht für das BKA macht er deutlich, wie er das verstanden hat: *Mit der von ihm genannten Entscheidung der Gefangenen kann nach Sachlage nur ihre Selbsttötung gemeint sein. Ob dies ernst gemeint ist und ob die Gefangenen sich darüber haben verständigen können, ist nicht sicher.*

Die Fenster und die Türen bieten immer eine Chance für die Gefangenen, sich etwas zuzurufen. Der Mythos vom Hochsicherheitstrakt hat banale alltägliche Grenzen. Die Gefangenen von Stammheim haben offenbar eine Offensive abgesprochen. In den nächsten Tagen wiederholen sie es immer wieder bei verschiedenen Gelegenheiten.

»Noch ein paar Tage, dann gibt's Tote«, soll Baader zu Dr. Henck bei einem Besuch gesagt haben.

Gleich schon am nächsten Tag, am Sonntag, den 9. Oktober, wird Klaus von Godesberg erneut nach Stammheim gerufen. Diesmal sitzt ihm Gudrun Ensslin gegenüber. Sie hat einen vorformulierten Text für Helmut Schmidt mitgebracht. »Bitte schreiben Sie das, was ich hier vorlese, wörtlich mit und übermitteln Sie das dem Krisenstab.«

Auch Bubeck, der neben Klaus sitzt, muß den Text wörtlich mitschreiben und der Anstaltsleitung in Stammheim übergeben. Diese

Gefangenen waren für Bubeck ein Alptraum. Jetzt sieht er aber, wie sie unter dem Zeitdruck, der verrinnenden Lebenszeit, ihre Konzentration und Strahlkraft verlieren, stumpf und fahrig werden.

Früher hatte sich Gudrun Ensslin auch in der Aufregung immer zu beherrschen gewußt. Jetzt fliegen die Hände, und die Worte sprudeln heraus.

Wenn diese Bestialität hier, die ja auch nach Schleyers Tod nicht beendet sein wird, andauert – die Repressalien im sechsten Jahr in der U-Haft und Isolation – und da geht es um Stunden, Tage, das heißt nicht mal 'ne Woche –, dann werden wir, die Gefangenen in Stammheim, Schmidts Entscheidung aus der Hand nehmen, indem wir entscheiden, und zwar, wie es jetzt noch möglich ist, als Entscheidung über uns.

Die Idee, daß sich Untersuchungsgefangene nacheinander umbringen, kam Alfred Klaus bekannt vor. Gudrun Ensslin hatte 1975 schon einmal so einen Vorschlag gemacht. Die Selbsttötung in Zeitabständen sollte damals die Ziele des Hungerstreiks durchsetzen.

Der RAF-Anwalt Horst Mahler hat einmal zum Thema der angeblichen »Isolationsfolter« erklärt: *Eine Propagandalüge, darauf berechnet, die Linke der BRD moralisch zu erpressen und Faschismus vorzutäuschen, um die brutalisierten Kampagnen der RAF zu legitimieren.*

An diesem Donnerstag diktiert die Gefangene Klaus alle Schrecklichkeiten in den Block. Er bekommt im nächsten Absatz noch eine besondere Drohung für den Bundeskanzler mit auf den Weg: *Aber ich denke, die Konsequenz bedeutet zwangsläufig Eskalation und damit das, wovon in der Bundesrepublik, wenn man den Begriff korrekt verwendet, bisher nicht die Rede sein konnte: Terrorismus.*

Das war die Drohung, in Zukunft nicht nur Wirtschafts- und Politikbosse anzugreifen, sondern nun auch Terror mit unberechenbaren Morden gegen jedermann zu betreiben.

Diese Form des Terrorismus begann vier Tage später. Der Kurier aus Bagdad, mit einem Kilo Sprengstoff, fünf Handgranaten und zwei Pistolen im Gepäck, war einen Tag vorher in Mallorca eingetroffen. Das waren die Terrorwaffen gegen jedermann.

Das bemerkenswerte Gespräch mit Gudrun Ensslin ergab noch weitere praktische Vorschläge für den Gefangenenaustausch: *Schleyer wird freigelassen, wenn wir die Aufenthaltserlaubnis und die Gewißheit haben, daß die Bundesregierung keine Versuche unternehmen wird, die Auslieferung zu erreichen.*

Damit übernahmen nun die Gefangenen von Stammheim neben dem Kommando Siegfried Hausner die Verhandlungen über den Modus des Gefangenenaustausches. Ensslin wollte zusichern, daß sie nicht mehr in die Bundesrepublik zurückkehren würden. Das Argument des Kanzlers, sie kämen mordend zurück, sollte gebrochen werden. Zudem könnte die Regierung ihnen ohne vorherige Zielvorgabe einfach eine Flugzeugbesatzung zur Verfügung stellen. Die Gefangenen wollten dann während des Flugs der Besatzung mitteilen, wohin die Reise ging.

Jan-Carl Raspe hatte mitbekommen, daß Klaus in Stammheim war. Nun wollte auch er noch vorgeführt werden. Auch seine Ausführungen zeigen deutlich, daß es eine Absprache unter den Gefangenen gab.

Raspe sagte, *er wolle nachdrücklich erinnern ... daß die politische Katastrophe die toten Gefangenen und nicht die befreiten sein werden. Das gehe die Bundesregierung insofern an, als sie verantwortlich für die jetzigen Haftbedingungen sei. Die Gefangenen würden der Bundesregierung, falls dort keine falle, die Entscheidung abnehmen.*

Klaus blickt von seinem Notizblock auf: »Wollen Sie sich selbst töten, so wie das Ulrike Meinhof gemacht hat?«

Raspe will nicht direkt antworten. Er weicht aus. »Ich weiß nicht. Es gibt ja auch das Mittel des Hungerstreiks und des Durststreiks. Beim Durststreik ist nach sieben Tagen der Tod unausweichlich. Da nutzen keine medizinischen Mätzchen mehr.«

Auch die letzte zu besuchende Gefangene, Irmgard Möller, las ihre Botschaft aus einem abgesprochenen Katalog vor. Klaus notierte die Stichworte: »Barbarei der Maßnahmen«, »Folter nach der Definition der Uno«, »perfektes soziales und akustisches Vakuum, in dem Menschen nicht überleben können«, und die Behauptung, daß ihrem Essen »im 7. Stock Drogen zugesetzt werden«, und am Ende die Beschwerde, daß »die Radios weggenommen wurden«.

Auch Bubeck schrieb es staunend nieder. Was sollte man dazu sagen? Gut nur, daß Klaus diesen Unsinn nicht glaubte. Sonst stünde er ja mit seinen Beamten da wie die Folterknechte im Mittelalter.

Noch einmal möchte ich von Klaus wissen, ob er dieses Gespräch auch als einen Hilferuf verstanden hat. Der Beamte glaubt heute, daß er damals nicht genug persönlichen Mut hatte, um sich den Spielraum für ein freies Gespräch herauszunehmen.

Ich war ja auch in einer Blockade befangen. Die Blockade besteht ja aus Befehl und Gehorsam, nicht wahr? Ich hatte meinen Abteilungsleiter, den Boeden, damals daraufhin angesprochen. »Wollen wir denn nun nicht? Wie steht es mit meinem Alternativangebot?« Da hat er gesagt: »Kommt gar nicht in Frage! Bist du verrückt? Wollen wir die auch noch politisch aufwerten?« Daraufhin habe ich gesagt: »Ja, aber ich dachte, wir wollten Schleyers Leben retten!«

2 Der Überfall

Die Briefe und Hilferufe Schleyers, die Forderungen der Stammheimer Gefangenen und ihre Drohungen, die tägliche Fahndungslage, die kleinen Erfolge bei der Festnahme von Randfiguren und Reisekadern der RAF, oder die Entdeckung eines Fahrzeugs in einer Tiefgarage – all diese Einzelheiten gehen über den Tisch und durch den Kopf des Kanzlers. Die mächtigen Männer der Wirtschaft, wie den Mercedeschef Zahn oder den Flick-Manager Eberhard von Brauchitsch, hat er sich vom Hals geschafft. Herold ließ Schleyers engsten Freund, Eberhard von Brauchitsch, zu Payot nach Genf fliegen. Der Mann durfte dort mit Geld jonglieren, Fingerabdrücke sammeln und sonstige Aktivitäten auf einem Nebenkriegsschauplatz entfalten. Einmal hatte Herold ihm »zur Sicherheit« einen Sekretär mitgegeben, den jeder in der Szene seit Jahren als BKA-Mann kannte. Da konnte nichts anbrennen.

Auch der Oppositionsführer hatte sein Einverständnis erklärt. Kohl hatte es auf eine mathematische Formel gebracht: »Wer A sagt, muß auch B sagen und wohl auch C.« »C« stand in diesem Fall für den möglichen Tod seines Freundes Schleyer. Kohl schweigt bis heute darüber, und man kann nur ahnen, wie schwer ihm diese Entscheidung damals gefallen ist.

Große Mengen Cola und Mentholzigaretten standen Schmidt als Schlafersatz zur Verfügung. Max Frisch, der Helmut Schmidt eine Zeitlang auf Reisen hatte begleiten dürfen, und der als ein Freund des Kanzlers auch am Tag von Mogadischu bei ihm zu einem Gespräch war, schenkte dem Bundeskanzler schon 1975 einen kennzeichnenden Satz: »Dieser Mann ist immer da, wo er sich befindet: ein Mann der rationalen Präsenz.«

Nach außen hin versuchten alle eine Alltagsroutine von Politik und Regieren anzudeuten. In Wirklichkeit aber hatte die kleine RAF die große Bundesrepublik aus dem Tritt gebracht.

Herold spürt seit langem, daß etwas schiefgelaufen ist. Bei seinen nächtlichen Hubschrauberflügen über das erleuchtete Rheinland konnte er es geradezu sehen: jeder dieser Lichtpunkte da unten konnte das Versteck Schleyers sein. Es war zum Verzweifeln. Warum waren sie nicht in seinem Netz hängengeblieben? Als Kriminalist wußte er: Wenn man nach so vielen Wochen eine Spur nicht wiederfand, würde es ganz schwer.

»Die finde ich nie«, mußte er sich sagen. »Die finde ich nie!«

Ein gewisses Fieber hatte alle Personen ergriffen. Im Kanzleramt wurde darüber nachgedacht, was die RAF an Steigerungsmöglichkeiten zuzusetzen hatte.

So ein Gespräch ergab sich am Abend des 12. Oktober, nach der Kleinen Abendlage im Kanzleramt. Schmidt hatte Herold zu sich gebeten.

»Herold, glauben Sie eigentlich noch an den Erfolg unserer Bemühungen, die Geisel zu finden?« Das war direkt und traf auch die düsteren Gedanken des Mannes gegenüber. Und es war logisch nur schwer zu beantworten. Schmidt sah das wohl sofort: »Ich will wissen: Was sagt Ihnen Ihr Instinkt? Seit Wochen laufen hier die ausgeklügeltsten Hinhaltefinessen, aber wir sind nicht wesentlich vorangekommen. Herold, geben Sie mir jetzt eine ungeschminkte Antwort!«

Herold mußte dem Kanzler natürlich reinen Wein einschenken, aber er nahm das Angebot auch gerne an.

»Direkt gesagt: Es sieht nicht gut aus! Irgend etwas in unseren Planungen und Vorkehrungen muß schon ganz zu Anfang in verhängnisvoller Weise schiefgelaufen sein. Jetzt ist Schleyer mit Sicherheit schon im Ausland, und seine Befreiung rückt zunehmend in weite Ferne.« Das war ein Eingeständnis der konkreten Situation.

Aber Herold wollte das Gespräch nicht bei diesem Eingeständnis stehen lassen. Es gab auch die andere, positive Seite ihrer Arbeit, die immerhin bis zu diesem siebenunddreißigsten Tag das Leben Hanns-Martin Schleyers gerettet hatte.

»Nicht nur wir, auch die RAF befindet sich inzwischen in allergrößten Schwierigkeiten. Sie kann infolge unseres Fahndungsdrucks im Inland nicht mehr geschlossen operieren. Ihre Kommunikationslinien werden zunehmend enttarnt. Wir haben ja jetzt die ersten Festnahmen im Ausland. Und trotz alledem muß sie sich immer wieder auf unsere Verzögerungen und Finten einlassen, weil sie keine Alternative hat. Das heißt, die RAF wird probieren, aus dieser Defensive herauszukommen. Die werden versuchen, die Initiative mit einem spektakulärem Akt wiederzugewinnen.«

Schmidt konnte den einzelnen Einschätzungen zwar zustimmen, aber der Widerspruch in Herolds Ableitungen fiel ihm direkt auf.

»Wenn die RAF so niedergehalten ist, wie Sie das annehmen, dann kann sie doch gar keinen zweiten Fall in der Dimension

Schleyer inszenieren.« Herold hatte auch keine konkrete Vorstellung von dem nächsten Schritt, den die da draußen unternehmen würden. Ein Blick auf die Geschichte der vergangenen Jahre legte vielleicht folgendes Szenario nahe:

»Dieser nächste Schritt wird sich nicht bei uns, sondern im Ausland ereignen. Schon deshalb, weil dort der Fahndungsdruck wesentlich niedriger ist. Man kann da denken an eine Geiselnahme in einer deutschen Botschaft – Modell Stockholm 1975. Eine Botschaft oder irgendeine andere deutsche Einrichtung im Ausland. Dabei darf man einkalkulieren, daß die RAF in dieser verzweifelten Situation auch völlig untypisch handelt und dabei unbeteiligte Dritte als Geiseln nimmt, also direkt ›volksfeindlich‹ handelt. Vielleicht gilt das sogar einem deutschen Kindergarten in London. Dem können wir mit unseren Mitteln gar nicht vorbeugen. Das klingt alles sehr schlimm, aber ein solcher Schritt der RAF eröffnet zugleich Chancen. Zwangsläufig liefern sie damit ein hochaktuelles Spurenbild, das uns dann weiter an die RAF und an Schleyer heranführt.«

So schildert Herold in dieser Nacht die Aussichten für die allernächste Zeit. Die beiden Männer wissen, daß sie für diesen Moment keinen anderen Weg haben, als weiterzumachen wie bisher.

Viele der Männer im Kanzleramt waren noch im Krieg als Offiziere an der Front gewesen – Schmidt, Herold, Zimmermann, Vogel, Strauss, Fröhlich und viele andere. Sie hatten die Brutalität des Zweiten Weltkriegs erlebt und wußten, wie nervenstark man bei solchen Entscheidungen sein mußte. Sie dachten an Weimar, aber diesmal würden sie den Staat und die Demokratie verteidigen. Eine Eskalation wie die von Herold beschriebene würde nicht mehr viel Entscheidungsspielraum zulassen. Wenn es nötig war, mußte man dann die Sache vor Ort ausschießen.

Das Untersuchungsgefängnis wurde in der Nacht vor seinen Zäunen und Mauern hell angeleuchtet. Davor hatten zahlreiche Journalisten ihre Wohnwagen aufgebaut, manchmal leuchteten auch die Scheinwerfer des Fernsehens auf. Aus dem Örtchen Stammheim sind einige Bewohner herübergekommen, die für die Spätausgabe der Tagesschau nach ihrer Meinung zu den Gefangenen da drüben befragt werden.

Eine Frau: »Himache tät i sage!«

Ein Mann: »Auf der Flucht erschießen!«

Eine dritte Stimme: »Vernichten!«

So viel Wut und Haß auf die RAF ist überall zu spüren. Diese Fanatiker verkörpern nun alles, wovor die Bevölkerung Angst hat.

Schon am Vormittag dieses 12. Oktober hatte die Gefangene Gudrun Ensslin um 10 Uhr wieder auf den Knopf in ihrer Zelle gedrückt.

Sie forderte, den Staatssekretär Schüler zu sprechen. Bei einem zweiten Gespräch gegen Mittag erweiterte Ensslin den Gesprächswunsch. »Falls Staatssekretär Schüler verhindert ist, möchte ich mit Bundesminister Wischnewski sprechen.« Beide Gesprächswünsche waren nach Lage der Dinge eine Illusion. Intern galt die Verabredung, daß niemand der höherrangigen Beamten, der irgend etwas verhandeln könnte und damit zur Aufwertung der RAF beitragen würde, nach Stammheim reisen soll.

Also bekam Klaus am Abend von Herold wieder Marschbefehl für Stuttgart-Stammheim.

Sein Spielmaterial war eine nichtssagende Hinhaltebotschaft für Gudrun Ensslin. Die Gefangene hatte schlicht vergessen, den Inhalt und damit die Bedeutung des Gesprächs anzugeben. *Es wird gebeten, der Gefangenen Ensslin mitzuteilen, daß Staatssekretär Schüler es nicht grundsätzlich ablehnt, mit ihr zu sprechen. Ein solches Gespräch wäre jedoch nur sinnvoll, wenn die Gefangene vorher den Gesprächsgegenstand mitteilt und dieser über den Inhalt des mit Herrn Klaus geführten Gesprächs vom 9. Oktober hinausgeht.*

Klaus fuhr noch am Abend nach Stuttgart und ließ sich in Stammheim für die Nacht in einer Zelle ein Bett machen. Er wollte schon früh am Morgen mit Gudrun Ensslin sprechen. Es war die Nacht auf seinen Geburtstag, die er im Gefängnis von Stammheim verbrachte. Mit Türenschlagen, Gitterklappern, Radios, Rufen und Stimmen in der Nacht.

Die letzte Nacht auf Mallorca.

Sie waren noch einmal ausgegangen, die beiden Liebespaare, wie seit Tagen. Man hatte sich mit der alten Droschke durch die Stadt fahren lassen, hatte in Cafés die langen Nachmittage in den gemütlichen Korbsesseln verbracht, den Urlaubskorso auf den Ramblas und Einkaufsstraßen beobachtet.

Auch für Jutta, Diana, Simone, Beate und die anderen ist Abschied von Mallorca. Noch einmal feiern die jungen Mädchen, die in dieser Woche zu einer kleinen Gemeinschaft zusammengewachsen sind. Morgen geht es zurück in die Schule, in die Bankfiliale, ins Büro, zurück in die Welt der Pflichten. Es wird eine lange Nacht in Arenal – und der Tag ihrer Entführung ist schon lange angebrochen, als sie aufgekratzt und todmüde in die Betten fallen.

Am Morgen des 13. Oktober antwortete Gudrun Ensslin auf die Hinhaltebotschaft Herolds.

Sie überlegte einen Moment und sah dann ihren Besucher erstaunt an: »Das heißt doch nichts anderes, als daß Schüler mich gar nicht sprechen will. Ihr Chef Herold hat, wie ich das sehe, in Bonn ja nun wohl die Entscheidungsgewalt in der Hand.«

Klaus findet es heute noch eigenartig, daß sie ihm nicht zutraute, die politische Dimension der Geschichte zu begreifen. Dabei hatte er einen Alternativvorschlag für die Gefangenen ausgearbeitet!

Aber Gudrun Ensslin versteht nicht, was ihr hier zwischen den Zeilen für ein Angebot unterbreitet wird. Sie ist ebenso blockiert wie alle anderen.

Als wir die alten Dokumente durchsprechen, wundert sich Klaus: »Sie hätte ja sagen können: Ja, worum geht es denn? Das möchten wir doch gerne wissen! Oder sonst etwas Ähnliches. Nichts dergleichen. Also eine Denkblockade hier wie dort.«

Ensslin hatte das Große und Ganze im Blick. Die Perversion der Demokratie zum Faschismus ... Sie übersah den kleinen Beamten, der hier so gerne seine Kompetenzen überschritten hätte. »Wollen Sie denn nun Herrn Schüler sprechen oder nicht?« Klaus ist wieder ganz der Bote.

»Unter diesen Umständen, nein! Oder warten Sie. Ich würde gerne die anderen Gefangenen informieren. Die können dann gleich ihre Meinung sagen.« Klaus wartet, während Gudrun Ensslin über den Flur geführt wird. Sie versucht, durch lautes Rufen mit Baader in Kontakt zu kommen.

»Es gelang nur deshalb nicht, weil Baader noch schlief.« Es war 9 Uhr 30 und die Schallwände schon abgeräumt.

Klaus telefoniert sofort mit Herold und fragt, ob er die Botschaft mit den anderen Gefangenen erörtern soll. »Lassen Sie das! Kein anderer wird informiert! Sie kommen wieder zurück!«

Die Boeing 737 der Lufthansa mit der Bezeichnung »Landshut« hatte für Donnerstag, den 13. Oktober 1977, eine Tagestour: Frankfurt-Mallorca und zurück. Die Maschine startete mit Kapitän Jürgen Schumann um 8 Uhr 55 von Frankfurt nach Palma. Seine Besatzung sollte gegen 13 Uhr diese Maschine mit ihm und 86 Fluggästen – vor allem deutschen Urlaubern – zurückfliegen. Die Chefstewardeß, Hannelore Piegler, war eine Österreicherin, die beiden Stewardessen: Anna-Maria Staringer, Norwegerin, und die Deutsche Gabriele Dillmann. Zurück würde der Copilot die Maschine fliegen.

Die planmäßige Besetzung für das Cockpit war wegen Nebels nicht von Hamburg weggekommen. Den Ersatzmann, Jürgen Vietor, hatten sie in letzter Minute aus dem Bett geholt. Er schrieb seiner Frau, die als Lehrerin schon zur Schule unterwegs war, einen Zettel:

Liebe Renate, mußte fliegen. Komme um 16 Uhr zum Kaffee zurück.

Für Jürgen Vietor, der nach den ersten Vernehmungen über die Entführung der Landshut vor 20 Jahren nie wieder über diese fünf Tage gesprochen hatte, sind die Gespräche mit mir das erste Mal, daß er für einen Fremden in dieser Sache seine Türen aufgemacht hat.

Anders Gaby Dillmann, die damals erst 23 Jahre alt war. Sie hat von Anfang an versucht, den Kontakt zu den sie überwältigenden Gefühlen von Demütigung und Todesangst herzustellen. Alles ist wieder lebendig und nichts vergessen, als sie mit mir im Geiste in die Landshut steigt, um den Schreckensflug innerlich noch einmal anzutreten.

Akache, der sich im Flugzeug Machmud nannte, hatte hinten auf der linken Seite neben Souheila einen Platz gefunden. Durch seine karierte Jacke war er den jungen Mädchen aufgefallen. Sie kicherten über den Komiker. Unruhig befahl er schon vor dem Start die Stewardeß mit einem Knopfdruck an seinen Platz und wollte etwas zu trinken haben. Gaby entschuldigte sich: »Gleich nach dem Start müssen Sie mich noch mal daran erinnern.« Sie sprach englisch mit dem angeblich iranischen Fluggast Ali Hyderi, der sich bald Machmud nannte. Er antwortete: »You remember me« – Sie werden sich schon an mich erinnern.

Mit den ersten Cocktails und Getränken wurde auch Machmud bedient. Er beschäftigte sich, während das Essen ausgeteilt wurde, mit seinem Radio. Vorne, in der ersten Klasse, saßen als ein schönes Pärchen die zierliche Nadia und Nabil, der sogar den jungen Mädchen aufgefallen war.

Als die Landshut Marseille überflog, machte Kapitän Schumann eine Ansage, hinten in der Economy Class holte Iris ihre Kamera heraus und knipste ein Erinnerungsfoto: ein Stück vom Flügel, ein paar Wolken und der blaue Streifen Mittelmeer vor der Küste. Vietor blickte auf den Kriegshafen von Toulon, der unter ihm lag. Hier war er während seiner Marinezeit gewesen. Vietor kam, wie Kapitän Schumann, von der Bundeswehr. Der eine war Starfighterpilot gewesen, Vietor gehörte zu den U-Bootjägern.

Sein fliegerisches Können brauchte er bald so nötig wie nie zuvor ...

Plötzlich polternde Schritte, Schreie, englisch-arabisch gefärbte, sich überlagernde Rufe. Der Augenblick der Entführung: da rennt ein Irrer durchs Flugzeug zum Cockpit, und seine Frau will ihn einholen. So sah das Birgit.

Es wurde die Cockpittür aufgerissen, und plötzlich steht der Machmud da. Bedrohte sofort den Kapitän Schumann mit der Pistole, zeigte mit der Pistole auf den Kopf und trat mir gleichzeitig in die Rippen: Go out! Go out! erinnert Vietor.

Inzwischen waren Nabil und Nadia in der ersten Klasse von ihren Sitzen aufgesprungen. Souheila hatte sich vor der zweiten Klasse aufgebaut, die Handgranaten drohend in den Händen. Vietor wird von Nabil übernommen, der ihn mit den wenigen Passagieren der ersten Klasse den Gang entlang nach hinten ins Heck des Flugzeugs treibt. »Hands up! Go! Go! Hands up!«

Die Stimmen überschlagen sich, verbreiten Angst und Schrecken. »Don't speak! Be quiet! Hands up!«

Die Mädchen zeigen, daß die Handgranaten zünden könnten. Nabil fuchtelt drohend mit seiner Pistole in der Luft, und ehe noch der größte Teil der Passagiere verstanden hat, was los ist, befindet sich das Flugzeug in Händen der Entführer. »Come on! Come here! Go! Go!«

Einige Passagiere aus der ersten Reihe der Economy werden nach hinten zu den Toiletten ins Heck getrieben. Seinen Platz vorne neben Rhett mußte Hartwig aufgeben, wurde für diese Reise nach hinten geschwemmt.

Die erste Klasse bleibt von nun an der Raum für das Kommando, die verbotene Zone. Vor der Trennwand und dem Vorhang stehen jetzt wie die Engel mit dem Flammenschwert Souheila und Nadia. In beiden hocherhobenen Händen zeigen sie vier Handgranaten, deren Sicherungsringe am kleinen Finger hängen.

Ist es ein böser Scherz? Nein, das ist eine Entführung, und wir sind mitten drin. Keine Panik, kein ängstliches Schreien unter den Passagieren, einfach nur staunendes Zurückweichen.

Gaby wird hinten überrascht und mit den Passagieren und Vietor »wie 'ne Herde Vieh« zusammengetrieben. Ihre Hoffnung: ein Verrückter, der die Maschine für Lösegeld entführen möchte. Als sie dann das Wort Palästina hörte, wußte sie, daß es sehr ernst war. Wer in der Hysterie nicht sofort voran macht, die Hände fallen lassen will, wird gepufft, mit den Handgranaten auf den Kopf geschlagen.

»Freitag, der dreizehnte«, flüsterte ein Herr zu Birgit und ihrem Sohn Stefan. Frau Röhll wußte es besser: »Donnerstag, der dreizehnte – nicht Freitag!« Das macht Hoffnung.

Im Cockpit hatte sich Machmud hinter Kapitän Schumann auf den schmalen Sitz mit dem Kartenmaterial darunter plaziert. Die Pistole am Kopf des Kapitäns, brüllt er über das Bordmikrophon seine Kommandos an die Passagiere. So dröhnt es aus den Lautsprechern über den Köpfen der staunenden, verwirrten Menschen: »This is Captain Machmud speaking. I took over. This airplane is under my command!«

Als Jürgen Vietor mit Gaby Dillmann hinten, die Hände über dem Kopf, dicht gedrängt dasteht, fällt ihm eine Szene aus einem Lehrfilm der Lufthansa für solche Situationen ein. Er flüstert den Umstehenden zu: »Alles tun, was die sagen! Ruhig verhalten und alles tun, was die wollen!«

In diesem Moment kommt eine Dame aus der Toilette, die sich über das Gedränge vor ihrer Tür wundert. »Was ist denn hier los?«

Irgend jemand antwortet: »Wir sind entführt worden.«

Und damit entglitt sie, wurde ohnmächtig und sank zusammen in der Toilettentür, erinnert sich Vietor an die grelle Mischung aus Schrecken und Komik.

Die Hände hoch über dem Kopf gehoben, so müssen die Passagiere nun die Stunden bis zur ersten Landung durchhalten.

»Man kann so was nicht fassen«, sagt Beate, »auf einmal stehen da Leute und sagen: ›Das Flugzeug ist entführt.‹« Zwanzig Jahre ist sie alt. Die Nacht hat sie durchgefeiert mit ihren Freundinnen in der Disco. Dann ist sie in letzter Minute ins Flugzeug gekommen und wacht nun mitten in einem Entführungsfilm auf. Sie braucht lange, um zu begreifen, was da vorgeht.

Dann kommt die erste deutsche Stimme über das Bordmikro. Machmud hat Gaby Dillmann zu sich geholt, sie muß nun seine Befehle aus dem Englischen übersetzen, damit von nun an jeder begreift, wo er sich befindet: »Ich bin Kapitän Machmud«, hören sie die Stimme der Stewardeß neben dem Mann mit der Pistole. »Diese Maschine steht unter meinem Kommando. Wer meinen Anweisungen nicht folgt, wird erschossen! Keine Unterhaltungen. Ruhig sitzen bleiben. I kill everyone who will not obey my orders!«

Gaby hat das knorzige, arabisch-gefärbte Englisch mit dem dunkel rollenden R übersetzt und fügt schnell auf Deutsch einen eigenen, beruhigenden Satz für die Passagiere hinten an: »Tun Sie, was Captain Machmud sagt!«

Diese kleinen Eigenmächtigkeiten, frech herausgeholte Freiräume gegenüber den Entführern, wird sie während der ganzen Entführung ausbauen und verteidigen. Immer wieder unterläuft sie die Befehle der palästinensischen Hijacker, flüstert den Passagieren Nachrichten zu, errichtet einen kleinen Puffer zwischen den angeschnallten Opfern und ihren Entführern. Vor allem die fast gleichaltrigen jungen Mädchen hängen mit ihren Blicken immer wieder an Gaby, die sich frei bewegen kann. Vom Cockpit aus und später bei seinen Besuchen in der Economy Class ist es dann vor allem Kapitän Schumann, der mit seiner Autorität auf die Passagiere beruhigend wirkt.

Die Palästinenser ziehen ihr Programm durch: Entwaffnen, aufräumen und dann die allmähliche Unterwerfung der Passagiere unter ihren Willen. Mit einigen Befehlen wird schnell die neue Ordnung in der Landshut installiert. Die Sonnenblenden werden heruntergezogen, damit bei einer Landung oder dem Blick durch die Wolken keine Orientierung möglich war. Desorientierung, Angst und Hilflosigkeit erleichtern die Machtübernahme.

Alle Messer und Gabeln werden in Plastiksäcken eingesammelt. Gleichzeitig wird jeder mit dem Tod bedroht, der spitze Gegenstände, Scheren oder Kugelschreiber versteckt. Die Tabletts mit den Resten des Mittagessens werden abgefahren, die Gepäckfächer über den Passagieren durchwühlt, Handtaschen eingesammelt und alles Gepäck in der ersten Klasse gestapelt.

Manche Passagiere leisten kleinen, ersten Widerstand. Jutta trägt ein herzförmiges Medaillon. Als Souheila sie abtastet, hat

190

Jutta den Anhänger bereits zwischen die Sitze versteckt. »Mein Rettungsanker. Wenn man den abgibt, wäre es ein bißchen wie Abschied.«

Sie trägt ihn heute noch. Als sie ihn für mich aufklappt, sehe ich das Foto ihres Jungen und ihres Ehemannes.

Beide sind einige Tage später in der Tagesschau zu sehen. Ihr Sohn Mike trägt ein selbstgemachtes Schild: »Herr Bundeskanzler – ich will meine Mutti wiederhaben.« Da war Jutta aber schon so weit weg, daß sie danach nie wieder zurückgefunden hat in den einfachen Kleinstadtalltag, in die Familie.

»Everyone who has now a weapon will be shot.«

»Jeder, der jetzt noch eine Waffe versteckt hat, wird erschossen!«

Selbst eine Nagelfeile wird eingezogen. Wer eine Stunde lang die Hände über den Kopf halten muß, fängt an, zwischen Schmerzen und der Gefahr innerlich einen Handel zu machen. Vielleicht sieht er mich nicht, nur einen Moment. Aber schon konnte man den Lauf einer Pistole am Kopf spüren, der wütende Machmud brüllte finstere Drohungen durch den Raum.

»Hands up. I kill you!« Auch wer seinem Nachbarn etwas zuflüstern wollte, spürte die Handgranaten oder hatte Nabil mit der Pistole vor sich stehen.

Noch heute packt Gaby die Wut, wenn sie diese Bilder erinnert: *Man wurde ja immer gleich erschossen. Egal, was war. Wenn man die Hände runter nahm, wurde man erschossen. Also im Grunde wurde man immer erschossen. Es sei denn, man saß ganz flach atmend mit erhobenen Händen auf seinem Stuhl. Das waren Einschüchterungsmaßnahmen, um die Leute einfach nervlich zu zermürben, daß sie alles gemacht haben. Auch Leute mit Widerspruchsgeist, die es ja garantiert auch an Bord gab, die haben sie dann auch geschafft. Die haben alle irgendwie im Griff gehabt.*

Diesen Vorgang, seine innere Eroberung durch die Gangster, hat der Lehrer Hartmut an sich selber staunend und verzweifelt beobachten können. Ein starker, noch bei der Bundeswehr trainierter Mann, wird nach und nach dazu gebracht, seine Phantasien von

Widerstand aufzugeben und sich dem Willen Machmuds zu unterwerfen. Dabei standen Nabil, Nadia oder Souheila in dem nur 75 Zentimeter breiten Gang manchmal mit ihren Waffen greifbar dicht neben den Passagieren.

Die jungen Männer wurden dann bald von den Plätzen am Gang weg an die Fenster gesetzt. So war ein überraschender schneller Zugriff auf ein verabredetes Zeichen gar nicht mehr möglich.

Die Palästinenserinnen zeigten ihnen immer wieder, daß sie die Sicherungsringe aus den Stiften der Handgranaten herausgezogen hatten. Würden sie stürzen und der Bolzen löste sich, gäbe es eine Explosion im Flugzeug.

Beate konnte dem Druck, der auf ihrer aller Leben gelegt wurde, nicht standhalten. *Die ersten acht Stunden habe ich unheimlich gezittert. Meine Beine, alles flatterte, und das war unheimlich.*

Dabei will sie möglichst nicht auffallen, am liebsten unsichtbar sein. Sie hält die Hände über dem Kopf und sagt sich selbst immer wieder: »Ganz ruhig! Bloß nicht auffallen! Nicht am Kopf kratzen. Keine Handbewegung machen!« Nach unten, zu den Beinen, hat sie alle Aufregung geschickt, und das ist schlimm genug. Numi, die blonde Dänin, erst 16 Jahre alt, legt ihr manchmal die Hände auf die Knie, damit sie sich beruhigen und aufhören zu zittern. Es beruhigt etwas, bringt aber nicht die Kontrolle zurück. Tage später, als Beate mit ihrem Leben schon abgeschlossen hat und ganz ruhig dasitzt, ist das Zittern dann auf Numi übergesprungen. Da ist es Beate, die ihrer Nachbarin hilft. So entstehen unter Freunden und Fremden in den Sitzreihen, die der Zufall für sie ausgelost hat, Hilfs-, Not- und Überlebensgemeinschaften.

Copilot Jürgen Vietor wird ins Cockpit beordert, wo er für Machmud die Treibstoffmenge und die daraus resultierende mögliche Reichweite errechnen muß. Bis nach Larnaka auf Zypern wird der Treibstoff, der für Frankfurt berechnet war, keineswegs ausreichen. Rom, der Flughafen Fiumicino, ist ein Ziel, das die Landshut noch erreichen kann.

Machmud gibt Kapitän Schumann das Kommando, die Maschine mit der Nase nach Rom zu drehen.

3 Galle im Herzen

So entwickelte sich die Lage an Bord der Landshut, als die Flugsicherung in Aix-en-Provence in Südfrankreich um 14 Uhr 38 eine Kursabweichung des Flugs LH 181 feststellte.

Eine Stunde später landete Kapitän Schumann mit der Landshut in Rom und rollte die Maschine an den Rand des Flugfelds. Machmud greift zum Mikrofon und bellt seine Forderungen zum Tower.

»Hier spricht Hauptmann Mahomed«, mißverstehen ihn die Fluglotsen. Sie notieren: *Das Flugzeug der deutschen Gesellschaft ist unter meiner Kontrolle. Die Gruppe, die ich vertrete, fordert die Freilassung unserer Genossen, die in den deutschen Gefängnissen in Haft sind. Wir kämpfen gegen die imperialistischen Organisationen dieser Welt.*

Im Bundeskanzleramt wird mit den ersten Meldungen aus Rom der Zusammenhang zwischen der Entführung der Landshut und der RAF-Geiselnahme zur Gewißheit. Schneller als erwartet und befürchtet war eingetreten, wovon Herold noch am Abend zuvor gesprochen hatte. Sechsundachtzig deutsche Urlauber, fünf Mann Besatzung: das waren die ersten Zahlen, die Schmidt bald auf dem Tisch hatte. »Wenn wir am Ende mit 91 Toten dastehen! Eine Katastrophe!«

Doch auch diese große Zahl von Geiseln in der Hand der Palästinenser würde seine grundsätzliche Entscheidung kaum verändern können. Als Bundeskanzler könnte er niemals einem erpreßten Austausch rechtmäßig verurteilter Gefangener der RAF zustimmen.

Noch war das Flugzeug auf Natogebiet. Ein Einsatz geschulter Kampftruppen könnte noch möglich und erfolgreich sein. In den ersten Telefonaten zwischen Innenminister Maihofer und dem italienischen Innenminister Cossiga wurde dieser dringend gebeten, das Flugzeug am Weiterflug zu hindern. Dabei äußerten die Deutschen den Wunsch, die Italiener sollten die Landshut bewegungsunfähig machen, indem sie in die Reifen des Flugzeugs schießen. Damit wären alle Verhandlungen um ein Auftanken der Boeing beendet gewesen.

Obwohl die Lichtblenden der Landshut heruntergezogen waren, fanden einige Passagiere heraus, wo sie sich befanden. Vielleicht konnte man durch einige Ritzen die Autos mit der Aufschrift POLICIA sehen. Oder sie hatten es von Gaby gehört, die bei ihren Wegen durch den Gang leise vor sich hin flüsterte: »Rom, Rom, Rom.« Dazwischen ein aufmunternder Blick oder ein leises: »Es wird schon.« Das war viel für den Moment.

Für Birgit sind vier Stunden ohne Toilette jetzt wirklich zu lang. Die Lufthansaangestellte geht frech nach vorne zu Souheila, die sie bald bei sich die »Dicke« nennen. »I am sorry. I have to go to the toilette.«

Laut und bestimmt kommt die Antwort: »You go back to your seat! You bloody daughter of a bitch. You go back to your seat!«

Im BKA Bad Godesberg feiert an diesem Nachmittag Alfred Klaus seinen Geburtstag. Ein Kasten Bier, Wein und Häppchen für die Kollegen. Zwischen »Prost« und »Glückwunsch« übertönt plötzlich das Telefon die Feier. Als Klaus den Hörer abnimmt, hört er am anderen Ende die Stimme von Gudrun Ensslin. Die Behörden hatten sie einfach durchgestellt, weil Ensslin wieder mal dringend mit Klaus sprechen wollte.

»Seid mal ruhig! Für einen Moment Ruhe bitte! Die Ensslin ist am Apparat.«

»Die will nur gratulieren!« witzelt jemand.

Für einen Augenblick ist die Party im BKA eingefroren. Mit Bier und Wein halten sie inne und hören zu.

Gudrun Ensslin will einen Text diktieren. »Bitte nehmen Sie auf.« Klaus legt sich einen Zettel hin. »Bitte, ich bin bereit.«

Ensslin diktiert ihren Text:

Na gut, wenn wir sagen, wir wollen mit Ihnen oder Wisch-
newski reden, denn das ist – vielleicht gegen alle Erfahrung – :
Erstens: die Frage einer Differenz zwischen Politik und Polizei, in
der andere Möglichkeiten enthalten sind als die der Eskalation,
der Rationalität aller Politiker, die dazu verurteilt sind, Polizisten
zu werden, und einer Polizei, die so frei ist, die Politik zu machen.

Das war noch mal, fürs Protokoll der Weltgeschichte, ihre Ana-
lyse der Bundesrepublik Anno Domini 1977.

Helmut Schmidt hat sicher auch immer wieder in polizeilichen
Kriterien gedacht: Was kann man anordnen, um zu einem Erfolg zu
kommen? Und der Präsident des Bundeskriminalamts hat in diesen
Tagen wohl auch politische Entscheidungen zugunsten seiner Fahndung erreicht. Das war Alltag im Krisenstab. Es bedeutet aber nicht,
daß hier das Primat der Politik an die Polizei abgegeben worden wäre.

Klaus tippt die Mitschrift in die Maschine und trägt den Text
persönlich hoch in Herolds Notbüro.

Schon beim Anflug auf den Flughafen Rom-Fuimicino hatte
Machmud sich mit einem ersten Namen für sein Kommando
identifiziert.

Das ist die Operation Kofre Kaddum ... Dies ist ein Tiger ge-
gen die imperialistische Weltorganisation.

Kofre Kaddum war ein palästinensisches Dorf, das in eine israelische Siedlung umgewandelt worden war. Machmud operierte
zusätzlich unter dem Kommando Martyr Halimeh. Die »Märty-
rerin Halimeh« war der arabische Codename für das deutsche
RAF-Mitglied Brigitte Kuhlmann, die an der Entführung eines
Airbusses durch ein palästinensisches Kommando nach Entebbe/
Uganda beteiligt gewesen war. Als ein israelisches Kommando
die zumeist israelischen Geiseln auf dem Flughafen in Entebbe
freikämpfte, waren Kuhlmann und mit ihr der deutsche Terrorist
Wilfried Böse getötet worden.

Ein Mitglied des israelischen Kommandos, das die Geiseln in
Entebbe befreit hatte, war der Bruder des israelischen Premiermini-
sters Netanyahu gewesen. Jonathan Netanyahu wurde bei diesem

Einsatz getötet. Auch ein deutscher Beobachter war in dieser Nacht von den Israelis nach Entebbe mitgenommen worden: der GSG-9-Kommandant Ulrich Wegener. Wegener wurde bei diesem Sturm zur Befreiung der Geiseln verletzt. Versteckt in der Deutschen Botschaft von Uganda, erholte er sich von den Stichverletzungen, die er sich bei diesem Einsatz zugezogen hatte. Wegener war von den Israelis geschult worden, ehe er die GSG 9 übernahm. »Halimeh« sollte also eine Erinnerung und damit auch die Rache der Palästinenser für Entebbe werden.

Wie erstaunt wäre Machmud wohl gewesen, wenn er geahnt hätte, daß in wenigen Tagen ein Mann aus Entebbe mit seinen Sturmtrupps draußen vor dem Flugzeug stehen würde, um dieses Kunststück noch einmal zu wiederholen.

Der italienische Ministerpräsident Cossiga hatte kein Interesse, das deutsche Flugzeug mit den Geiseln auf dem Flughafen Fiumicino festzuhalten. Ein Geiseldrama wollte sich der Christdemokrat, der von den Kommunisten »geduldet« regierte, nicht leisten. Die Maschine wurde betankt, und Machmud befahl, das Flugzeug nach Zypern auf den Flughafen von Larnaka zu steuern.

Im Bundeskanzleramt war man verärgert, daß die Italiener sich so einfach aus der Affäre zogen. Nun war das Flugzeug weg, und niemand wußte, wohin die weitere Reise gehen würde. Wischnewski schildert mir die Stimmung:

Hier haben sie uns hart getroffen. Darüber gibt es nicht den geringsten Zweifel. Wir haben zwar immer darüber nachgedacht, was sind die »undenkbaren« Sachen, die wir überlegen sollen. Aber dies hat uns hart schockiert. Außerdem, wenn man jetzt auch noch Verantwortung für weitere neunzig Menschenleben trägt – das war ein Schock –, muß man wirklich nachdenken, ob man diese oder jene Entscheidung wirklich voll verantworten kann gegenüber neunzig Menschen.

Doch der Entschluß vom 6. September, drei Ziele gleichzeitig zu verfolgen, galt in modifizierter Form weiter: Geiselbefreiung, Entführerfestnahme, Handlungsfähigkeit des Staates bewahren.

Aber wie konnte man eine Befreiung aus einem Flugzeug in der – möglicherweise – arabischen Welt organisieren?

»Das Eingreifen wird jetzt nicht leichter«, sinnierte Schmidt. Während die neuen Probleme noch in der Runde umgewälzt wurden, schrieb Wischnewski seine Meinung auf einen kleinen Zettel, den er dem Kanzler auf dem Tisch rüberschob:

Meinst Du nicht, daß man jetzt so schnell wie möglich eine Maschine fertig machen und nachfliegen muß?

Schmidt las es und schrieb, ohne die Diskussion zu unterbrechen, seine Antwort darunter:

Ja, für Dich!

Er hatte die Antwort mit grüner Cheftinte geschrieben. Das war der Auftrag für Wischnewski, Vorbereitungen für seine Abreise zu treffen.

In St. Augustin-Hangelar bei Bonn erhielt die GSG 9 von Innenminister Maihofer endlich den großen Auftrag, auf den die Truppe so lange gewartet hatte. Die Leute hatten einen hohen Ausbildungsstand und brannten darauf, zu zeigen, was ihre Einheit wert war.

Wahrscheinlich würde es für einige von ihnen eine Reise ohne Wiederkehr werden. So lagen nun einmal die Einschätzungen für den Sturm auf eine stark verteidigte Maschine. Dennoch drängten sich die Männer, dabei zu sein. Wegener mußte auswählen. Eine kampffähige Einheit sollte zudem in Bonn bleiben, für den Fall, daß inzwischen Schleyers Versteck gefunden würde.

Sechzig Männer der Grenzschutzgruppe 9 wurden sofort mit Hubschraubern auf den Flughafen Bonn geflogen. Hier wartete eine Boeing 727 der Lufthansa. Leitern und Waffen wurden verstaut, alle Männer in Zivil: Jeans, Pullover und Turnschuhe. Die GSG 9 trat unterwegs mit der Legende auf, sie sei eine Art Sportclub. Die Nachtsichtgeräte, die gesamte Funkausrüstung und die Scharfschützengewehre wurden in langen Kisten, als Sportausrüstung getarnt, in die Maschine gepackt.

Wegener startete mit seinen Leuten Richtung Zypern.

In der Landshut war den Piloten Schumann und Vietor und den Stewardessen mittlerweile zwar klar, aus welchem Grund die Maschine gekapert worden war. Doch der politische Hintergrund war nicht das Wichtigste. Vietor hatte genug mit seiner Flugmaschine zu tun.

Diese politischen Dinge, an denen wir sowieso nichts ändern konnten, die interessieren in so einem Moment nicht. Es ging ums nackte Überleben! Es ging darum, das eigene Leben möglichst abzusichern und das System Flugzeug mit seinen Passagieren heil über die Runden zu bringen. Das System Flugzeug braucht jede Menge Sprit. Es braucht Landeplätze und Startplätze. Und das war es, was wir als Hintergrund sichern mußten. Jede Minute.

Um 20 Uhr 28 landet Vietor die Landshut auf dem Flugplatz Larnaka in Zypern. Doch Machmuds Verhandlungen mit dem örtlichen Vertreter der PLO laufen irgendwie in die falsche Richtung. Schumann und Vietor hören nur das Geschrei, Fetzen arabischer Worte. Der PLO-Vertreter versuchte mit Machmud über die Freilassung der Geiseln zu verhandeln. Das war die erste, vielleicht eingeplante Enttäuschung.

Um 22 Uhr 50 hebt die Landshut erneut ab. Jürgen Vietor fliegt nun ein Flugzeug, das im Augenblick keinerlei Landeerlaubnis auf irgendeinem Flughafen im Nahen Osten hat.

Um 20 Uhr meldet an diesem Donnerstag, den 13. Oktober 1977, die Tagesschau die Entführung einer Lufthansamaschine. In Stuttgart gewinnt diese Meldung für die Familie Schleyer besondere Bedeutung.

Beim Beiruter Büro der britischen Nachrichtenagentur Reuter ging eine Erklärung ein, in der eine bisher unbekannte Kampforganisation gegen den Weltimperialismus die Forderungen des Kommandos Siegfried Hausner nach Freilassung von Baader-Meinhof-Häftlingen unterstützt.

In der schrecklichen Nachricht steckt für die Familie plötzlich wieder Hoffnung: ihre Geschichte wird vorangetrieben.

»Wir haben gesagt: Da können sie nicht hundert Leute opfern. Da müssen sie irgend etwas tun.« Das erinnert Waltrude Schleyer.

Eberhard sagt: »Jetzt ist es nicht nur einer, der sozusagen als Symbolfigur auch eine – in Ausrufezeichen – ›größere Verpflichtung‹ hätte haben können, der Staatsräson geopfert zu werden. Jetzt sind viele unschuldige Menschen Opfer einer Entführung. Das verbessert die Ausgangssituation.« Zwischen dem Mitleid mit den Mallorca-Urlaubern und der eigenen Hoffnung leben sie nun die nächsten Tage.

Es ist schwer zu erraten, was Hanns-Martin Schleyer in diesen Stunden empfunden haben mag. Nun wird jedenfalls für die Videos neben das RAF-Symbol ein zweites Schild mit Tesafilm an die Wand geklebt: »Commando Halimeh« steht darauf. Haben sie ihm mehr gesagt? Etwas Genaueres, von einem Flugzeug? Hanns-Martin Schleyer konnte sich schon ausrechnen, welche Anschläge die Palästinenser besonders gut hinkriegen.

Oder haben sie überstolz und vertrauensvoll alles ausgeplaudert?

»Ich geb’ dir ein Zeichen, wenn dein Gesicht groß drauf ist. Dann fängst du an.« Der Mann hinter der Kamera sucht die Schärfe der Schrift. Groß lesen wir wieder mal die Füllschrift RAF und sehen die Kalaschnikoff. Dann zieht die Kamera langsam auf. Der Kopf, der Mann, die Schrift. Hanns-Martin Schleyer trägt wieder den Anzug mit seinem Ziertuch, ein ordentliches Oberhemd, alles wie vor einer Woche.

Ich habe hier die »Welt« vom Donnerstag, den 13. Oktober 1977, vor mir. In der Zeitung ist ein Artikel von Herbert Kremp über den Besuch in Peking enthalten, mit der Überschrift: »Honig im Mund, Galle im Herzen.«

Ein Artikel zur Legitimation, aber auch ein böser Scherz, eine zweite »Botschaft«.

»Das paßt doch ganz gut für deine Freunde«, könnte Anne gesagt haben – wenn sie an diesem Tag noch in Brüssel war. Der Artikel berichtete von den verbalen Angriffen der Chinesen auf die Sowjetunion, »dem gefährlichsten Kriegsherd der Gegenwart«. Ein chinesisches Sprichwort erhalte in diesem Zusammenhang seinen Sinn: Die Sowjetunion sei eine Supermacht, die nach außen hin von Frieden spricht (Honig im Mund), gleichzeitig aber zügellos ihre Aggressionspolitik vorantreibt (Galle im Herzen). Damit war natürlich indirekt die Hinhaltetaktik der Bundesregierung gegenüber den Entführern gemeint – Schleyer wird das auch so gesehen haben.

Schleyer trägt keine Brille. Wir sehen jetzt deutlich seine Augen – besorgt, angstvoll –, die großen Schatten unter den Augen, die Bitterkeit der Züge, die sich in den letzten Wochen in sein Gesicht gegraben haben.

Ich frage mich in meiner Situation wirklich, muß denn noch etwas geschehen, damit Bonn endlich zu einer Entscheidung kommt?

Auch der Kameramann scheint einen Text vorliegen zu haben. Er fährt jetzt passend zu den folgenden Sätzen zurück.

Schließlich bin ich nun fünfeinhalb Wochen in der Haft der Terroristen und das alles nur, weil ich mich jahrelang für diesen Staat und seine freiheitlich-demokratische Ordnung eingesetzt und exponiert habe. Manchmal kommt mir ein Ausspruch – auch von politischen Stellen – wie eine Verhöhnung meiner Tätigkeit vor.

In einer zweiten Version dieses Textes, den das Kommando danach mit Schleyer vor der Wand produziert, darf der Arbeitgeberpräsident frei improvisieren. Auch dabei darf er wieder das Wort »Terror« für die RAF verwenden. Es soll ja wirken. Seine hin- und herhuschenden Augen zeigen aber, daß da ein Mensch spricht, neben dem ein Regisseur mit durchgeladener Waffe sitzt.

Ich bin seit über fünfeinhalb Wochen in Terroristenhaft und frage mich: muß denn wirklich noch etwas passieren, um Bonn zu einer Entscheidung zu führen?

Viele Gesichter in der Landshut, die nun mit ihren Passagieren als fliegendes Gefängnis durch die Nacht in Richtung Osten gleitet, sind vom Schrecken gezeichnet.

Seit zehn Stunden sitzen sie angeschnallt auf ihren Plätzen. Seit zehn Stunden patrouillieren die Wachen mit den Pistolen und

Handgranaten durch die Gänge. Seit zehn Stunden müssen sie schweigen. Sie haben alle persönlichen Gegenstände abgegeben. Einmal ist Machmud auf die Armlehnen gestiegen und wie ein Riese hoch über den Köpfen über sie hinweggeklettert. Den ganzen Gang lang hat er die Ablagen untersucht.

Seit zehn Stunden darf man nur nach besonderer Aufforderung aufstehen und zur Toilette gehen. Wasserreste werden vorsichtig in Pappbechern ausgeteilt. Einige kippen es durstig hinunter. Andere klemmen die Becher in die Halterungen vor ihrem Sitz. Birgit füllt das Wasser in eine Flasche, die sie sich organisiert hat. Wer weiß, wann es wieder etwas zu trinken gibt. Neben ihr sitzt ihr Sohn Stefan. Tapfer ist er und wird die Mutti schon beschützen. Aber Durst wird er haben, wenn bald die Vorräte aufgebraucht sind.

Neben der Kotztüte haben die Passagiere einen Flugbegleiter der Lufthansa in dem kleinen Netz vor ihrem Sitz gefunden: Ein Heft mit Werbung und Geschichten. Die einzige Lektüre für die nächste Woche.

Das Flugzeug, aus dem sie nun nicht mehr aussteigen dürfen, wird beherrscht von Fremden, die sie nicht verstehen können. Werden sie uns alle ermorden?

Als die Landshut auf Reiseflughöhe aufgestiegen ist, gibt Machmud sein Ziel an: »Wir fliegen nach Beirut!« Über den Funkverkehr wird das Reiseziel dem Tower Larnaka durchgesagt, der die Landshut dann weiterleiten soll nach Beirut. Von dort kommt die Antwort zur Landshut: »Airport is closed for you.« Beirut ist geschlossen. Machmud entscheidet, nach Damaskus zu fliegen. Von dort kommt die gleiche Antwort: »Damaskus is closed for you!« Dann läßt Machmud die Maschine in Richtung Bagdad steuern. Bald kommt auch von da die Nachricht: »Bagdad is closed for you!«

Sie wußten alle Bescheid, und niemand wollte sie haben. Die Landshut mit einem PFLP-Kommando und westdeutschen Passagieren – das bedeutete Ärger mit den Palästinensern, den vielen Flüchtlingen, die hier überall verstreut im Exil leben mußten. Hinter diesen stand außerdem die Sowjetunion und der zweite deutsche Staat, die DDR. Oder es bedeutete Ärger mit der Bundesrepublik und den anderen europäischen Staaten und schließlich Amerika ...

Diese Maschine flog genau auf der Kante zwischen den Welten, zwischen Ost und West.

Als die Landshut nach Mitternacht in Reiseflughöhe über Bagdad hinwegflog, wollte Machmud es mit Kuwait probieren. Doch: »Kuwait is closed for you!« lautete die Antwort. Anderen Flugzeugen, die ihnen in der Nacht begegneten, schickte Kapitän Schumann Hilferufe zu, bat um Vermittlung bei den angeblich geschlossenen Flughäfen und machte immer wieder klar, daß er die Maschine nur noch eine begrenzte Zeit in der Luft halten könne. Vergeblich. Keine positive Antwort.

Mit dem Blick auf die Tankuhr und in die Karten beginnt ein Gespräch zwischen Kapitän Schumann, Machmud und Copilot Vietor: Das ist nicht mehr Europa! Es sind nicht mehr so viele Landeplätze für Flugzeuge in dieser Gegend der Welt. Eine Notlandung in der Nacht ist lebensgefährlich und hat kaum eine realistische Chance auf Erfolg. Was bleibt, ist Bahrein. Und Machmud gibt seine Zustimmung. Es sind noch einmal zwei Stunden Flugzeit. Bahrein ist damit die letzte Möglichkeit, die Landshut mit der in Larnaka aufgenommenen Menge Benzin heil runter zu bringen.

Aber auch Bahrein blieb geschlossen. Es hieß immer wieder: sie dürfen nicht landen. Schumann machte dem Tower die verzweifelte Situation der Landshut unten klar. Er mußte runter. Die Nadel auf der Tankuhr zeigte gegen Null.

Dann geschah etwas Eigenartiges: der Fluglotse im Bahrein-Tower teilte der Landshut auf Anfrage die Frequenz für das Instrumentenlandesystem mit. Vietor meint heute: »Das hätten die Controller nicht getan, wenn man die Landung definitiv hätte verhindern wollen.« Es waren Engländer im Tower, die wußten, daß die Landebahn noch nicht gesperrt war. Die Frequenz war offenbar das Signal an die Landshut: Probiert es sofort! Noch ist es möglich.

Auf den Uhren der Passagiere war es 1 Uhr 52, als ihre Maschine zum dritten Mal irgendwo in der Fremde landete. Die Zeiger auf der Uhr am Flughafen Bahrein waren schon zwei Stunden weiter und zeigten 3 Uhr 52 Ortszeit.

Vom Flughafen in Larnaka aus verfolgte Ulrich Wegener mit der GSG 9 an Bord den Flug der Landshut. Die Kopfstelle der Lufthansa in Frankfurt sammelte Nachrichten und alle Funkkontakte, hielt Verbindung und informierte laufend die Bundesregierung. In dieser Situation befahl der Krisenstab, Wegener solle mit der GSG 9 nach Bonn zurückfliegen. Aber Wegener machte dem Krisenstab einen Alternativvorschlag. Man solle die Maschine mit seinen Männern lieber im Mittel-Ost-Raum lassen. Falls sich eine Chance für ein Eingreifen eröffnete, wollte er mit einem langen Anflug von Deutschland aus keine Zeit verlieren.

In Israel würde er die beste Unterstützung bekommen. Wegener kannte die Chefs der Terroristenbekämpfung in Israel. Aber ein deutsches Flugzeug würde auf keinem arabischen Flughafen so leicht eine Landeerlaubnis erhalten, wenn es aus Israel einflog. »Es ist nicht das beste Entree, wenn man in ein arabisches Land kommt«, sagt Wegener. Deshalb fiel die Entscheidung gegen Tel Aviv und für Ankara.

Die Grenzschutzeinheit Neun wurde in die Türkei verlegt. Der Militärattaché der Bundesrepublik organisierte den Aufenthalt am Rande des Flughafens von Ankara.

4 Nach Dubai

Manchmal schickt das Leben uns eine Flaschenpost, die erst viele Jahre später an Land gespült wird. Für Jürgen Vietor war eine solche Flaschenpost aus der Vergangenheit ein Zettel, mit einem Namen darauf: SCHLEYER. Mehr nicht.

Ein Richter in Hamburg legte diesen Zettel neunzehn Jahre später, beim Prozeß gegen Suhaila Andrawes, auf den Tisch. Ich konnte sehen: Jürgen Vietor war tief berührt, als er während der Verhandlung überraschend dieses Papier noch einmal in die Hand bekam.

203

Diesen Zettel hatte sich Vietor in der Nacht auf dem Flughafen von Bahrein ans Clipboard geheftet, um den Namen leichter über Funk in Englisch buchstabieren zu können: »Sierra – Charly – Hotel – Lima – Echo – Yankee – Echo – Romeo – SCHLEYER. Do you understand? We are a german airplane and they want to free eleven terrorists out of the german prison.«

Vorher hatte Machmud so viele unverständliche Worte ins Mikrofon gebrüllt, daß die Engländer im Tower nicht mehr verstehen konnten, was er wollte. Also versuchte Vietor dem Tower zu erklären, daß sie hier ein deutsches Flugzeug waren und daß die Entführer elf Terroristen aus deutschen Gefängnissen befreien wollten. Er hatte die Hoffnung, daß der Name Schleyer vielleicht auch in englischen Tageszeitungen inzwischen ein Begriff war.

Aber schon bei dem Wort »terrorists« riß Machmud die Pistole hoch. »We are not terrorists – we are comrades.« Genossen, Freiheitskämpfer und keine Terroristen, das sollte sich der Copilot merken!

Dies war der Auftakt zu einem fürchterlichen Hinrichtungsspiel.

Bewaffnete Soldaten hatten die Landshut in einem Halbkreis von fünfzig bis hundert Metern umringt. Machmud fordert, daß die Offiziere ihre Soldaten zurückziehen sollten. Er droht damit, jemanden im Cockpit zu erschießen. Nachdem sich auf der anderen Seite keine Bewegung zeigt, hat er sich für einen Todeskandidaten entschieden.

Er hat die Pistole auf den Knien und blickt Vietor, der im Cockpit rechts vor ihm sitzt, an. »Lässig, ganz lässig«, erinnert sich Vietor. »Und dann hat er angefangen, rückwärts zu zählen: Also, du lebst noch fünf Minuten! Noch vier Minuten.« Machmud blickt auf seine Uhr, zählt und entsichert die Waffe.

Vietor kann nicht glauben, was hier geschieht. Er hat doch nur ein Wort benutzt, das in jeder Zeitung zu lesen ist: Terrorist. Was ist denn schon dabei? Und jetzt ist er das Opfer eines Verrückten. Der hat wohl Angst, daß die Soldaten gleich das Flugzeug stürmen. Der ist zu allem entschlossen, um diese Soldaten da weg zu kriegen.

Vietor reißt das Mikro an sich und versucht dem Tower zu erklären, was sich im Cockpit abspielt. Sie müssen sofort die Soldaten zurückziehen. Der erschießt mich. »Three minutes to go.« Noch drei Minuten.

Machen Sie schnell! Bitte, tun Sie etwas. »Two minutes to go.«

Ungerührt, mit dem Blick auf seine Armbanduhr, zählt Machmud die letzten Minuten eines fremden Lebens herunter. Das war kein Spiel. Zum ersten Mal wird Jürgen Vietor an den Rand des Lebens geschubst, spürt, was das heißt: Todesangst!

»Ich kann mich an einzelne Sätze in dieser lebensbedrohenden Situation nicht mehr erinnern«, sagt Vietor, »der Körper reagiert anders. Der ist nur noch auf Leben fixiert.«

Jetzt ist es Schumann, der um das Leben seines Copiloten kämpft. »Do not kill the copilot. They cannot understand you.« Das war ihm plötzlich klar geworden. Die Soldaten da vorne hatten gar keinen Funkkontakt zum Tower! Die hörten und sahen nicht, was hier los war. Gleich würde der Verrückte Vietor in den Kopf schießen, ohne daß sie überhaupt eine Chance hatten, mit den Offizieren drüben zu sprechen. So ein Wahnsinn!

Machmud hebt die Pistole, Vietor schreit zum Tower, bettelt, fleht um sein Leben. Nehmt die Soldaten weg, erschieß' mich nicht!

Jetzt antwortet der Tower. Sie wollen versuchen, die Militärs da drüben zu erreichen. Machmud zählt ungerührt weiter. »You have two minutes to go.« In diesem Moment erkennt Vietor die Lichter eines Scheinwerfers in der Ferne. Ein Jeep saust auf die Soldaten zu. Und da habe ich geschrien: »Da kommt ein Auto! A car is coming, wait! Warte!« Jetzt war es nur noch eine Minute. Und jetzt bremste dieses Auto vor den Soldaten. Jemand springt raus, die Scheinwerfer des Jeeps blenden die Männer im Cockpit. Vietor sieht nur noch schemenhaft, wie die Soldaten nacheinander aufstehen und weglaufen. »They are moving! Sie bewegen sich!«

Die letzte Minute war angebrochen, als Machmud den Countdown endlich beendete.

Das Flugzeug wird aufgetankt, und um 5 Uhr 34 Uhr Ortszeit

hebt die Landshut in Bahrein ab. Sie fliegen nun gegen die aufgehende Sonne, in Richtung Dubai.

In der Nacht vom Donnerstag, den 13. Oktober, auf Freitag, den 14. Oktober, zeigte der Abhördienst dem BKA, daß die Entführer Hanns-Martin Schleyers nach langer Zeit wieder bei dem Vermittler Payot in Genf angerufen hatten. Payot selber meldete sich um 1 Uhr 10 in der Nacht und avisierte für 2.00 Uhr die Durchgabe eines langen Textes. Der erste Text, der internationale Verbreitung fand, wurde in Englisch dem BKA durchgegeben.

Die Forderungen lauteten:

1. Zusätzlich zur Freilassung der 11 deutschen RAF-Mitglieder sollen zwei Palästinenser, Mhadi und Hussein, aus einem türkischen Gefängnis in Istanbul entlassen werden.

2. 15 Millionen US-Dollars Lösegeld. Eine zweiseitige, beigefügte Anlage diktierte die Banknoten und das Programm der Übergabe.

3. Eine vorherige Aufnahmezusage für die Gefangenen in den Ländern Vietnam, Somalia, VR Jemen.

4. Die Gefangenen sollen ihr Ziel bis Sonntag, 16. Oktober, um 8.00 Uhr mitteleuropäischer Zeit erreichen.

Auch der deutsche Text des Kommandos Siegfried Hausner aus Brüssel machte deutlich, daß dieses neue Ultimatum nicht mehr verhandelbar sei.

Wir haben Helmut Schmidt jetzt genug Zeit gelassen, um sich in seine Entscheidung zu finden (...) Das Ultimatum der Operation Kofre Kaddum des Kommandos Martyr Halimeh und das Ultimatum des Kommandos Siegfried Hausner sind identisch. Das Ultimatum läuft am Sonntag, den 16. Oktober 1977, um 8.00 Uhr Greenwich ab. Wenn bis zu diesem Zeitpunkt die elf geforderten Gefangenen ihr Ziel nicht erreicht haben, wird Hanns-Martin Schleyer erschossen. Nach 40 Tagen Gefangenschaft von Schleyer wird es eine Verlängerung des Ultimatums nicht mehr geben. Ebenso keine weiteren Kontaktaufnahmen. Jegliche Verzögerung bedeutet den Tod von Hanns-Martin Schleyer.

Damit waren die entscheidenden Daten für den Ablauf der letzten Tage gesetzt.

Helmut Schmidt stand jetzt vor einer Entscheidung, die ihm niemand abnehmen konnte. Was dachte er in der Nacht auf den Freitag, als er wußte, daß am nächsten Tag das Land eine Antwort und Entscheidung des Kanzlers erwartete? Hat er daran gezweifelt, ob man die Entscheidungen zum Fall Schleyer auf die Geiseln in der Landshut übertragen sollte?

Ich weiß es nicht mehr. Ich halte es für denkbar. Nicht nur einen Augenblick. Vielleicht eine ganze Nacht. Das weiß ich nicht mehr. Wohl weiß ich, daß ich, falls wir sehr viele Menschenleben verloren hätten in Mogadischu, am nächsten Tag zurückgetreten wäre von meinem Regierungsamt. Das weiß ich genau.

In der Kabinettssitzung am nächsten Morgen werden noch einmal – auf der Basis der Grundgesetzverpflichtung, jedes menschliche Leben zu schützen – die bisher vorliegenden Fälle von Flugzeugentführungen mit den dabei bekanntgewordenen Gefahren abgewogen. Hat der Staat eine Pflicht, das Leben der Geiseln in jedem Fall zu retten, und sei es durch einen erpreßten Austausch, bei dem neue Gefahren für die Sicherheit des Landes auftreten könnten?

Auch die in der Bundesrepublik lebenden Menschen haben ein Anrecht darauf, vom Kanzler vor der RAF geschützt zu werden. Der Austausch der Geiseln im Flugzeug gegen die RAF in den Gefängnissen, so die übereinstimmende Meinung, ist »weder unzulässig noch geboten, sondern eine staatspolitische Abwägung zwischen den erkennbaren Gefahren«. Zu den erkennbaren Gefahren bei einem Austausch zählten die Mitglieder des Kabinetts noch mal die »Blutspur«, die die RAF in den letzten Jahren durch das Land gezogen hat.

Die Tatsache, daß diesen Gefangenen die Ermordung von 13 Menschen und Mordversuche an 43 weiteren Menschen zur Last liegt. Die Tatsache, daß den im Fall Lorenz freigelassenen Häftlingen zur Last liegt, nach ihrer Freilassung 4, möglicherweise sogar

9 Menschen ermordet und die Ermordung von 6 weiteren Menschen versucht zu haben.

Gegenüber dieser Maximalrechnung wurde offenbar nicht bedacht, daß Baader, Ensslin und Raspe eine Zusage gegeben hatten, die Bundesrepublik zu verlassen und nicht zurückzukehren. Galten die RAF-Kader schon gänzlich als verhandlungsunfähig?

So kommt der Kabinettsbeschluß zu einem ähnlichen Ergebnis wie schon zu Beginn der Entführung.

(...) beschließt das Kabinett, daß alles Mögliche unternommen werden soll, um – ohne eine Freilassung der Gefangenen – die Geiseln zu retten, einschließlich der Ausschöpfung aller Verhandlungsmöglichkeiten sowie einer polizeilichen Befreiungsaktion.

Für die polizeiliche Aktion lag die GSG 9 bereit. Für die Verhandlung mit den Entführern der Landshut wurde nun Wischnewski auf den Weg geschickt. Er sollte vor Ort entscheiden, ob die Geiseln mit Worten oder mit Waffen befreit werden konnten. Selbstverständlich würde der Einsatz der GSG 9 nur vom Bundeskanzler angeordnet und verantwortet werden können. Voraussetzung war aber, daß Wischnewski erst einmal eine Erlaubnis zum Einsatz deutscher Truppen auf fremden Flughäfen aushandeln konnte. Das würde nicht leicht werden, die arabischen Staaten waren stolz auf ihre eigenen Kräfte.

»Du übernimmst eine Aufgabe, bei der du soviel Vollmachten hast, wie noch niemand jemals gehabt hat.« Helmut Schmidt sagt das zum Abschied seines Sondergesandten.

»Ich glaube, daß es auch gar keine anderen Möglichkeiten gegeben hätte«, sagt mir Wischnewski, »denn sie konnten ja nicht immer von unterwegs Standleitungen herstellen.«

Neben Kisten mit Blutplasma gibt es einen kleineren Metallkoffer in Wischnewskis Reisegepäck. Sein Inhalt war in der Eile gar nicht so leicht zu beschaffen gewesen: 10 Millionen DM, um das Kommando Kofre Kaddum mit Geld und freiem Geleit zum Abzug zu bewegen. Die Bundesbank hatte auf den Anruf von Wischnewskis Sekretär: »Ich brauche dringend Geld, 10 Millionen DM«, erst nicht eingehen wollen. Sie mußten es dann aber doch schnellstens herausgeben. Wischnewski stellte die kleine Machtfrage: »Noch sind wir die Regierung, oder?!«

Das Wüstenemirat Dubai ist nicht größer als das Saarland. Ein ursprünglich armer Beduinenstaat, in dem 1966 Öl gefunden wurde, wuchs zwischen Meer und Wüste zu immer größerem Wohlstand heran. Als die Landshut gegen 5 Uhr 30 Ortszeit über dem Flugplatz von Dubai anflog, waren unten die einfachen, flachen Häuser der sechziger Jahre schon den ersten großen Prachtbauten gewichen. Wo es Öl gab, war Energie, und wo Energie war, gab es Wasser aus Entsalzungsanlagen. Erste Parklandschaften waren zu sehen, breite Straßen zwischen den endlosen Dünenfeldern am Rande der Stadt.

»You are not allowed to land at Dubai Airport!«

Keine Landeerlaubnis in Dubai! Wieder begann dieses Spiel. Eine Zeitlang kreist die Maschine in großer Höhe über dem Flugplatz. Dann wird Machmud wütend und zwingt die Piloten mit der Pistole am Kopf, endlich hinunterzugehen. Aber als sie die Rollbahn unter sich haben, können sie Hindernisse erkennen: drei quergestellte Feuerwehrautos, erinnert sich Vietor. Er schlägt vor, das erste Auto zu überfliegen, dem zweiten Wagen mit der ausrollenden Boeing auszuweichen, um dann hoffentlich vor dem dritten das Flugzeug abbremsen zu können.

Als die Landshut nach einer Kurve zur Landung anfliegt, ist plötzlich die Landebahn frei geräumt. Der Tower weist dem Lufthansaflug 181 eine abgelegene Ecke des Flughafens zu: am Rande des Flugfelds, in der Nähe einer Autostraße, mit Blick auf die Gebäude und die Wüste in der Umgebung.

Ein Bürogebäude in der Nähe wird bald von zahllosen Fotoreportern und Kamerateams gekapert. Auf Stühlen, mit den langen Tüten vor der Kamera, sitzen sie da und warten auf das Schauspiel einer Erstürmung oder Flucht. Ein Logenplatz für das Entführungsdrama.

Die Sonne brennt auf die Metallröhre des Flugzeugs, die Temperaturen draußen in der Wüste sind unerträglich hoch. In Dubai kein Problem: der reiche Staat kann sich die Klimatisierung aller Räume am Flughafen leisten. Eine Aircondition läuft auch in der Landshut. Die APU – das auch am Boden notwendige Hilfsdüsenaggregat – dreht sich heulend am Heck und verbraucht das Benzin in den Tanks. Ohne Benzin keine frische Luft. Ohne frische Luft kein Überleben in der Wüste. Noch gibt es genug Benzin.

Wieder macht sich Machmud über das Mikrofon auf dem Flughafen bekannt. Als der Verteidigungsminister, Sheik Mohammed Bin Rashid – der 29jährige Kronprinz aus dem Geschlecht der Maktums –, auf dem Tower erscheint, kann es Verhandlungen geben. Bin Rashid will keine Zusagen machen. Er ersucht im Namen der Menschlichkeit um die Freigabe von Kranken, Kindern und den Frauen. Der arabische Bruder auf der anderen Seite wiederholt seine Ultimaten. Zur Entspannung der Lage wird Wasser und später etwas Hühnchen mit Salat an Bord gebracht. Die Wasserflaschen dürfen zunächst nur von einzelnen Personen durch die offene Tür am Cockpit hochgereicht werden. Die Kennzeichnung »Dubai Airport« auf den kleinen Tabletts macht den Passagieren deutlich, wie weit sie sich von zu Hause entfernt haben.

Ein Passagier benötigt seit Stunden Penicillin. Das Angebot, einen Arzt an Bord zu schicken, lehnt Machmud ab. Er bekommt die Medikamente von einem Helfer hereingereicht. Der deutsche Botschafter, der als erster Vertreter der Bundesrepublik im Tower ist, versichert Kapitän Schumann, die Bundesregierung werde alles unternehmen, um die Entführung zu einem guten Ende zu bringen. Machmud läßt nicht mit sich handeln. »Wenn die deutschen Genossen, deren Freilassung aus den Foltergefängnissen der Bundesrepublik wir gefordert haben, nicht bis Sonntag, 16. Oktober, um 13 Uhr, ihr Ziel erreicht haben, werde ich dieses Flugzeug sprengen.«

Auf der Toilette in der ersten Klasse bereitet sich eine Art Modenschau vor. Das Kommando Martyr Halimeh kleidet sich um: einer nach dem anderen legen sie die bürgerliche Maske ab und streifen sich mit einem Che-Guevara-T-Shirt eine neue Haut über. Schwarze Hemden mit einem roten Kreis auf der Brust. Schwarzweiß vor rotem Hintergrund das Portrait des bärtigen Revolutionärs mit Baskenmütze.

»Do you know him?«

»Sure: Che Guevara.«

Gaby steht vorne in der Pantry und weiß im gleichen Moment, daß sie einen Fehler gemacht hat.

»Ich lasse mich auf einmal in eine politische Diskussion ein«, erzählt mir Gaby, und genau das war gegen jede Spielregel für diese Situation.

»Was weißt du denn über sein Leben und sein Schicksal?«

Wie kommt man jetzt da raus? »Als ich noch jünger war, hatte ich ein Poster in meinem Zimmer!«

»Wegen seiner Politik?«

Dann hat sie den Ausweg gefunden: »Nein, weil er ein gutausse-hender Mann war.«

Machmud nutzt die Gelegenheit, die Stewardeß über die Revolution in Kuba zu belehren. Von dort ist es nur ein Schritt weiter auf den südamerikanischen Kontinent: »What do you know about Chile?« Machmud springt dann nach Israel. Redet sich in Rage. Gaby will ausbremsen: »It's a tragedy!«

Machmud: »You call it a tragedy?!«

Ja, eine Tragödie, und er akzeptiert einfach: »Allright – Gut, dann ist es eine Tragödie.« Gaby schlägt die Augen nieder. Sie wird ihm niemals wirklich sagen, was sie denkt. »Die Juden, wo sollten sie denn hingehen? Ich fand es wirklich schade für die Palästinenser. Und nun hatten die Juden ihren Staat, und im Prinzip wäre eine friedliche Koexistenz das gewesen, was ich für gerecht hielt.« Aber sie wird immer einen Mittelweg »zwischen Unterwerfung und Rückgrat« suchen, sie entscheidet das von der Intuition her, sagt sie.

Wer ihr dabei zusehen kann, wie sie diese Geschichten heute nachspielt, weiß, daß Machmud hier eine starke Persönlichkeit gegenübersteht. Daß sie eine Persönlichkeit ist, diese schöne blonde Frau mit den blauen Augen, die im Zorn nach grün changieren, kann er nicht übersehen haben. Er ahnt aber sicher nicht, daß sie ihn, wenn es die Chance dazu gäbe, aus der Maschine schubsen würde.

»Er war nicht auszurechnen«, sagt Hartmut. Gerade konnte er einem Kind noch freundlich zulächeln, vielleicht für einen Schluck Wasser sorgen, um im nächsten Augenblick unter hysterischem Geschrei mit der Waffe auf jemanden zuzurennen.

Sein bevorzugtes Mittel war die Demütigung einzelner Passagiere.

Ein junges Mädchen im weißen Kleid wird in die erste Klasse gerufen. »Down, go down – Auf die Knie!« Dann wird der Vorhang zugezogen, und alle hören Schläge klatschen. Ohrfeigen.

»You are jewish!« Niemand wagt zu protestieren.

Ohnmächtig müssen die Männer mit ansehen, wie vor ihnen eine junge Frau geschlagen wird, weil sie angeblich Jüdin ist. Ein Demütigungsritual. Mit diesen laut klatschenden Ohrfeigen schlägt er ihnen allen ins Gesicht. Wer wütend aufblickt, sieht auf die beiden Engel mit den Handgranaten in der ersten Reihe. Nadia nennen sie innerlich »die Kleine«. Für Gaby ist sie mehr »eiskaltes Püppchen«. Die Passagiere haben jetzt sehr viel Zeit. Manche vertreiben sich die Zeit damit, ihre Peiniger zu beobachten.

Ganz anders als Machmud erleben die Menschen in der Landshut Nabil, den schönen Jungen, der, oft freundlich, im hinteren Teil der Maschine seine Geiseln bewacht. Wenn er jemanden beim Schwätzen erwischt, hebt er nur – wie ein Lehrer den Finger – die Pistole etwas an und zeigt, daß damit Schluß sein muß. Ein Mann erinnert sich, daß er Nabil längere Zeit anzuschauen versucht hat, in ihn hinein zu schauen. Nabil blickte dann ganz ruhig zurück. Er sah wohl seinen Vater dort sitzen, einen älteren Mann mit grauen Haaren.

Es ist schwer, nach zwanzig Jahren solche Erlebnisse wieder hochzuholen. Es gibt keine eindeutige Reihenfolge der Ereignisse mehr. Hatte Gaby das Gespräch mit ihrer Nachbarin, der Jüdin, nachdem sie selber von Machmud verhört wurde? Und wann geschah die Geschichte mit dem verwirrten Opa, der seinen Hut

in der Ablage suchte, um auszusteigen? »Wir zahlen und gehen!«
Er verlor zusehends die Orientierung. Die jungen Mädchen um
ihn herum kicherten, wenn er sich den Pappbecher mit Wasser auf
den Kopf stellen wollte und wieder alles verschüttete.

»You come!«

Birgit sieht noch Stefan, ihren 10jährigen Sohn an und geht
dann die zwanzig Meter nach vorne, auf den geschlossenen Vorhang zu. Hinterm Vorhang ist es etwas abgedunkelt. Die einge-
sammelten Pässe von 86 Passagieren liegen herum. Machmud hat
Birgits Handtasche durchwühlt. Neben dem Paß hat er ihren
Mont-Blanc-Füller gefunden. Fast freundlich spricht er sie an:
»Sit down!« Wohin soll man sich setzen? Birgit läßt sich auf der
Armlehne rechts gegenüber von Machmud nieder. Ein Schrei:
»Down ... Runter auf die Knie!« Der cholerische Zwerg mit dem
dunklen Drahthaar und schwarzem Schnauzer unter der Nase
bedroht sie nun zusätzlich mit der Pistole. »Down on your
knees!«

Als sie vor ihm kniet, hebt er wie ein Lehrer den Füller vor ihre
Nase: »What's that?« Wie ein ungeduldiger Lehrer seiner dümmsten Schülerin noch mal eine Chance gibt.

»It's a pen, ein Füller!« Ansatzlos hat er mit der Rechten aus-
geholt und knallt eine Ohrfeige auf Birgits Wange.

»Was ist das?« schreit er und zeigt auf das Markenzeichen der
Firma Mont Blanc, oben auf der Füllerspitze: Ein weißer Stern auf
schwarzem Grund. Mein Gott, was will der wissen? Was soll das
sein?!

»It's the mark – das Markenzeichen der Firma!« Die Antwort ist
eine weitere Ohrfeige, daß Birgit wegkippt. »Ich habe wirklich
Sterne gesehen«, sagt sie. Noch nie im Leben hat sie so einen
Schlag ins Gesicht bekommen. Jetzt erst versteht Birgit die Wut
des Verrückten über ihr.

»Das ist ein Judenstern! Und du bist eine Jüdin!«

»Ich bin keine Jüdin. Das ist kein Judenstern!«

Aber der Mann im Che-Guevara-Hemd duldet keinen Widerspruch. Wütend tritt er Birgit vor die Kniescheiben. »Los, zurück

auf deinen Sitzplatz! Morgen früh um halb neun meldest du dich zur Exekution! Zurück jetzt!«

Das Hinrichtungsopfer geht durch den Gang zurück auf den Platz. Verstohlen sehen die andern ihr nach. Wird er das wahr machen? Werden morgen die ersten Passagiere erschossen? Stefan tröstet seine Mutter: »Mach dir keine Sorgen, der tut das nicht. Das macht der nicht.« Überhaupt ist Stefan eine Stütze. Jetzt, wo der Vater nicht da ist, muß er eben der Mutter beistehen.

Schon wird eine andere Frau hinter den Vorhang geholt. Wieder Schreie, das Klatschen der Schläge. Für eine Zeit ist wieder Ruhe. Dann, ganz plötzlich, kommt Machmud durch den Gang auf sie zugerannt, bleibt vor Birgit stehen und spuckt ihr mitten ins Gesicht. »Das ist der Beweis! Dein Mädchenname ist Grünewald.« Er wedelt mit dem Paß herum. »Du bist Jüdin!« Wie kann man einem Fanatiker das Gegenteil beweisen?

Aber dann gibt es wirklich eine Frau, die murmelt: »Ich bin Jüdin!« Eine würdige ältere Dame ist das. Sie sitzt vorne, fünfte Reihe links, direkt neben Gaby, und sie hat es leise und voller Angst der Stewardeß zugeflüstert. »Ich bin Jüdin. Die werden mich holen.« Das deutsche Konzentrationslager hat sie überlebt, aber in der Landshut hat der Schrecken sie eingeholt. »Wenn die meinen Paß sehen. Wie oft ich in Jerusalem und Tel Aviv war, dann haben die mich!«

Gaby bastelt ihr in den nächsten Minuten einen neuen Lebenslauf. »Alles klar: Passen Sie auf. Sie sind katholisch! Sie reisen immer nach Jerusalem! Sie sind sehr gläubig. Reisen immer ans heilige Grab. Der nächste Flughafen ist selbstverständlich Tel Aviv! Wir verkaufen das als Pilgerfahrten!«

Dann schmerzen der alten Dame die Augen. »Oh, meine Augen brennen so!« klagt sie. Gaby denkt: Leute, mit denen man Mitleid hat, die erschießt man nicht so schnell. Sie geht zu Machmud und sagt: »Das da ist so eine arme alte Frau, die hat solche Schmerzen in den Augen. Kann man ihr das nicht erleichtern?« Und Machmud läßt tatsächlich die Augentropfen aus der Tasche kramen. So bekommt eine alte Dame den Schutz der Krankheit.

Machmuds Macht ist die Angst in den anderen. Er zeigt ihnen, wie stark er ist, und sie erleben, wie klein und schwach sie sind. Nur der stolze Kapitän, hinter dessen düstere Stirn er nicht blicken kann, muß eine Lektion erhalten. Er gibt den Passagieren Sicherheit. Aber bald wird man ihn degradieren, damit sie ihren Anführer verlieren.

Fürs erste setzt Machmud sich die blaue Mütze des Kapitäns auf den Kopf. »I am your new Captain. Ich bin Kapitän Machmud. Das Flugzeug ist unter meiner Kontrolle. Jetzt müßt Ihr mich alle Captain Machmud nennen!«

Numi, die Dänin, weint. Sie hat Schmerzen, weil sie nicht zur Toilette darf. Sie ist ganz starr, so sticht es im Leib. Sie glaubt schon, ihre Nase wackelt. »Nein, da ist nichts«, sagt Jutta neben ihr. Numi schämt sich.

»Ich kann nicht mehr.«

»Laß es laufen. Ach, schäm dich nicht.« Und Numi weint und läßt es in den Sitz laufen und schämt sich wie nie zuvor.

Einen Ausschlag wird sie davon bekommen im Rücken. Ein Leben lang wird sie den Ausschlag haben, immer dann, wenn sie sich aufregt. So wie Jutta hinten im Nacken, wo sie schwitzt, wo es schon ganz wund ist, nie mehr Haare gewachsen sind. Und der Herr Canellas vor Birgit, er stöhnt und keucht. Ein Asthma, das von keinem Spray geheilt werden kann.

»Ich habe einen Termin beim Friseur!« Eine alte Dame, die neben dem verwirrten Opi sitzt, meldet sich manchmal. Sie ist seine Frau und bekommt auch Schwierigkeiten mit der Orientierung. Es dauert so lange. Es wird warm. Und zu Hause gibt es einen Termin beim Friseur. Kann der Herr Machmud das nicht verstehen?

Aber der düstere Herrscher Machmud ist bereit, sie alle zu töten, wenn der deutsche Kanzler nicht diese Leute von der RAF herausgibt.

5 Verrat im Interconti

Kurz vor Mitternacht, um 23 Uhr 35 an diesem Freitag, den 14. Oktober 1977, landete Bundesminister Wischnewski mit seinen Ärzten, dem Blutplasma und 10 Millionen DM in einem Aluminiumkoffer in Dubai. Als Copilot saß Rüdiger von Lutzau vorne im Cockpit. Noch am Donnerstag hatte man es ihm auf dem Flughafen mitgeteilt: »Du, die haben deine Gaby entführt!« Er hatte die Nacht wach gelegen und sofort am nächsten Tag versucht, den Auftrag zu bekommen, auf einer der hinterherfliegenden Maschinen als Copilot zu fliegen. Die Landshut mit Gaby stand da hinten irgendwo am Zaun. Nun mußte erst mal der Minister raus, mit dem Sheik verhandeln.

Nach den ersten Gesprächen mit Sheik Bin Rashid im Tower war Wischnewski klar, daß er hier Unterstützung bekommen würde. Bin Rashid gibt seinem Gast aus der Bundesrepublik zunächst eine kurze Übersicht, berichtet von den Ereignissen und Erkenntnissen des Tages. Sie haben dort von der Landshut so merkwürdige Bestellungen erhalten. Der Kapitän hat vier Zigarren bestellt, vier Zeitungen. Der Sheik geht deshalb davon aus, daß es sich um vier Entführer handelt. Nachrichtenoffiziere, verkleidet mit weißen Uniformen der Säuberungsdienste, hatten die Toiletten geleert, Müll weggebracht und dabei die Augen offengehalten.

Machmud hatte sie gerade allein gelassen, als Schumann zur Diskussion stellt: Sollen wir Nachrichten rausschmuggeln? Copilot Vietor antwortet: »Ich würde das nicht tun. Wir wissen nicht, was da draußen ist. Überall hat die PLO ihre Vertreter.«

Vietor berichtet mir: »*Natürlich war es so, daß Schumann Funksprüche abgesetzt hat über die Bewaffnung und darüber, wieviel Leute es sind. Außerdem hatte Schumann vom Zigarrenvorrat der First Class vier Zigarren umwickelt. Zwei große und zwei halbe und dieses Zeichen in die Abfallbox geworfen, die draußen sicherlich untersucht wurde.*«

Vietor hat sich an diesem Nachrichtenschmuggel nur einmal beteiligt, als er in Gegenwart von Machmud mit besonderer Betonung vier Zeitungen, vier arabische und vier englische, beim Tower orderte.

Schumann wurde dann von Machmud verhört.

Vietor meint, sein Kapitän habe den Verrat in diesem Verhör gestanden. *Und nach kurzer Zeit kam Machmud aus dem Cockpit gestürzt und hat gesagt: »Euer Kapitän hat Nachrichten aus dem Flugzeug geschmuggelt, und das hat er jetzt zugegeben. Er hat mich betrogen. Er ist ein Verräter!«*

Schumann mußte zur Strafe den Gang herauf und herunter marschieren: Strafexerzieren zur Demontage seiner Person.

Die Regierung war bereit, einen Teil des Ultimatums der RAF und des Kommandos Martyr Halimeh zu erfüllen.

Dazu sollte der Sohn von Hanns-Martin Schleyer eine lange Reise mit zwei großen Koffern voller Geld antreten. Die Anfrage an Eberhard Schleyer bezog sich auf einen besonderen Punkt im Ultimatum der Luftpiraten, der die Geldübergabe regelte.

2. das geld wird transportiert in 3 schwarzen samsonite koffern (grösse men's suiter) mit kombinationszahlenschlössern, eingestellt auf 000.

3. der betrag wird von herrn schleyer selbst transportiert.

4. er trägt einen anzug mit »yves st. laurent«-sonnenbrille in der reverstasche. ein brillenbügel hängt sichtbar ausserhalb der tasche. herr schleyer trägt die neueste ausgabe des »spiegel« in der linken hand.

5. an einem bestimmten punkt wird er von unserem repräsentanten angesprochen mit den worten »lassen sie uns ihren vater retten.« er wird antworten »retten wir meinen vater.« Er wird den anordnungen unseres repräsentanten folge leisten.

6. versuchen sie nicht herrn schleyer zu folgen.

7. herr e. schleyer steht ab samstag, den 15. 10. 1977 12.00 uhr lokalzeit im frankfurter hotel intercontinental mit dem lösegeld und einem gültigen reisepaß zur entgegennahme detaillierter anweisungen zur verfügung.

In den ersten Beratungen bei Helmut Schmidt ist die Runde skeptisch. Diese Sprache ist eigentlich untypisch für die RAF. Wer wußte wohl außerdem noch von diesem Ultimatum? Wer könnte das Geld an sich reißen und damit verschwinden, ohne daß Hanns-Martin Schleyer geholfen wäre? 15 Millionen Dollar wären zudem ein gewaltiger Aufrüstungsschub für die PLFP und für die RAF. Die bräuchten jahrelang keine Bank mehr zu überfallen, könnten sich Waffen, Wohnungen und Fahrzeuge für die nächsten Operationen beschaffen. Insgesamt ist die Sache mit dem Lösegeld also ein schwieriges Unterfangen.

Hans-Jochen Vogel nimmt mit Eberhard Schleyer Kontakt auf. »Das Geld steht zur Verfügung. Aber schon das Gewicht von 15 Millionen Dollar in den Koffern beträgt 130 Kilo. Sie begeben sich dabei in unmittelbare Lebensgefahr.« Ob Eberhard das Geld übergeben wolle oder nicht. Man werde seine persönliche Entscheidung respektieren.

Und ich habe dann schon am Telefon, glaube ich, gesagt: Selbstverständlich bin ich bereit. Allerdings unter zwei Voraussetzungen: Zum einen, daß natürlich in der Zeit, in der ich diese Reise antrete, keine wie auch immer gearteten Aktivitäten, etwa die Befreiung dieser Lufthansa-Maschine, eingeplant und durchgeführt werden. Und zum anderen, daß die Bundesregierung jetzt umgehend eine klare Entscheidung hinsichtlich der Freilassung der einsitzenden Terroristen trifft.

Nun mußte man also offenlegen, was in Wahrheit die Beschlußlage im Kanzleramt war. Man würde Eberhard eingestehen, daß man seit langem entschlossen war, keinesfalls die Geisel auszutauschen.

Doch zunächst spielt die Regierung auch mit Eberhard auf Zeit. Er wird für den Austausch und die Instruktionen noch am Freitagabend von Stuttgart nach Godesberg in das Gebäude des Bundeskriminalamts geholt. Dort wird er eingewiesen. Man wird die Geldscheine im Kernforschungszentrum bestrahlen, so daß man sie an der Radioaktivität wiedererkennt. Man trainiert bestimmte Codeworte mit Eberhard ein. Man zeigt ihm, wie versteckte

Mikrofone an seinem Körper angebracht werden, um den Kontakt mit dem Geldboten nicht zu verlieren. Ein unwirkliches Szenario.

»Aber wiederum durch diese Art der technischen Gespräche leichter zu ertragen, denn ich war ungeheuer aufgewühlt.« Nun kann er endlich, nach wochenlangem Warten, etwas Handfestes für seinen Vater tun. Noch in der Nacht wird Eberhard mit einem Kriminalbeamten nach Wiesbaden gefahren, damit man ihn in der Frühe im Bundeskriminalamt für die Übergabe präparieren kann. Es war keine leichte Nacht in diesem Wiesbadener Hotel. Ein, zwei Bier mit dem Kriminalbeamten, der über ihn wacht. Ein tüchtiger Beamter. Er war schon 1972 dabeigewesen, als sie Baader, Raspe und Meins in Frankfurt aus der Garage geholt hatten. Der Mann redet zuversichtlich über den nächsten Tag.

Noch weit nach Mitternacht schlafen sie nicht im Bundeskanzleramt. Die Geschichte im Interconti wird Aufsehen erregen. Der Spielraum wird immer enger. Alles kann nun nicht mehr lange dauern. Vielleicht ein oder zwei Tage noch. Die Fachleute haben Schmidt gesagt, daß die zunehmende Erschöpfung der Entführer nach drei Tagen günstig für einen Einsatz der Grenzschutzeinheit sei.

Pressesprecher Bölling hat die Lage gut formuliert. Seine Sätze laufen jetzt hinter jeder Nachrichtensendung im Fernsehen. *Wir alle sind uns des großen Ernstes der neuen Situation bewußt, sehr bewußt. Das Ziel bleibt unverändert, Leben zu retten, die Leben der Passagiere, der Frauen und Kinder, das Leben der Lufthansa-Besatzung, das Leben von Hanns-Martin Schleyer. (...) Wir werden alles versuchen, was menschenmöglich ist, um die Situation zum Guten zu wenden. Wir wissen, daß wir unter dem Druck eines sehr ernst gemeinten Ultimatums stehen. Danach werden sich alle unsere Überlegungen ausrichten.*

Die Wahrheit ist: sie sitzen alle gemeinsam auf einem Pulverfaß. Diese Kommandos der Palästinenser sind unberechenbar.

Die siebenundachtzig Passagiere der Landshut schlafen und dösen. Iris fühlt in ihren Jeanstaschen und findet noch einen

Zwanzigmarkschein. Sie zeigt den Schein ihrer Schwester Kirsten. Am 18. Oktober, das ist nächste Woche Dienstag, hat Mutti Geburtstag. Wenn wir hier rauskommen, können wir ihr wenigstens Blumen kaufen.

Rhett hat seinen kleinen Sohn im Arm. Der ist fest eingeschlafen. Merkwürdig, wie man die Angst verliert, wenn man ein Kind beschützen muß. Der Kleine weint und quengelt nicht. Übrigens, die anderen Kinder auch nicht. Mit einem Ernst und großer Kraft halten sie durch. Als wüßten sie, wie ernst die Sache den komischen Figuren ist, die hier wie Cowboys mit Pistolen herumrennen. Die Dame neben ihm hält sich an ihm fest, als ob er ihr großer Sohn ist.

Es ist gut, nicht allein zu sein.

Gaby geht gedanklich in Kinderbildern spazieren. Verschwindet in einem wunderbaren Fotoalbum zu ihrer Oma.

Sie hat heute morgen eine lange Schulstunde des Kommandos über das Bordmikrofon übersetzen müssen: Das schreckliche Drama in Palästina und die Situation des palästinensischen Volkes. Mit Jahreszahlen und Daten hat Machmud die Geschichte seines Volkes vorgetragen. »Was würdet ihr Deutschen machen, wenn Fremde aus der ganzen Welt zu euch kämen mit einem Buch und sagten: da steht geschrieben, das ist unser Land? Die Deutschen würden kämpfen.«

Die Männer der Grenzschutzeinheit GSG 9 warteten in Ankara auf ihren Einsatz.

Eberhard Schleyer erinnert sich, am Samstagmorgen, dem 15. Oktober, vom BKA mit einem Hubschrauber zur Bundesbank nach Frankfurt geflogen zu sein. Dort versuchte er, von Justizminister Vogel die erwünschte Zusage zu erhalten, daß man sich entschieden habe. Doch Eberhard Schleyer glaubt, an diesem Vormittag hingehalten worden zu sein. Die Entscheidung sei noch nicht gefallen.

Plötzlich aber geht um 9 Uhr 40 die folgende Indiskretion von DPA über den Ticker:

schleyer-sohn eberhard soll 15 millionen dollar übergeben. die behoerden wollen mit der auszahlung von 15 millionen amerikanischen dollar an die entführer am samstagmittag eine der genannten forderungen der terroristen erfüllen. aus diplomatischen kreisen in bonn wurde bekannt, daß ein sohn des entführten arbeitgeberpräsidenten hanns-martin schleyer, eberhard schleyer, das geforderte geld um 12 uhr im hotel intercontinental frankfurt übergeben soll.

Das Hotel füllte sich daraufhin mit Journalisten, die solch eine Übergabe miterleben wollten. Die ganze Geschichte mußte natürlich abgeblasen werden. Hinter der stereotypen Formel »aus diplomatischen Kreisen wurde bekannt« steckte niemand anders als die Regierung selber. Klaus Bölling war heimlich tätig geworden.

Ich frage ihn: »Sie haben bei DPA angerufen?«

»Ich habe das ohne Gewissensbisse getan«, gesteht Bölling, »mir schien das Ganze so abenteuerlich, daß da der Schleyer-Sohn mit zwei Koffern auftreten sollte. Ich habe es dann jemandem gesteckt.«

Eberhard Schleyer, der sich einigermaßen düpiert vorkommt, entscheidet sich daraufhin zu einem Schritt, den er der Bundesregierung zunächst hatte ersparen wollen. Er ruft in der Kanzlei Mailänder an, um sein Okay für einen Gegenschlag der Familie zu geben. Eberhard hat dort mit den Kollegen einen Schriftsatz für das Bundesverfassungsgericht erarbeitet. Vor dem höchsten deutschen Gericht soll eine einstweilige Anordnung an die Regierung der Bundesrepublik ergehen, ihrer Schutzpflicht gegenüber dem Bürger Hanns-Martin Schleyer nachzukommen. Darin wurde nicht mehr und nicht weniger verlangt als eine vom Verfassungsgericht anzuordnende Freilassung der RAF-Kader.

Aufgrund der Dringlichkeit wird schon in der Nacht vom Samstag auf Sonntag in Karlsruhe eine Sitzung des Bundesverfassungsgerichts einberufen. Hans-Jochen Vogel, der als Justizminister die Regierung vertritt, muß die Nacht im Gericht verbringen. Die Auslieferungs-Entscheidung wäre eine katastrophale Niederlage für die Regierung.

In einer alten Kiste im BKA finde ich eine Menge Spulen und Tonbänder aus dem Herbst 1977. Abgelegte Geschichte, die sofort lebendig wird, als ich eines der Bänder in den Kassettenrecorder lege und mir die Stimme des RAF-Anrufers Ulli anhöre, der vergeblich versucht, Herrn Schleyer im Interconti ans Telefon zu bekommen. Das BKA glaubt, daß der Mann, den ich hier Ulli nenne, in Wirklichkeit Rolf Clemens Wagner hieß.

Ulli fragt nach dem BKA im Haus und hat nun einen atemlosen Mann am Apparat, den man offenbar schnell herbeigeholt hat. Das war erstmals der direkte Kontakt zwischen BKA und RAF.

Ulli: »*Guten Tag, mit wem spreche ich bitte?*«

Beamter: »*Sie sprechen mit dem BKA.*«

Ulli: »*Ach ja! Guten Tag. Ich hätte gern Herrn Schleyer gesprochen.*«

Beamter: »*Ja, folgendes: Herr Schleyer ist im Moment nicht da.*«
Ulli: »*Das ist aber schlecht!*«

Man einigt sich schließlich darauf, daß Herr Schleyer zur Zeit nicht im Haus ist und gegen 17 Uhr auf einen zweiten Anruf warten wird.

In einem kleinen Fahrerzimmer des Interconti, mit einem Tonband zum Mitschneiden, wartet Eberhard auf den dritten Anlauf der RAF, mit dem Sohn ihrer Geisel zu sprechen. Ulli, am anderen Ende, prüft mit einigen vorbereiteten Fragen, ob er es auch wirklich mit dem Schleyer-Sohn zu tun hat. Dann kann Eberhard als Anwalt endlich das erste Mal mit dem Gegner direkt und persönlich verhandeln:

Ich habe gerade mit Bonn telefoniert, mit der Bundesregierung: Ich möchte Ihnen folgendes mit aller Ernsthaftigkeit und Deutlichkeit sagen: Die Bundesregierung ist bereit, die 15 Millionen Dollar zu bezahlen. Die Bundesregierung hat es mir gegenüber aber abgelehnt, daß ich heute abend diesen von Ihnen angegebenen Flug benutze.

Wer heute die Stimme des jungen Schleyer hört, kann nur erstaunt sein, mit welcher Festigkeit und Entschlossenheit er seinen Feinden gegenübertritt.

Er erläutert noch mal, warum »die Bundesregierung stur geblieben« ist. Die Geschichte der Publizität im Hotel, die Angst, daß gerade dadurch ein Mann mit soviel Geld im Koffer in eine besondere Gefahr geraten könnte ...

Ulli hat ein anderes Problem. »Wenn ich mal kurz unterbrechen darf«, wirft er sich in Chefmanier in das Plädoyer des jungen Anwalts Schleyer. »Es gibt für uns keine andere Möglichkeit«, dabei legt er die Stimme deutlich und gewichtig auf »keine andere« und wiederholt es sofort mit aller Dringlichkeit. »Ich betone, k e i n e. Das hab ich schon mehrfach betont, als diesen Weg, den ich eben genannt habe.«

Eberhard will sich kurz einschalten: »Ja« –

Aber die Stimme aus Paris pustet ihn weg: »Wir sind absolut fixiert auf diesen Weg, obwohl die Bundesregierung ...«

Eberhard: »Ich meine – ja ...«

Ulli: »Wenn die Bundesregierung meint, die Gefährdung sei auf diesem Weg für Sie zu groß ...«

Eberhard: »Ja ...«

Ulli: »Das kann ich nur ganz entschieden zurückweisen. Worin sollte diese Gefährdung für Sie persönlich bestehen?«

Natürlich durchschaut der Mann in Paris die Geschichte sofort. »Ich betrachte die Demarche der Bundesregierung als einen erneuten Versuch irgendeiner Verzögerungstaktik. Wir werden uns darauf nicht einlassen!«

Die Warnung der RAF an den Sohn fiel am Ende eindeutig aus. »Weisen Sie die Bundesregierung noch mal darauf hin, daß sie die Konsequenzen bei Nichterfüllung voll und ganz zu tragen hat.«

Das Voll und Ganz enthält so deutlich den Tod seines Vaters, daß Eberhard etwas flehender um Aufschub kämpft. »Ja, das hab ich bereits getan. Das können Sie mir glauben!«

Aber die glauben ihm nichts mehr, da kann er anbieten, was er will. Auch Ulli muß klar sagen, daß er nicht verhandeln kann. »Da ist uns – selbst wenn wir wollten – auch die Entscheidung völlig aus der Hand genommen.«

Als Eberhard noch etwas von Gefährdung durch Kriminelle anbringen will, wird der Hörer aufgelegt. Ende des Gesprächs.

Sie wollten den Schleyer-Sohn mit den Millionen im Koffer auf einen Flug um die halbe Welt schicken. So war das mit Abu Hani abgesprochen. Irgendwo im Nahen Osten sollten dann die drei Samsonite-Koffer unbemerkt mit identisch aussehenden Gepäckstücken vertauscht werden. Eberhard wäre dann noch ein Stück weiter auf der Welt herumgeschickt worden, nur um am Ende festzustellen, daß sein Geld längst weg war. Für diese weite Reise war bei der Lufthansa für Eberhard ein Ticket auf den Namen »E. Schlier« hinterlegt worden. Der Flug stand fest – deshalb gab es an diesem Punkt für die RAF keinerlei Spielraum mehr.

Später am Abend kam es zu einer Entscheidung über die Lösegeldfrage. Eberhards Vorschlag, den Gefangenen von Stammheim bei der Ausreise das Geld mitzugeben, fand die Zustimmung der Bundesregierung und danach der RAF. In zwei weiteren Telefongesprächen mit den Entführern seines Vaters war dieser Punkt dann Samstagnacht geklärt.

Tatsächlich war aber gar nichts geklärt, denn die Bundesregierung war soeben dabei, das Flugzeug in Dubai von der GSG 9 stürmen zu lassen. Die Situation zeigt aber, wie stark die Hoffnung des Kommandos noch immer war, die Regierung werde der Erpressung folgen.

6 Happy Birthday

An diesem Samstag, den 15. Oktober, an dem Hanns-Eberhard Schleyer das Bundesverfassungsgericht anruft, hatte das Kommando Martyr Halimeh der Crew der Landshut gestattet, ein Telegramm an Bundeskanzler Schmidt zu formulieren.

Das Leben von 91 Männern, Frauen und Kindern an Bord des Flugzeugs hängt von Ihrer Entscheidung ab. Sie sind unsere letzte und einzige Hoffnung. Im Namen der Besatzung und der Passagiere. Schumann.

»Diese Scheißpolitiker in Bonn. Die tun nichts. Die lassen uns hier schmoren. Verdammt noch mal.« An diesem Vormittag hat Schmidt noch 24 Stunden bis zum Ablauf des ersten Ultimatums. Hans-Jürgen Wischnewski steht neben Sheik Bin Rashid hoch im Tower. Er holt sich die Landshut mit einem Fernglas nahe heran. Er weiß, daß die Menschen dort in Todesangst leben. Wenn die da drinnen wüßten, was alles um sie herum zu ihrer Errettung in Bewegung gesetzt wird, wären sie vielleicht ruhiger.

Callaghan, der britische Premierminister, hatte seinem Amtskollegen Schmidt zwei seiner besten SAS-Spezialisten, Morrison und Davies, geschickt. Sie hatten eine neue Sorte Lärm- und Blendraketen im Gepäck und wurden nach Dubai geflogen, um dort mit den Männern der GSG 9 zusammenzutreffen. Wegener wurde am Samstagmorgen von Ankara nach Dubai geflogen. Er sondierte sofort das Gelände, auf dem die Landshut geparkt war. »Es war günstig«, erzählt er, »weil man an die Maschine von allen Seiten rankommen konnte. Es waren Straßen in der Nähe, Verkehr. Das hätte alles zur Tarnung gedient.«

Eine Warnung vorweg kam noch von Wischnewski: »Sagen Sie den Arabern um Gottes willen nicht, wer Sie sind. Wir haben hier einen hervorragenden Kontakt zu Sheik Mohammed. Er ist sehr freundlich. Aber eins ist sicher: Die sehen das als arabisches Problem an.«

Dubai war arabischer Boden, und der Sheik hatte viele Rücksichten auf die große arabische Familie zu nehmen. Der junge Sheik Mohammed Bin Rashid war auf der Militärakademie in England ausgebildet worden und entschlossen, sein Volk in eine westlich orientierte Zukunft zu führen. Es waren für ihn die schwierigsten Stunden seit seiner Rückkehr aus England.

Für eine Befreiungsaktion wollte der Sheik seine Fallschirmjäger einsetzen: In England ausgebildete Elitesoldaten, die allerdings noch niemals die Erstürmung eines Flugzeugs geübt hatten.

Ben Wisch, der Diplomat, wendet sich an Bin Rashid: »Herr Minister, es ist sehr hilfreich, daß Sie uns aus humanitären

Gründen in so hervorragender Weise unterstützen. Ich darf nur daran erinnern, daß meine Leute, die Spezialisten aus Deutschland, wissen, wie man so ein Flugzeug von außen aufmacht. Wir können jetzt Ihren Männern die Gelegenheit geben, das so schnell wie möglich kennenzulernen.«

Hans-Jürgen Wischnewski dazu, neunzehn Jahre später: »Ich war mir darüber im klaren, du kannst hier alles sagen, nur das nicht: Eure Leute können das nicht. Das müssen unsere Leute machen!«

Die schwierige diplomatische Aufgabe für Wischnewski bestand darin, den Sheik selber auf diese Idee zu bringen. Auf Wunsch von Bin Raschid ging Wegener also daran, den arabischen Soldaten in einem Crashkurs die Erstürmung beizubringen. Auf einem abgelegenen Platz wurde eine leere Maschine bereitgestellt, und Wegener zeigte den Männern, wie man über Leitern an die Türen heranschleicht, diese mit einer Drehung von außen in wenigen Sekunden öffnet, dann die Maschine in einem Handstreich erobert und gleichzeitig die Menschen evakuiert. Die beiden Männer von der englischen SAS waren dabei. Sie zeigten Wegener ihre Blendraketen, die für etwa sechs Sekunden den Gegner lahmlegen konnten.

»Aber der Sheik ist doch sehr nachdenklich geworden, als seine eigenen Leute ihm gesagt haben: Das kann man in so kurzer Zeit gar nicht machen.« Auf die Sekunde gleichzeitig ein solches Flugzeug von allen Seiten aufmachen – das konnte man nicht an einem Nachmittag lernen.

Im Laufe des Samstag entspannt sich für Momente die Situation in der Landshut. Machmud macht Fotos von den Stewardessen und der Crew im Cockpit. Skeptisch, fast feindselig ist der Blick von Jürgen Schumann auf einem Bild. Ahnt er, daß ihn hier sein Mörder fotografiert?

Jetzt darf auch der Catering-Wagen heranfahren und Essen, Getränke und Zigaretten an Bord bringen. Viele Tüten mit Speiseresten und Müll werden abtransportiert. Einmal macht Copilot

Vietor den Versuch, die völlig verstopften Toiletten zu reinigen. Papier und Monatsbinden stapeln sich schon in der Kabine. Doch selbst Nachbohren mit einem Kleiderbügel half nicht weiter. Wer in den hinteren Reihen saß, roch bei jeder Türöffnung eine kräftige Wolke Ammoniak und den Verwesungsgestank menschlicher Ausscheidungen.

Irgendwie wird bekannt, daß Anna-Maria, die norwegische Stewardeß, Geburtstag hat. Sie ist heute 28 Jahre alt geworden. Machmud kriegt das mit und fragt: »Könnte man nicht etwas feiern?«

Kapitän Schumann schlägt vor, eine Torte und etwas Sekt an Bord zu holen. Wischnewski und Bin Rashid sind verwundert über den Stimmungsumschwung da unten auf dem Flugfeld. Selbstverständlich wird aus der Konditorei des Flughafens alles bestellt, was die Verrückten da unten beschäftigt und entspannt.

»We really enjoyed that, to celebrate her birthday«, sagt Souheila. »Vielleicht wollten wir auch allen zeigen, daß wir keine Monster sind, daß wir zivilisierte Menschen sind, die wissen, wie man eine Geburtstagsfeier macht. Wir wollten einen Augenblick der Entspannung im Flugzeug haben.«

Dann kommt doch wieder der Stimmungsumschwung. Machmuds Blick fällt auf Vietors Armbanduhr, und er fragt den Copiloten: »Was für eine Religion hast du?« Vietor stammelt: »I am evangelic.« Er will sagen, daß er »evangelisch getauft ist«, kriegt das aber nicht rüber.

Machmud schreit: »Du hast eine jüdische Uhr.«

Vietor wundert sich. Diese Armbanduhr war ein Geburtstagsgeschenk seiner Frau. Eine Junghans-Uhr. Vor zwei Jahren hatte er sie geschenkt bekommen. Er öffnet das Armband, reicht die Uhr rüber. »Das ist eine deutsche Uhr!«

Machmud nimmt die Uhr, läuft damit in die Economy und zeigt das Fundstück allen Passagieren. Er zeigt ihnen das Firmenzeichen auf dem Zifferblatt: ein stilisiertes Zahnrad, das ein wenig dem Davidstern ähnelt. In der Mitte als Abkürzung für Junghans ein großes »J«.

Wie ein Verkäufer hält Machmud die böse Ware seinen Kunden vors Gesicht: »Können Sie alle sehen, daß es sich hier um eine jüdische Uhr handelt?«

Machmud wird den Copiloten dafür erschießen. »Du wirst jetzt erschossen, weil du eine jüdische Uhr hast.«

Vietor bettelt und fleht um sein Leben. »Das ist eine deutsche Uhr! Ich bin kein Jude! Ich bin evangelisch!«

Kapitän Schumann geht dazwischen. Er hat den richtigen Ausdruck für »evangelic«: »Er ist Protestant, Captain Machmud. Erschießen Sie ihn nicht!«

Jürgen Schumann hat »Captain Machmud« gesagt, damit vor allen Passagieren dem Bewaffneten die Macht zugesprochen. Machmud läßt die Uhr auf den Boden fallen. »Mach es kaputt, dieses jüdische Ding!«

Und da habe ich versucht, wie ein Verrückter mit meinen Füßen, mit meinem rechten Fuß versucht, die Uhr zu zerstören. Unten war der Teppich! Ich hatte aber schon meine Winterstiefel an mit einer dicken Kreppsohle! Es ging nicht.

Vietor stampft vergeblich auf der Uhr herum. Das Zifferblatt und die Verglasung lassen sich nicht zertreten. Machmud amüsiert sich. Er geht ins Cockpit und kommt mit einem Beil in der Hand zurück. Eine Art Notaxt, mit der sich die Crew nach einer Notlandung durch die Frontscheiben freischlagen kann. Er schlägt mit dem Beil das Gehäuse aus der Halterung. Das Zifferblatt mit dem »J« zersplittert.

Er reicht dem schweißnassen und entnervten Opfer das Armband mit der leeren Fassung rüber: »Ein Souvenir für dich!«

Ich fragte zwanzig Jahre später Souheila Andrawes, ob Machmud den Judenstern haßte. »Ich haßte ihn!« sagt mir Souheila sofort. »Ich haßte ihn, weil er das Symbol eines Landes ist, das unser Land gekapert hat.« Sie sagt: »They hijacked Palestine!«

Jürgen Vietor, das zweite Mal in Todesangst, sitzt erschöpft am Gang.

Jetzt werden 28 Kerzen angezündet, und Anna-Maria, mit dem Kuchen in der Hand, geht durch die Reihen. In kleinen Pappbechern müssen die Stewardessen den Passagieren Sekt einschenken. Machmud dirigiert »Happy birthday to you«, und nicht wenige Passagiere summen, brummen und singen mit.

»Es war etwas befreiend«, meint Iris. »Einfach mal mitsingen.«

Ein Satz schwirrt Iris immer wieder im Kopf herum. Er stammt aus der Fernsehserie, die den Sommer über lief, die Verfilmung von Simmels Roman »Es muß nicht immer Kaviar sein«. Darin sagt der Held am Ende jedesmal den Satz: »Wenn ich das in meinem Club erzähle!« Auch Iris ist in einem Club: Tennisclub Berlin. Die bedrohlich wahnwitzige Welt der Landshut wird für sie zeitweise zu Kino. Sie werden es einem nicht glauben! Aber auch: Wenn ich das noch in meinem Club erzählen könnte, wenn wir das hier lebend überstehen ...

Jürgen Vietor sitzt erschöpft in seinem Sessel. Er soll nichts abkriegen, keinen Kuchen, keinen Sekt. Doch dann gibt's auch was zu trinken für ihn, und Vietor ahnt, daß er es richtig gemacht hat.

Heute kann er mir erklären, was er damals gefühlt hat: *Anweisungen befolgen! Entführer müssen m e i n e n, Herr der Lage zu sein. Entscheidungen sollen durch die Entführer erfolgen, auch in banalen Dingen. Fachwissen testen. Keine politische, moralische oder ethische Diskussion! Nicht anbiedern! Höflich und korrekt! Vorsicht bei der Weitergabe riskanter Infos. Handlungen kommunikativ absichern. Passagiere beruhigen. Kein Alkohol.*

Die Grundhaltung mußte sein: sich nicht der Macht entgegenstellen.

Der Mann wollte Kapitän sein? Also nennt Vietor ihn »Captain Machmud, yes Sir!«

Das Kommando Martyr Halimeh hatte drei Flugziele benannt: Vietnam und Südjemen hatte Wischnewski schon besucht und sich eine Absage eingehandelt. Der dritte Ort war Somalia, mit dem Flughafen von Mogadischu. Auch hierzu mußten wieder die Gefangenen in Stammheim befragt werden.

In Dubai ist es Nacht, als Alfred Klaus um 18 Uhr 30 seinen Fragebogen in Stammheim zuerst Gudrun Ensslin vorlegt.

*Die Entführer haben durch das Kommando »Martyr Halimeh«
vom 13.10. Vietnam, Südjemen und Somalia als Zielländer genannt. Vietnam und Südjemen haben die Aufnahme von Terroristen bereits abgelehnt. Somalia wird im Augenblick befragt. Sind
Sie bereit, sich nach Somalia ausfliegen zu lassen?*

Gudrun Ensslin liest und schreibt ein »Ja« unter den Fragebogen. Wortlos verläßt sie den Raum.

Klaus meint heute, sie sei gegangen, »als ob sie schon gar nicht
mehr auf der Welt sei. Als ob sie schon entschieden habe.«

Baader zögert einen Augenblick und gibt dann ein kleines
Geheimnis preis. »Jetzt kann ich das sagen. Einer unserer Anwälte
hatte schon vorher auf dem diplomatischen Kanal eine Zusage
durch die Vietnamesen für die Aufnahme erhalten. Allerdings
nicht im Zusammenhang mit einer Geiselaktion.« Dann folgt
noch eine Warnung von Baader. »Wenn die Regierung die Gefangenen in Somalia zurückkauft, dann können wir ja gleich hierblei-
ben.« Er wirkt auf Alfred Klaus unsicher und nervös. Niemand
darf eigentlich die Meldungen vom Kommando Martyr Halimeh
in der Einzelhaft des sogenannten Hochsicherheitstrakts von
Stammheim gehört haben. Dennoch wundert sich keiner der
Gefangenen. Keiner fragt nach.

Klaus notiert: *Daraus kann geschlossen werden, daß sie über
die Tatsache der Flugzeugentführung informiert waren.*

Die Antworten von Raspe und Möller lauten ähnlich. Sie zeigen immerhin, daß die Gefangenen jetzt mit einem Transport
rechnen. Die Aufregung im Radio hat sie vielleicht dazu gebracht,
sich über ihre Lage zu täuschen.

Die APU, die Hilfsturbine der Boeing 737, verbrauchte ungefähr
110 bis 150 Kilogramm Benzin pro Stunde. Am Tag schaffte es die
Aircondition, die Maschine trotz Gluthitze auf Temperaturen
unter 30 Grad herunterzukühlen. Schumanns Blick geht deshalb
immer öfter auf die Zeiger der Tankuhr. Einmal zeigt er seinem
Entführer, was passiert, wenn nicht mehr genügend Benzin da ist:
Er legt den Hebel um, das Flugzeug ist sofort stromlos. Eine kurze

Zeit helfen Batterien, dann kommt das Ende. Machmud hat begriffen und kann nicht wütend werden, wenn sie plötzlich im Dunkeln stehen.

Dann ist der letzte Tropfen Benzin verbraucht. Die Turbine schaltet sich aus. In der Maschine ist es jetzt ganz still. Einige Hände gehen nach oben, wo bisher aus kleinen Düsen die frische Luft ausströmte. Kein Sauerstoff mehr.

Aus seinem Dämmerschlaf schreckt Faby hoch, wird hellwach. Spürt sofort, daß etwas passiert ist. »Nun ging es ums Atmen überhaupt.«

Fünfundneunzig Menschen sind in einer Kabine von 21 Metern Länge und 3 Metern 50 Breite eingesperrt. Drei Meter 50 minus 75 Zentimeter Gang, das macht zwei Meter und 75 Zentimeter Sitzfläche für sechs Personen: für jede Person weniger als 50 Zentimeter Lebensraum. So sitzen sie – seit 84 Stunden. Einigen sind die Füße geschwollen. »Aufgeplatzt waren die Füße bei dem Spanier vor mir«, sagt Birgit, »wie Pellkartoffeln.«

Fünfundneunzig Menschen sind fünfundneunzig Heizkörper.

Die menschlichen Leiber in dieser Blechdose heizen die Flugzeugkabine allmählich auf: jeder einzelne mit der Kraft einer Glühbirne. Es wird immer heißer, auf 50 Grad Celsius steigt allmählich die Temperatur. Alle keuchen und japsen nach Luft.

»Man braucht viel Phantasie«, sagt mir Gaby, »*um sich so etwas vorzustellen. Und dann ist es noch ein bißchen schlimmer: Ein Brutkasten, ein stinkender Brutkasten, und die Leute schnappen nach Luft, und es ist nicht genügend Wasser da, und alle schwitzen und sind kurz vor dem Hitzekollaps mit roten Köpfen.*«

Gaby geht zu Machmud: »Die Leute müssen sich etwas ausziehen können.« »Okay.« Gaby kann es über die Sprechanlage durchsagen.

»Es ist jetzt keine Zeit für irgendwelche falschen Schamgefühle. Zieht ruhig was aus. Eure Hemden. Macht die Blusen auf. Wir sehen doch alle gleich aus.«

Simone hat sich schon die Cordsamthose in Streifen gerissen. Saß da wie Robinson Crusoe. Jetzt reißt sie die Ärmel ihrer schönen schwarzen Bluse ab, öffnet die Knöpfe, wie es die anderen Frauen auch tun. Manche sitzen im BH auf dem Platz, die Männer ziehen die Oberhemden aus, einige schwitzen mit nacktem Oberkörper vor sich hin.

Das ältere Ehepaar vor Jutta, schon leicht verwirrt, verliert nun gänzlich den Anschluß an die Situation. Der alte Herr glaubt, zu Hause im Wohnzimmer zu sein. »Gib mir jetzt mal ... ich will Licht. Gib mir die Taschenlampe!« Aber seine Frau hat sie nicht zur Hand. »Ich weiß nicht, wo die ist!« Opa kommandiert: »Dann geh nach oben und hol die andere.« Die alte Dame steht auf, versucht aus der Reihe zu gehen, um vielleicht im Schlafzimmer die Taschenlampe zu finden. Aber sie sitzt seit 84 Stunden auf ihrem Platz. Sie sackt weg, kippt in den Gang.

Endlich wurden die Türen geöffnet. Gaby setzt sich in die Tür und bettet die alte Frau auf ihrem Schoß. »Ich bin so müde«, jammert sie. Gaby summt ein Schlaflied: »Guten Abend, gute Nacht ...«

Nabil ist mitgekommen und betrachtet die Szene mit der Taschenlampe. Gaby sieht hoch. »Do you think all this is really necessary?«

Nabil: »Ich habe auch viele unschuldige Menschen gesehen, Frauen und Kinder – getötet von den Faschisten im Libanon! Wir müssen kämpfen und wir werden sterben. Dann erst kommt der Frieden und die Gerechtigkeit!«

Er wirbelt die Pistole wie ein Westernheld.

Gaby: »Der kam sich vor wie John Wayne und pustete in den Colt. Ende der Diskussion.«

Hitzeschweiß, Angstschweiß. Seit drei Tagen hat sich hier niemand mehr waschen können. Die Kleider saugen nichts mehr auf. Dazu der süßliche Geruch verwesenden Blutes ... Viele der jungen Frauen konnten nicht an die Handtaschen mit ihrer täglichen Pille: ihre Monatsblutungen hatten eingesetzt. Mit Lappen und herbeigeholten Binden war notdürftig ausgeholfen worden. Mit Bordbüchern wedeln sich die Menschen frische Luft zu, bewegen den Gestank vor der Nase hin und her. Iris und Kerstin haben sich vom Essen noch die Schalen einer Orange aufbewahrt: sie streichen sich damit Hals und Arme ein. Für einen Moment duften sie nach Orangen.

Immer mehr ältere oder kranke Menschen müssen mit Sauerstoffflaschen versorgt werden. Jetzt hilft Machmud mit. Es droht ein Chaos, in dem er die Kontrolle verliert. Die Angst vor Captain Machmud weicht der Angst, in der eisernen Röhre zu ersticken. Für kurze Zeit kann auch Birgit mit ihrem zehnjährigen Sohn Stefan vorne an der Tür sitzen. Ein schöner Moment, die Sterne und die weite Wüste zu sehen. »Man sah die Weite des Himmels und hatte das Gefühl, auf der Erde, unter den Lebenden zu sein und nicht in diesem geschlossenen Sarg.«

Im Tower weiß man, daß die Landshut Strom braucht. Deshalb schicken die Araber jetzt eine Groundpower zur Maschine. Ein kleiner Lastwagen mit einem Dieselgenerator.

Zwei Männer rufen: »We have the groundpower! We are friends!« Vietor und Schumann hören Englisch mit deutschem Akzent. Vietor bestätigt es Machmud. »Es sind deutsche Stimmen.« Vietor glaubt, die Stimme seines Chefs, Flottenkapitän Heldt, erkannt zu haben.

Tatsächlich hatten sich Heldt und Gäbel in der Kleidung des Flughafenpersonals an die Maschine herangemacht, um herauszufinden, was sich dort abspielte. Freundlich winkend stehen sie im Scheinwerferlicht des Schleppers. Doch Machmud ist mißtrauisch geworden, er feuert aus seiner Pistole direkt auf die Männer. Gäbel und Heldt verschwinden sofort hinter der Maschine und rennen im Schutz der Nacht über das Rollfeld zurück zum Tower.

Schumann schlägt Vietor vor, daß sie nun selber versuchen, den Generator da draußen anzuschließen. Vietor wendet sich an Machmud: »Let me go out!« Er legt sich auf den Bauch, läßt sich an der Tür zu dem Ausgang runterhängen und springt den letzten Meter auf das Rollfeld. Zum ersten Mal seit dem Start in Mallorca steht er draußen vor der Maschine. Oben, in der Tür, verfolgt Machmud mißtrauisch jeden Schritt des Copiloten.

Vietor nimmt auf dem Gerät Platz, das er noch nie in seinem Leben bedient hat. Langsam fährt er den mächtigen Trecker an das Flugzeug heran. In diesem Moment ist er außer Sicht- und Reichweite Machmuds.

Ich hätte abhauen können. Dieser Gedanke ging mir einen Moment durch den Kopf. Zu sagen: Du wirst erschossen, das war irrelevant. Es war eher der Gedanke: Aha, wie schön! Und auch ranzufahren und das Flugzeug zu zerstören, hätte Leben gekostet. Er hatte ja schon Geiseln eingeteilt zu Erschießungen.

Von der Hitze und der tagelangen Anstrengung geschwächt, schafft es der Copilot, unter Aufbietung seiner letzten Kräfte, eine Kabelverbindung zur Landshut zu stecken. Zurück zur Maschine. Wie kann man aber nun den Motor auf den Generator kuppeln, damit die Maschine Strom rüberschickt? Während oben die Menschen ächzen, liest Vietor im Dunkel des Rollfelds das Bedienungstableau: »How to use the generator?« Er versucht sein Bestes, doch es floß kein Strom in das Flugzeug. Es war aussichtslos.

Vietor ist jetzt so geschwächt, daß er aus eigener Kraft nicht mehr zurückkommt in die Maschine. Machmud läßt eine Wolldecke herunter, und einige Passagiere dürfen Vietor in die Landshut zurückziehen.

Vietor selber weiß nicht mehr genau, wie es in der Nacht weiterging. *Es kann sein, daß jetzt ein Techniker oder ein Fahrzeug in der Nähe war. Wir haben jedenfalls Hilfe bekommen. Mag sein, mit Hilfe eines Megaphons. Es war zwar niemand zu sehen. Aber es war alles beobachtet worden.*

Irgendwann hatte die Maschine dann schließlich doch Strom. Auch Benzin für die APU wurde gebracht, die Hilfsturbine, und nach einigen Ansaugversuchen – die Benzinleitungen waren völlig leer – stotterte die Turbine langsam an.

In der Landshut begann sich mit dem angenehm zischenden Geräusch allmählich etwas kühlere, frischere Luft über die schweißnassen Köpfe und Leiber herabzusenken.

Sie sind noch einmal davongekommen. An diesem Sonntagmorgen um 8 Uhr lief das Ultimatum der RAF und des Kommandos Martyr Halimeh ab. Als die Sonne aufging, lief endlich wieder die Klimaanlage in der Landshut – aber es war klar, daß bis 8 Uhr mitteleuropäischer Zeit kein Geiselaustausch stattfinden würde.

7 Notlandung in Aden

In der Samstagnacht um 21 Uhr standen sich in der Arena des Verfassungsgerichts in Karlsruhe die Geisel Dr. Hanns-Martin Schleyer, vertreten durch die Anwälte, und die Bundesregierung, vertreten durch Justizminister Dr. Hans Jochen Vogel, gegenüber. Die Anwälte der Kanzlei Mailänder tragen noch einmal ihre Argumente mündlich vor.

Auf Grund des Artikels 2 Abs. 2 Grundgesetz sei der Staat zum Lebensschutz verpflichtet, das heiße vor allem, das Leben vor rechtswidrigen Eingriffen von seiten anderer zu bewahren.

Danach trägt Vogel die Einwände vor.

Einerseits gehe es darum, alles Menschenmögliche zu tun, um das Leben des Antragstellers zu schützen. Auf der anderen Seite werde aber mit dem Eingehen auf die Forderungen der Entführer das Leben weiterer Unbeteiligter in höchstem Masse gefährdet.

Vor allem ein Argument Vogels war überzeugend. Er sagte, es gäbe in dieser Notsituation keine Entscheidung, die, an den Maßstäben des Grundgesetzes gemessen, als die allein richtige bezeichnet werden könne. Den verantwortlichen Organen der Bundesregierung müsse ein Beurteilungs- und Entscheidungsspielraum bleiben.

Um 5 Uhr 45 am Sonntagmorgen, dem 16. Oktober, verlas Verfassungsgerichtspräsident Dr. Benda die Entscheidung: Der Antrag im Namen der Geisel Dr. Hanns-Martin Schleyer wurde zurückgewiesen. Das Verfassungsgericht erkannte die Argumente der Regierung an.

Die Eigenart des Schutzes gegen lebensbedrohende terroristische Erpressungen ist dadurch gekennzeichnet, daß die gebotenen Maßnahmen der Vielfalt singulärer Lagen angepaßt sein müssen. (…) Das Grundgesetz begründet eine Schutzpflicht nicht nur

gegenüber dem einzelnen, sondern auch gegenüber der Gesamt-
heit aller Bürger. Eine wirksame Wahrnehmung dieser Pflicht
setzt voraus, daß die zuständigen staatlichen Organe in der Lage
sind, auf die jeweiligen Umstände des Einzelfalles angemessen zu
reagieren; schon dies schließt eine Festlegung auf ein bestimmtes
Mittel aus. Darüber hinaus kann eine solche Festlegung insbeson-
dere deshalb nicht erfolgen, weil dann die Reaktion des Staates
für Terroristen von vornherein kalkulierbar würde.

Mit dieser Entscheidung war Eberhard Schleyer niemals einverstanden. Sein Argument: Auf der einen Seite gab es eine *konkrete* Gefährdung für Leib und Leben seines Vaters und der Geiseln in der
Landshut, auf der anderen Seite aber nur eine *mögliche* Gefährdung
der Bürger der Bundesrepublik durch eine Rückkehr der Terroristen.
Das eine war eine Unterstellung, das andere die aktuelle Gefahr.

In Bonn jedenfalls atmete man auf, denn die Regierung hatte
ihren alten Handlungsspielraum zurück.

Ulrich Wegener erkundigte sich bei den verkleideten Chefpiloten
der Lufthansa sofort nach der Bewaffnung der Terroristen. Machmud hatte mit einer Pistole geschossen. Das war eine gute Nachricht. Wenn er auf diese Entfernung mit einer Pistole schoß, zeigte
es, daß sie höchstwahrscheinlich keine Maschinenpistolen hatten.
Das Bild der Entführer wurde deutlicher.

Schumann hatte einmal in den englischen Funkverkehr die
deutschen Worte »zwei Männer, zwei Frauen« eingesprochen.
Manchmal zeigte sich Machmud, dann sah man vom Tower sein
rotes Che-Guevara-T-Shirt.

Wegeners Sorge: die zeigen sich in den Che-Guevara-Kostü-
men, um uns zu täuschen. Bei einer Erstürmung tragen dann
überraschend auch die Passagiere solche T-Shirts. Das ist eine
Gefahr für die Schützen der GSG 9, die dann ihre Ziele nicht mehr
erkennen können.

Den ganzen Vormittag über versuchte Helmut Schmidt, die
Machthaber der Emirate für ein Eingreifen der GSG 9 zu gewin-

nen. Vergebens. Sheik Bin Rashid wäre wohl jetzt mit einem Einsatz der GSG 9 einverstanden gewesen. Aber sein Vater, Sheik Rashid Bin Said Al Maktum, der eigentliche Machthaber, wollte sich nun mit der Genehmigung zum Abflug der Landshut von Dubai aus der Affäre ziehen. Seit fünfzig Stunden stand die Maschine auf seinem Flughafen, und es war kein Mensch bisher zu Tode gekommen. In einem Emirat, in dem auch viele Palästinenser leben, wäre ein Einsatz deutscher Kämpfer, der mit dem Tod palästinensischer Freischärler endete, ein ernstes politisches Problem gewesen.

Machmud drohte unterdessen damit, alle fünf Minuten einen Passagier zu erschießen. Er verlangte, das Flugzeug müsse aufgetankt werden.

Vom Tower aus sehen Wischnewski und Wegener hilflos zu, wie die Landshut plötzlich in Startposition geht, anrollt und um 15 Uhr 19 Ortszeit abhebt und im blauen Himmel von Dubai verschwindet.

Mit einem Fernglas in der Hand sieht Wischnewski der Landshut hinterher. Wo werden die jetzt hingehen? Wir müssen sofort nachfliegen. Sie werfen einen Blick auf die Karte.

»Oman wäre gut für uns«, sagt Wegener, »da sitzen die Engländer.« Er fährt mit dem Finger über Oman hinaus, die Küste entlang bis zum Golf von Aden: Volksrepublik Südjemen. »Von der Reichweite her könnten sie auch in Aden landen. Aber da sitzen die Russen.«

Wegener sagt mir, er habe in diesem Moment noch einen anderen Landeplatz auf der Karte entdeckt.

Mir fiel sofort Mogadischu ein. Das darf ich Ihnen ganz ehrlich sagen. Und zwar aus folgendem Grund. Bei der Aktion ein Jahr vorher, der Israelis gegen die Entführer des französischen Airbus, war eine starke Unterstützung aus Mogadischu gekommen. Und zwar durch die PLO in Mogadischu. Ich wußte, daß das Regime in Somalia durch den Ostblock entsprechend unterstützt wurde, und zwar durch sowjetische Militärberater, die am Ort waren, und Geheimdienstberater. Ich war mir sicher, daß die Maschine in

237

diesem Raum nur nach Mogadischu und Aden konnte. In Aden gab es sogar Ausbildungslager der PLFP.

Machmud zog in Oman, wo es wieder einmal keine Landeerlaubnis gab, einen kleinen Zettel aus der Tasche und befahl als nächstes Ziel: Aden im Südjemen.

Die Sache mit dem Zettel war Jürgen Vietor schon einmal aufgefallen. Später, als man das Papier bei Machmud fand, sahen sie, daß die Ziele ihres scheinbaren Irrflugs dort notiert waren. Dazu einige Gradangaben, mit denen der Entführer offenbar überprüfen konnte, ob die Piloten in die richtige Richtung flogen. Aden war also ein geplanter Landeplatz für die Entführung der Landshut. Ein weiteres Flugziel war auf diesem Zettel in einer anderen Handschrift – offenbar nachträglich – eingetragen worden: Mogadischu.

Nach vier Stunden Flugzeit erreichte die Landshut den Luftraum von Aden, kreiste am hellen Tag über der Stadt.

Der Tower in Aden gibt ihnen keine Landeerlaubnis. Trotzdem fliegt Vietor dicht über die Rollbahn, um sich die Situation für eine Landung anzusehen. Die Piloten erkennen aus dem Cockpit, daß das Flugfeld vollständig zugestellt ist: Panzer, Laster und anderes schweres Gerät blockieren die Bahn. Keine Chance zur Landung.

Machmud verhandelt mit seinen politischen Freunden unten im Tower. Keine Landeerlaubnis. Auf der Flugkarte erkennen Schuman und Vietor einen kleinen Landeplatz im Innern des Landes. Sie fliegen die vierzig Meilen landeinwärts, um sich das Flugfeld anzusehen. Eine verlassene Landebahn. »Wenn wir hier landen, kommen wir nicht mehr raus«, erklären sie dem Anführer. Hier wird es keine Groundpower, kein Benzin geben. Die Passagiere würden in der Hitze ersticken. Also fliegt die Landshut zurück zum Flughafen von Aden.

Es ist jetzt später Nachmittag geworden, und der Blick auf die Benzinvorräte zwingt zu Entscheidungen. Machmud hat den Zeiger auf der Tankuhr inzwischen zu lesen gelernt. Nun gibt es keine Möglichkeit mehr, irgendeinen anderen Flughafen anzufliegen.

Die Landshut muß in Aden runter, doch die Rollbahn unter ihnen ist mit schwerem Gerät zugepflastert. Schumann und Vietor sehen sich an.

Die beiden Piloten sprechen jetzt Deutsch, kümmern sich nicht mehr um Machmud, der ahnt, jetzt könnte alles vorbei sein.

Eine allerletzte Möglichkeit hat Vietor da unten ausgemacht. Neben der zugestellten Rollbahn gibt es, bevor die Dünen kommen, noch einen Sandstreifen. Wie fest der Sand da unten neben der Landebahn war, würde man allerdings erst erkennen, wenn man mit den Rädern aufsetzte. Doch die Landshut hatte nur noch diesen einen Versuch.

Also eine Notlandung. Gebisse und Brillen werden eingesammelt, den Passagieren das Notwendigste erklärt. Vietor zieht noch einige Kreise über der Rollbahn. Er will möglichst mit leeren Tanks zur Notlandung ansetzen.

Schumann versucht derweil immer wieder, den Tower von ihrer ausweglosen Situation zu überzeugen. »Aden Tower – this is LH 181 – this is an emergency landing.«

Stereotyp abweisende Antwort vom Tower: »Airport is closed for you! Airport is closed for you!«

Vietor setzt zur Landung an. Mit einer langgezogenen Schleife nähert er sich bei untergehender Sonne dem Flughafen, drückte die Maschine allmählich herunter.

»Ich war überzeugt, wir überleben diese Landung nicht«, erklärt er mir.

Vietor reicht Schumann noch einmal die Hand. »Wenn wir es nicht überleben – Tschüs!«

Schumann nickt und drückt seinem Copiloten die Hand. »Es war ein kurzes Leben. Zu kurz. Aber schön!«

Machmud sitzt auf seinem Notsitz und verfolgt das Landemanöver. Schon beim ersten Blick zur Seite erkennt Vietor, daß Machmud gar nicht angeschnallt ist. »Fasten your seatbelt!« schreit er ihn an. Gleichzeitig schiebt er die Gashebel rein und zieht das Steuer hoch: die Landshut startet, kurz vor der Landung, aus nur hundert Metern Höhe noch einmal voll durch und steigt

239

nach einem erschreckenden Tiefflug über dem Meer hinter dem Flughafen wieder steil in die Luft. Für die Passagiere ein schreckliches Manöver – für Vietor ein fliegerisches Kunststück aus der Schule der Bundeswehr.

Vietor hatte die Maschine hochgezogen, um Machmud anzuschnallen. »Der saß steif wie eine Puppe da«, sagt er. Vor lauter Todesangst war es Zohair Akache, der sich Captain Machmud nannte, nicht mehr möglich, seine Hände zu bewegen. Er mußte geholfen kriegen: Schumann mit der rechten und Vietor mit der linken freien Hand schnallen den Mann hinter sich mit Gurten an.

Schließlich setzt Vietor noch einmal zur Landung an. Mit einem harten Schlag setzt die Landshut auf. Vietor spürt sofort, daß der Sand an dieser Stelle noch hart genug ist. Doch der Bremsweg läßt auch spüren, daß die Räder sich leicht eindrücken. Die Landshut rollt nicht voll aus, wie auf einer Betonpiste. Vietor zieht die Maschine an einem Hindernis vorbei, ein kleines Holzhäuschen. Nach 300 Metern bleibt die Landshut zitternd im Sand stehen.

Vietor stellt sofort die Triebwerke ab und löst die Feuerlöscher. Eine kleine Sprengladung gibt den Druck auf die Feuerlöschstreifen an der Turbine frei. Ein kleiner Sandsturm, den sie bei der Landung aufgewirbelt haben, weht vorbei. Jetzt heben die Passagiere staunend ihre Köpfe, kommen einer nach dem andern hoch, jubeln und klatschen Beifall, applaudieren dieser fliegerischen Meisterleistung. Manche wollen es noch gar nicht glauben.

Sie sind wieder zurück auf der Welt. Es ist 17 Uhr 52 Ortszeit in Aden.

Als sie sich losgeschnallt haben, soll Machmud Vietor die Hand gegeben und sich bedankt haben.

Warum aber hat Vietor seinem Todfeind das Leben retten wollen? Warum hat er ihn nicht einfach bei der abrupten Landung im Cockpit gegen die Scheiben knallen lassen, um ihn dann anschließend mit Schumann zu entwaffnen?

Da gibt es zwei Aspekte: Einmal der menschliche Aspekt. Und da war dieser Machmud auch nur ein Mensch, der auch krepiert. Der wichtigere Aspekt, der mir durch den Kopf schoß in diesem

*Moment, war aber der: Wenn wir abrupt bremsen im Sand, dann
fliegt der Machmud von diesem Sitz nach vorne auf die Gashebel
zwischen den beiden Pilotensitzen. Er wäre vielleicht mit seinem
Kopf aufgeschlagen, hätte aber die Gashebel mit seinem Körper
blockiert. Was dann passiert, wenn man gelandet ist und die Gashebel dann wieder bis zum vorderen Anschlag schiebt, brauche
ich nicht zu erwähnen.*

Niemand dachte in diesem Moment daran, daß das Flugzeug
nach dieser Notlandung noch einmal starten könnte. Das war
jetzt das Ende des Irrflugs, und es war offenbar auch das lange vorher eingeplante Ziel der Reise. Machmud und seine drei Helfer
waren bester Laune.

Doch schon aus dem Cockpit konnte man erkennen, daß sich
bewaffnete jemenitische Soldaten um das Flugzeug herum aufbauten. Drohend wurden die Waffen auf die Landshut gerichtet.
Ein schnell herbeigefahrener Scheinwerfer beleuchtete die Szene
in der Dämmerung.

Laut Souheila Andrawes sollte in Aden die Reise zu Ende sein.
*In Aden sollten wir uns den Behörden stellen. Und uns war zu
Beginn der Entführung versichert worden, daß es da keine Erstürmung der Landshut geben würde.* Machmud habe ihr und den
anderen erklärt, in Aden sei die politische Atmosphäre gut für sie.

Die glückliche Landung in Aden ist tatsächlich der Wende-
punkt im Drama der Landshut-Entführung.

Doch warum die Geschichte sich in Aden dreht und im weiteren einen völlig anderen Verlauf nimmt als geplant, liegt zum Teil
immer noch im dunkeln. Es ist ein Geheimnis der Behörden und
vor allem des Militärs des kommunistischen Südjemen. Möglicherweise könnte es der Geheimdienst der Sowjetunion aufklären, jener Großmacht, die neben der DDR den größten Einfluß
auf die Machthaber im Südjemen hatte.

8 Mord in der Landshut

Peter-Jürgen Boock, der im Oktober 1977 noch immer in Bagdad lebte, glaubt das Geheimnis des Irrflugs der Landshut zu kennen.

Boock selber will für Abu Hani und das Kommando Martyr Halimeh die Handgranaten aus Kunstharz produziert haben, ein Material, das bei einer Durchleuchtung am Flughafen nicht auffällt. Das Kommando sollte sie nicht als wirkliche Waffe, sondern nur als Drohelement zur Einschüchterung der Passagiere einsetzen.

Der Plan sah vor, daß in Aden ein zweites Kommando der PLFP die Passagiere der Landshut übernimmt. Mitsamt der Besatzung wären die Passagiere auf Fahrzeugen in ein abgelegenes Wüstencamp der PLFP verschleppt worden. Die Verhandlungen mit Bonn über einen Austausch wären dann mit größerer Sicherheit geführt worden. Damit wollte das Kommando der Gefahr einer Erstürmung der Landshut begegnen.

Machmud hat sicherlich an der offenen Tür der Landshut nach dem örtlichen Vertreter der PFLP in Aden gefragt. Einen solchen Posten gab es vor Ort – aber die Tatsache, daß dieser Mann nun nicht an die Maschine vorgelassen wurde, deutet darauf hin, daß dem eine politische Entscheidung zugrunde lag.

Boock ist sich sicher, daß der ehemalige DDR-Außenminister Fischer, der einige Zeit später hier landete, seine Hand im Spiel hatte. Aber warum sollte die DDR oder ihre Schutzmacht, die Sowjetunion, Helmut Schmidt zur Seite gestanden haben? Wollten sie den Schaden, den der vom DDR-Spion Guilleaume verschuldete Rücktritt Willy Brandts angerichtet hatte, wiedergutmachen? Schmidt war für die Sowjetunion ein intelligenter und berechenbarer Partner ...

Helmut Schmidt selbst hält diese Hypothese für abenteuerliche Spekulation. Jürgen Vietor jedenfalls ist unvergeßlich, wie konsterniert und tief enttäuscht Machmud reagierte, als er in einem Land angeblicher Freunde so überraschend feindselig behandelt wurde.

Nach der gemeinsam überstandenen Notlandung war das Verhältnis zwischen Machmud und den Piloten deutlich lockerer geworden.

Schumann kann jetzt ohne weiteres selbst das Megaphon nehmen und dem jemenitischen Offizier den Standpunkt des Kapitäns zurufen. »We cannot take off immediately. This was an emergency landing.«

Für seinen Außencheck wird Schumann vorne an der Tür heruntergelassen. Er geht mit der Taschenlampe zu den Triebwerken und betrachtet das Fahrwerk. »Hier am Fahrwerk ist alles in Ordnung!« Schuman ruft das Vietor und Machmud zu, die in der offenen Tür stehen und den Kapitän bei seiner Inspektion beobachten. Vietor sieht, daß sich die Räder bis zu den Achsen tief in den Sand gedrückt haben. Dann verschwindet Schumann unter dem Flugzeug.

Über die Zeit, die nun verstreicht, sind sich Passagiere und Crew nicht einig. Sind es zehn Minuten, eine halbe Stunde oder mehr?

»Das Zeitgefühl«, erklärt Vietor, »war völlig abhanden gekommen.« Seine wichtigste Erinnerung ist die erste Frage Machmuds: »Wo ist der Captain?« Vietor zuckt mit den Schultern. Weitere Zeit verstreicht.

Der Copilot geht schließlich mit dem Megaphon an die Tür: »Jürgen, komm zurück!« Ist der Kapitän weggelaufen? Er geht an alle vier Türen, öffnet sie und ruft ihn. »Jürgen, komm zurück!«

Machmud verhandelt mit den Behörden. »Ich habe den Behörden im Tower gerade ein Ultimatum gestellt. Wenn der Captain nicht zurückgebracht wird, sprenge ich das Flugzeug in die Luft!«

In Dubai waren die Flugbewegungen der Landshut auf dem Radar einigermaßen erkennbar geblieben. Nachdem das neue Landeziel bekannt wurde, startete Wischnewski mit seiner Mannschaft in Richtung Aden. Der Copilot seiner Boeing war immer noch Rüdiger von Lutzau.

Sofort nach Landung der Landshut war aber der Luftraum über der gesamten Republik Südjemen gesperrt worden. Offiziell hieß es: Jede Maschine, die in diesen Luftraum einfliegt, wird abgeschossen! Vier Stunden flog Wischnewski an der Luftgrenze des Südjemen entlang und versuchte, eine Landegenehmigung für Aden zu erhalten.

Zwei Notizen aus Bonn sind besonders erwähnenswert. Für diesen Sonntag, den 16. Oktober, steht im Kalender des Bundeskanzleramts:

20.10 Uhr Kleine Lage.
Abends: Die Bundesregierung hat mehrere Male Kontakt mit der Regierung der UdSSR.
Abends: Die Bundesregierung tritt mit der Regierung der DDR mehrfach in Verbindung.

Beiden Regierungen hat Helmut Schmidt später öffentlich für ihre Hilfe und Unterstützung gedankt.

War es eine halbe oder schon eine dreiviertel Stunde, daß man in der Landshut auf die Rückkehr von Kapitän Schumann wartete? »Der wird abgeführt worden sein. Der kann nicht mehr antworten!«

Draußen herrscht eine schwül-feuchte Hitze, eine Mischung aus heißem Wüstensand und der Feuchtigkeit, die vom Meer herüberwehte.

Drei Mitteilungen, erinnern die Passagiere, sind ihnen dann von Machmud über die Ereignisse gemacht worden.

Kapitän Schumann hat mich verraten. Er hat sich von der Maschine entfernt. Ich habe dem Tower gesagt, daß ich die Maschine in die Luft sprenge, wenn die Behörden Kapitän Schumann nicht umgehend ausliefern. Sobald er ausgeliefert wird, werde ich ihn exekutieren. Wer dann schreit, den werde ich auch erschießen!

Schließlich erhält Machmud die Zusage der Behörden, daß sie den Kapitän zurückbringen: *Die Behörden von Aden haben Kapitän Schumann endlich gefangengenommen. Er ist zu den Behörden übergelaufen. Sie werden ihn zur Exekution bald übergeben.*

Die dritte Meldung an die Passagiere kam dann wieder einige Minuten später. *Kapitän Schumann wird gleich zurückgebracht. Ich werde ihn hier vor ein Revolutionsgericht stellen.*

Dann wird es still in der Landshut.

Kapitän Schumann ist von den Soldaten tatsächlich am Heck der Maschine abgeliefert worden. Noch immer ist die Landshut eingekreist, der Flakscheinwerfer erleuchtet die Szene. Schumann steigt die Treppe hoch. Das Wippen der Metallstufen überträgt sich auf das Flugzeug, die Passagiere hören und spüren die Schritte ihres Kapitäns, der nun seinen letzten Weg zum Schafott hinaufsteigt.

Wußte Kapitän Schumann, daß er von den Behörden des Südjemen gerade an seinen Henker ausgeliefert wurde?

Als er an Bord ist und in den langen Gang bis zur ersten Klasse blickt, erkennt er Machmud direkt vor dem Vorhang, die Pistole in der Hand. Langsam geht der Kapitän den schmalen Gang entlang, auf den Mann mit der Pistole zu.

»Er hatte Angst«, sagt Gaby, »obwohl er nicht wissen konnte, was da auf ihn wartete.«

Sechsundachtzig Passagiere und vier Besatzungsmitglieder haben miterlebt, was nun geschah. Vor ihren Augen wurde ein Mord verübt. Die Menschen sahen diesen Mord aber in ganz unterschiedlichen Ausschnitten.

Sie waren von Machmud durch die Ankündigung zu einer Art Komplizen gemacht worden. Sie wußten oder ahnten, was nun geschehen würde. Und keiner hatte den Mut und die Kraft, es dem Kapitän zu sagen. Keiner stand für diesen Mann auf und stellte sich dem verrückten Revolutionär mit der Bitte um das Leben Schumanns entgegen. Aber wußten sie es wirklich – oder ahnten sie es nur, weil sie es gar nicht wissen wollten?

Jürgen Vietor hat einmal im Prozeß gegen Souheila Andrawes die Frage danach einmal mit »Ja« und einmal mit »Nein« beantwortet.

Hundert Stunden waren die Menschen in der Landshut nun schon in der vollkommenen Gewalt dieses schreienden, unberechenbaren »Captain Machmud«. Sie schwiegen. Besonders einer schwieg und sah weg, als sein Kapitän an ihm vorbei auf Machmud zuging. Copilot Jürgen Vietor senkte den Kopf, wie man das früher in der Schule tat, wenn ein durchgedrehter Pauker wütend Schüler an die Tafel rief.

»Hands up!« Schumann steht mit verschränkten Händen über dem Kopf vor seinem Ankläger.

»Down on your knees!« Mit diesem Befehl zwang Machmud seinen Gegner sofort zu Boden.

Gleich würde er um sein Leben flehen. Machmud stellt seinen rechten Fuß auf den Sitz neben ihm und beugt sich herunter. »Du hast die Passagiere betrogen! Schuldig oder nicht schuldig?«

Schumann versucht zu erklären, was geschehen ist. »Captain, there were difficulties – ich hatte Probleme zum Flugzeug zurückzukommen ...«

Machmud schlägt mit der Hand so zu, daß der Kapitän gegen die Sitzreihe kippt. In der fünften Reihe am Gang sitzt Gaby. Sie hat sich längst eine Jacke über den Kopf gezogen, kann die Demütigung ihres Kapitäns nicht mehr mit ansehen.

Machmud genießt einen Moment lang seine Befragung: »Also, du wolltest nicht zurück zum Flugzeug kommen ...?«

Und jedesmal, wenn Schumann ihm etwas als Entschuldigung vortragen will: »Sir, lassen Sie mich erklären ...« – schreit der zornige Revolutionsrichter zurück: »Schuldig oder nicht schuldig?«

»Guilty or not guilty?« Diese Worte haben alle Passagiere noch in Erinnerung.

Hätte man ihn, denkt heute mancher, retten können? Ein Held sein, nach vorne gehen und sagen: nimm mich!

Vietor sagt, wie es damals wirklich war: »Das gibt es nicht, daß sich jemand opfert. Jeder will nur sein Leben retten. Wir haben alle wie die Kaninchen da gesessen und der Dinge geharrt, die da nun passieren.«

»Guilty or not guilty!?« Machmud hat es so oft angekündigt, jetzt muß er es tun. Gaby zieht die Jacke fest über den Kopf. Birgit nimmt Stefan in den Arm, hält ihm die Ohren zu. Auch Rhett, ganz vorne, drückt den dreijährigen Steffen dicht an sich. Aus dem Augenwinkel sieht er noch, wie Machmud mit dem Lauf der

Pistole an der Nasenwurzel von Schumann herumspielt, ihn fast streichelt. »Also, du wolltest nicht zurückkommen ...?«

Ein dumpfer Knall, mitten aus dem Gespräch heraus, Machmud hat Jürgen Schumann in den Kopf geschossen.

Der Kapitän der Landshut, die Hände noch über dem Kopf, fällt vornüber auf den Teppich im Mittelgang.

Für einen Moment ist es ganz still im Flugzeug. »Es war auf einmal eine völlige Leere in uns«, sagt Rhett. Dann hört man es schluchzen. Gaby unter ihrer Decke weint. Sie hat den trockenen Knall gehört und weiß, was passiert ist. »Stop cry!« Souheila schreit: »Aufhören zu weinen! Ruhe! Wer jetzt weint, wird sofort erschossen!«

Doch Gaby hat sich über hundert Stunden für die anderen Passagiere gegen das Kommando Halimeh gestemmt. Jetzt ist es ihr egal, was die mit ihr tun. Sie kann nicht mehr. Laut und hemmungslos schluchzt und weint sie unter ihrer Jacke. Und kein Geschrei des Terrorkommandos kann sie davon abhalten. Sie hat ihn gemocht, diesen mutigen Mann, Jürgen Schumann, der nun tot im Gang zu ihren Füßen liegt. Und jetzt kommen die anderen, denen sie vorher geholfen hat. Sie spürt ihre Hände, die sie zu streicheln versuchen. Die nette ältere Dame mit dem jüdischen Paß hat sie in den Arm genommen und tröstet sie.

»Stop crying!« Das ist jetzt gleichgültig. Eine Hand reicht ein Glas Wasser, Gaby versucht sich auf jeden einzelnen Schluck zu konzentrieren. So kann sie sich selber wieder beruhigen.

Hartmut, der hinten sitzt, hört nur den Schuß und dann die Ruhe. Das Schreien, diese Hektik, das sich immer höher schraubende Crescendo der Stimme Machmuds ist plötzlich weg. Ein Körper fällt zu Boden. Hartmut muß sich aus der Reihe lehnen, um zu sehen, was passiert ist.

Das Unaussprechliche steht so gräßlich vor ihm, daß er es zunächst umdeutet, an eine Theaterinszenierung glaubt. Wie lange braucht so eine Kugel vom Kopf bis zum Herzen?

»Ich glaube, man kann das in dem Augenblick nicht so richtig fassen«, sagt Iris. Dann fügt sie hinzu: »Ich war nicht dabei. Für mich war das wie im Film.« Die Landshut ist eine Leinwand, mein Platz ist im sicheren Kino. Das ist alles nicht Wirklichkeit. Es ist ein Film.

Souheila soll neben der Leiche herzhaft in einen Apfel gebissen haben. Überhaupt war man stolz auf Machmud, der es diesen Passagieren gezeigt hatte. Das Kommando ging in die erste Klasse. Man hörte Lachen. Die Passagiere der Landshut sind erschrocken und traurig. Feiern die jetzt ihren Sieg?

Der Kapitän liegt am Boden, sein Blut fließt auf den Teppich.

Machmud wirkt nun auf alle ruhiger und selbstsicherer. Er hat getan, was so oft angekündigt war: den mächtigsten Mann im Flugzeug getötet.

Wie gelähmt sitzen die Passagiere auf ihren Plätzen. Was wird als nächstes geschehen?

Zuerst fällt die Klimaanlage wieder aus. Das wohltuende Zischen über den Köpfen erlosch erneut. Die Hilfsturbine lief aus, und es wurde noch stiller. Dann fiel die Hauptbeleuchtung aus. Vierundneunzig Menschen heizten allmählich wieder die Backröhre der Landshut auf vierzig und fünfzig Grad auf. Wieder wurden Kleider ausgezogen und letzte Wasservorräte vorsichtig ausgeteilt, wieder saugte sich die Wäsche voll mit Schweiß.

Souheila schüttet eine Flasche mit Alkohol über den Kopf des toten Kapitäns. Gin aus den Duty-Free-Tüten in der ersten Klasse. Alkohol, Schweiß, Blut, Urin und der verwesende Leib in der Hitze und Enge des Flugzeugs.

Copilot Vietor muß handeln, sonst kommen die Menschen hier nicht mehr lebend vom Platz. Er hat jetzt die Verantwortung zu tragen, darf sich nicht länger von dem anrühren lassen, was gerade geschehen war. Jürgen Vietor geht tapfer an die Maschinen. Es ist seine Entscheidung. Weiterleben.

»Was da geschehen ist, das kann kein Außenstehender nachvollziehen«, sagt er. »Verstehen können Sie es nicht! Ich fand es furchtbar, die Situation der Passagiere. Wenn ich diese Kinder sah, mir wäre fast das Heulen gekommen. Ich bin da oftmals durch die Kabine gegangen und habe da gar nicht hingeguckt.«

Nur er kann das System Flugzeug am Leben erhalten. Und dafür braucht er seine ganze Kraft und Konzentration.

Ob Kapitän Schumann freiwillig zu den jemenitischen Soldaten gegangen ist oder ob er von ihnen festgenommen und vielleicht verhört wurde, ist bis heute ungeklärt. Die Witwe des Kapitäns, Monika Schumann, hat sich immer wieder vergeblich bemüht, genauere Auskünfte zu erhalten. Schon die vielen Funksprüche, von denen Machmud redete, zeigen, daß man im Tower wußte, was unten auf dem Gelände und im Flugzeug vor sich ging. Jürgen Vietor sagt: *Erstens: Kapitän Schumann war nie und nimmer ein Kapitän, der seine Besatzung und seine Passagiere verläßt. Zweitens: Wir hätten jederzeit in den letzten vier Tagen Gelegenheit gehabt, gefahrlos das Flugzeug zu verlassen. Und drittens: Wo sollte er hin? Das Flugzeug war ja umstellt!*

Vietor ist im Dunkeln über die Leiche des Kapitäns gestiegen und berät sich mit Machmud.

Zunächst muß die Landshut aufgetankt werden, die Bugräder stehen im Sand. Vietor freut sich über jede Panne, die das Auftanken verzögert. Erst kommen sie mit dem Tankwagen angefahren und wollen, wie üblich, eine Druckbetankung durchführen. Druckbetankung ohne Strom funktioniert aber nicht. Ein anderer Tankwagen muß her. Dann blieb das erste Fahrzeug im Sand stecken, das zweite Fahrzeug hatte keine Leiter mitgebracht. Ein Start im Dunkeln, mit der beschädigten Landshut, wäre ein lebensgefährliches Risiko für alle. Dann kommt das Stromfahrzeug mit der Kennzeichnung 220 Volt. Wieder falsch. Wir brauchen 110 Volt. Jetzt ist es schon nach Mitternacht.

Nach Stunden sind die ersten hundert Gallonen getankt. Vorsichtig läßt Vietor die Maschine an. Es sind vielleicht fünfzig oder hundert Meter aus dem Sand hinaus zur rettenden Betonpiste. Er muß Vollgas geben, ehe die Landshut anruckt. Mit 40.000 PS schiebt sich die Boeing 737 allmählich mit dem Bugrad aus dem Sand. Die Düsen wirbeln eine gewaltige Staubfahne hinter dem Flugzeug in den erleuchteten Nachthimmel von Aden. Vor der

wippenden und rollenden Landshut fahren langsam einige Autos
her, um mit ihren Scheinwerfern den Weg auf der dunklen Piste zu
zeigen. Endlich spürt Vietor den Beton und kann zum Wende-
punkt rollen. Die Maschine soll hier zunächst einmal voll aufgetankt werden.

Stöhnen im Dunkeln, manchmal ein Weinen. Urin, Schweiß und
der süßliche Hauch der Verwesung. Da lag ein toter Mann im
Gang. Jetzt, wo das Licht wieder da ist, muß er weg. Ein Passagier
muß helfen. Sie ziehen ihn an den Füßen die zwanzig Meter ins
Heck. Aber der Tote spielt nicht mit, seine Arme schlagen an die
Stahlränder der Sitzhalterungen. Beate erkennt den Ehering an
Schumanns Hand. Er ist verheiratet. Wie schrecklich! Die arme
Frau zu Hause!

Hinter den Sitzreihen, vor der Toilette, gibt es einen Schrank für
die Garderobe. Hier kommt er rein. Es ist ein schmaler Schrank.
Sie müssen ihn senkrecht hinstellen, den Toten, und dann die Tür
vor ihm zuschieben und abschließen. Mit scheuen Blicken beobachten die Passagiere das gruselige Gewürge und Geschiebe hinter ihrem Rücken.

Seit Donnerstag früh hat Jürgen Vietor nicht geschlafen. Nun
bricht der Montagmorgen an.

Der Tower bellt: »You have to leave now!« Vietor schiebt das
Gas rein. Seit Tagen ohne Wartung und Kontrolle, rollt die Landshut ein letztes Mal an. Sie kommt nicht hoch. Schon nähert sich
der letzte Punkt auf der Rollbahn, an dem Vietor den Start noch
abbrechen könnte. Doch er läßt die Maschine weiter rollen,
immer schneller. Endlich, kurz vor dem Ende der Startbahn, hebt
sich der schwere Vogel langsam in die Luft.

War da nicht ein Krater, irgendein Berg? Vietor erinnert sich jetzt
an seine Marinezeit, da hatte er von Bord doch diesen Krater gesehen.

»Aden Tower – hier ist Lufthansa 181. Wie hoch ist dieser Krater?«
»2500 feet!«

Vietor blickt auf den Höhenmesser: 2500 Feet. Er schafft es
gerade noch, die Maschine drüber zu heben.

Aber wohin geht die Reise? Welche Richtung soll er fliegen? Machmud hat sich entschieden. »Mogadischu. We go to Mogadischu!«

Immer wieder geht der Blick des Copiloten, der nun Pilot ist, auf die Motoren links und rechts unter den Tragflächen. Wenn es dort einen Brand gäbe, wären sie alle verloren. Die Triebwerke waren versandet, und es konnte sich leicht eine der Schlauchstellen von den Schellen gelockert haben, um sich nun durch die ständige Vibration weiter zu lösen. Wenn Benzin in das heiße Triebwerk fließt, würden sie explodieren. Subtropische Gewitter mit Blitzen und Wetterleuchten kündigen sich an. Die Landshut flog Richtung Süden, direkt auf den Äquator zu. Mogadischu lag auf dem zweiten Breitengrad. Die starken Gewitter, die in dieser Zone gegenläufiger Luftströmungen entstehen, können ein Flugzeug zerreißen.

Jürgen Vietor zieht die Maschine hoch und höher, um sie durch die gewaltigen Gewitterfronten zu steuern.

Unter ihnen, in Äthiopien, herrscht Krieg. Wenn die da unten nun die unbekannte und nicht angemeldete Maschine in ihrem Luftraum für einen Angriff halten und eine Luftabwehrrakete hoch schicken? Es gab viele Gründe, in dieser Nacht hellwach zu bleiben.

Andreas Baader hat am Sonntag um 23 Uhr noch einmal das Licht vor seiner Tür betätigt und ein Medikament zum Schlafen bekommen. Dann wird die schwere, schallschluckende Dämmwand wieder vor seine Zelle gewuchtet. Er ist allein. Lange konnte sich die Irrfahrt der Landshut über Afrika nicht mehr hinziehen. Ein Blick auf den Atlas zeigt ihm die Möglichkeiten. Somalia wäre ein Ziel. Vor zwei Tagen hatte Alfred Klaus ihm den Zettel mit dem Angebot Somalia vorgelegt.

Was für ein Fest wäre das! Sie hätten dieses Land, diesen eisernen Kanzler, in die Knie gezwungen. Es wäre ein Anfang. Aber auch: noch einmal leben.

Ich stelle mir auch ihn vor: noch einmal Hanns-Martin Schleyer in seinem Volksgefängnis, Penthouse Brüssel. Seine Armbanduhr sagt ihm, daß es inzwischen Montag geworden ist. Montag, der 17. Oktober, der 42. Tag seiner Gefangenschaft.

Der Wind wirbelt plötzlich alles durcheinander. Flipper hat ein Fenster geöffnet. Sie hatten mal wieder alles zugequalmt. Er fegt die Zettel mit den Kreuzworträtseln zusammen.

»Und Ihr könnt mich wirklich laufenlassen?«

Flipper verstand seine Sorge. Sie würden zu ihrem Angebot stehen. Schon damit das Geschäft wiederholbar wird.

»Wenn Schmidt austauscht, kann der dich morgen wiederhaben!«

9 Mogadiscio Welcome

An diesem Montag läutete in aller Frühe das Telefon im Kanzlerbungalow. Staatsminister Wischnewski teilte dem Bundeskanzler mit, daß die Landshut um 4 Uhr 34 in Mogadischu gelandet war. Das war die Chance zum Zugriff. Wischnewski würde sofort von Dschibuti aus hinfliegen.

Der Bonner Botschafter Somalias mußte zunächst als Vermittler gewonnen werden, dann würde der Kanzler selber mit dem Präsidenten Siad Barre im fernen Afrika telefonieren. Dazu mußte vor allem erst einmal eine Telefonleitung über Rom nach Afrika geschaltet werden. Mogadischu, das mußte nun wirklich der letzte Schauplatz sein.

Als Jürgen Vietor nach zweieinhalb Stunden Flug in der Morgendämmerung den Flughafen von Mogadischu unter sich erkannte, waren sich die beiden Männer im Cockpit einig: Die scheinen da unten zu schlafen. Das Rollfeld ist nicht zugestellt, kein Radar scheint die Landshut angekündigt zu haben. Man würde ohne jede Anfrage und Vorwarnung sofort hinuntergehen und landen. Machmud, auf der Seite des Kapitäns, mußte nach Anweisungen von Vietor das Bugrad lenken – und so kam es, daß die Besatzung im Tower von Mogadischu plötzlich eine Boeing der Lufthansa im Zickzackkurs auf sich zurollen sah.

MOGADISCIO – so stand der Name an dem kleinen, zwei Stock hohen Empfangsgebäude, mit roter Schrift auf den weißen Zement gepinselt. Dahinter: WELCOME. In der Ferne einige Hangars. Militärmaschinen, die MIGs mit sowjetischen Beratern. Vom Tower blickte man direkt auf die beiden nebeneinanderliegenden Landebahnen. Dahinter Dünen, dann schon die Wellen des indischen Ozeans.

Ein kleiner Somali kam unter das Cockpit gelaufen. Er fragte den Copiloten durch das offene Fenster: »Was kann ich für Sie tun?«

»We need a tower frequency«, sagt Vietor, und der Mann trabt ab und trabt bald darauf zurück und bringt die Tower-Frequenz mit. Jetzt kann Machmud direkt mit Mogadischu Tower über den Funksprechverkehr verhandeln. Dann begreifen auch die hiesigen Behörden, wer ihnen da ins Nest geplumpst ist.

Seit der Revolution im Oktober 1969 regierte Generalmajor Siad Barre die zweieinhalb Millionen Einwohner von Somalia. Nomaden, die zum größten Teil Rinder, Kamele und Schafe züchten, bildeten die ökonomische Basis des Landes. Sowjets und Chinesen schickten Berater und Entwicklungshelfer. Unterstützung bei der Ausbildung der Polizei hatte in den letzten Jahren auch die Bundesrepublik geleistet – ein Hoffnungsschimmer und möglicher Anknüpfungspunkt für Minister Wischnewski bei den Gesprächen mit Siad Barre.

In der Landshut geht Nabil, der Kleine, auf Hartmut zu und tippt ihn an. »Come on!« Er nimmt den jungen Lehrer mit zu einem Schrank im Heck. Als er ihn öffnet, erkennt Hartmut die Leiche von Kapitän Schumann. Der steht eingeklemmt im engen Schrank, um den Kopf eine blutig rotgefärbte Decke.

Ein schrecklicher, unvergessener Augenblick für Hartmut. *Das erste, was ich sah, war der Arm, der linke Arm des Leichnams mit*

253

*seiner Uhr. Die Uhr lief noch. Das sehe ich. Das ist immer das glei-
che Bild, das ich vor Augen habe. Und die Hand, wie sie bei Leichen ist, eben aschfahl, gelblich fahl.*

Hartmut will den Leichnam erst nicht berühren, doch dann
kippt er ihnen in die Arme, und zu zweit tragen sie ihn hinaus
zum hinteren Ausgang. Nabil läßt ihn über die Notrutsche ins
Freie, auf das Flugfeld von Mogadischu.

Ein roter Krankenwagen holte den Toten ab und brachte ihn
zur Untersuchung. Ein Notizbuch in seiner Tasche trug den
Namen Monika Schumann.

Als Wischnewski um 13 Uhr 35 Ortszeit in Mogadischu landete,
wurde er sofort zum Wohnsitz des Präsidenten Siad Barre gefahren. »Das Wort Geld ist in unseren Verhandlungen nicht gefallen«,
erklärt mir Wischnewski. »Natürlich habe ich gesagt: Herr Präsident, wenn Sie uns helfen, wird sich das in allen Bereichen für die
Zukunft auf unsere Zusammenarbeit auswirken.«

In dieser ersten Verhandlungsrunde stimmte Wischnewski dem
Vorschlag der Somalis zu, dem palästinensischen Kommando freien
Abzug zu gewähren, wenn sie die Passagiere freiließen. Der Unterhändler des Bundeskanzlers erklärte sich bereit, mit dem Kommando auch über Geld zu sprechen. Es waren immerhin 10 Millionen DM mit dem Minister in Mogadischu angekommen.

Das zweite wichtige Verhandlungsergebnis war für Wischnewski die Verabredung zur weiteren Zusammenarbeit auf dem
Flughafen.

Damit schlug die Stunde von Ulrich Wegener. Noch gab es offiziell keine Erlaubnis für einen Sturm auf die Landshut. Aber der
Kommandeur der GSG 9 ließ sich schon mal mit einem Jeep in die
Nähe der Landshut fahren, um die Lage zu sondieren. Die Landshut war inzwischen am Rand der Rollbahn in der Nähe eines
Dünengeländes abgestellt worden. Eine gute Position für Scharf-
schützen und Aufklärer mit Nachtsichtgeräten.

Im toten Winkel, vom Heck her, schlich sich Wegener heran.
Die bauchige Form der Landshut gab für Machmud keinen Blick

aus dem Cockpit nach hinten frei. Genau so würden es in der Nacht auch die Kämpfer der GSG 9 machen, wenn sie zum Sturm auf die Landshut antraten. Direkt aus dem toten Winkel.

Als den Behörden von Somalia allmählich klar wurde, daß es nicht zu einer friedlichen Lösung mit dem Kommando im Flugzeug kommen würde, faßte offenbar das dortige Militär den Entschluß, die Maschine zu stürmen. Wegener sah Somalis an einer alten Boeing 720 den Sturm auf die Maschine üben.

Sie hatten nichts. Gar nichts. Kein Gerät. Sie versuchten dann, über die Wing Exits an Bord zukommen. Der Somali ist ja ein sehr schmaler Typ und kräftemäßig sportlich nicht geübt. Die kriegten die Tür nicht auf. Teilweise hatten sie Schwierigkeiten, auf die Wings zu kommen.

Die abenteuerlichen Holzleitern, mit denen die Soldaten experimentierten, hatten teilweise durchgetretene Sprossen. Wegener machte dem somalischen General an seiner Seite deutlich, daß man auf diese Weise keine Maschine stürmen konnte.

»So werden Sie ein Blutbad anrichten!« Wegener spricht von seinen geübten Männern, die er herholen könnte. »Wir werden daraus eine gemeinsame Operation machen!«

Der General: »I have to talk to my president!«

Die Verhandlungen Machmuds mit Mogadischu-Tower wurden auf einem Tonband mitgeschnitten. Die Bänder geben einen scheppernden Ton wieder, es klingt, als unterhielten sich beide Parteien über die Lautsprecher eines Hauptbahnhofs. Mit viel Freundlichkeit behandeln sich Tower und Cockpit. Machmud hat Respekt vor der sozialistischen Regierung des »Genossen Siad Barre«, wie er es formuliert.

Als ihm vom Tower das erste Angebot gemacht wird, zeigt Machmud keine Verhandlungsbereitschaft.

General Abdulahi, Polizeichef: *Die somalische Regierung bittet Sie, die Passagiere und die Besatzung freizugeben. Wir versprechen Ihnen sicheres Geleit.*

Machmud: *Ich wiederhole, wir werden das Flugzeug um drei*

Uhr GMT (mitteleuropäische Zeit) sprengen. Das bedeutet, genau in einer Stunde und 34 Minuten. Wir werden das Ultimatum um keine Sekunde verlängern.

Der General appelliert an die Menschlichkeit. »Diese Menschen haben kein Unrecht verübt.«

Machmud: *General, Menschlichkeit fühlen wir, denn wir sind Menschen. Wir stammen aus der Klasse der Proletarier. Wir bieten der deutschen Regierung jede Chance, ich wiederhole, jede Chance zu beweisen, daß sie nur einen Funken Menschlichkeit hat. Sie sind Lügner. Sie sind Betrüger. Scheiße! Aber wir haben keine andere Wahl. (...) Die deutsche Regierung kann ihrem Volk beweisen, daß sie sich Sorgen macht um die Menschen. (...) Wir fordern die Freilassung unserer Genossen aus Gründen der Menschlichkeit. Sie leben unter unvorstellbaren und unfaßbaren Bedingungen.*

Auch die PFLP hatte sich offenbar eine Art Foltergefängnis in der Bundesrepublik vorgestellt, aus dem heraus sie die Genossen von der RAF befreien mußten.

Schließlich heißt es im Countdown des Todes:

Machmud: *Noch 31 Minuten bis zum Ende des Ultimatums. Ich hoffe, Sie gehen alle in Deckung, wenn wir soweit sind.*

Gaby Dillmann hatte plötzlich eine Idee. Sie selber will eine Nachricht an Bundeskanzler Helmut Schmidt nach Deutschland schicken. Es sollte zumindest ein Dokument der unaussprechlichen Zustände und des Leidens der Menschen an Bord der Landshut werden. Gaby konnte Machmud davon überzeugen, ihr das Mikrophon zu überlassen.

Bitte nehmen Sie meine Botschaft auf Tonband und spielen Sie das dem Bundeskanzler Helmut Schmidt vor. Ich will der deutschen Regierung sagen, daß es ihre Schuld ist, wenn wir sterben. Ich weiß, daß sie es tun werden. Sie haben schon alles vorbereitet zu unserem Tod. Es ist ein Himmelfahrtskommando. Ihr eigenes Leben ist ihnen egal. Nein, es ist ihnen nicht egal. Der Bundesregierung ist es egal. Wir werden jetzt sterben. Können Sie das bis zum Ende ihrer Tage mit Ihrem Gewissen verantworten?

Gaby spricht englisch, sie spricht frei. Ohne Konzept läßt sie einfach ihre Wut und Trauer heraus.

Helmut Schmidt hat diese Botschaft wohl nie erreicht. Er kann sich vorstellen, sagt er, was die Menschen an Bord über ihn gedacht haben. »Und hinterher war es umgekehrt.«

Machmud und Souheila sind von Gaby begeistert. Großartig war sie.

Nur ein paar hundert Meter weiter, versteckt hinter der Landshut, steht die Maschine von Minister Wischnewski. In deren Cockpit sitzt Rüdiger von Lutzau. Er hört den Funkverkehr zwischen der Landshut und dem Tower ab. Die Stimme, die jetzt aus dem Lautsprecher kommt, kennt er. Mein Gott, das muß die Gaby sein.

Es ist persönlich die letzte Nachricht, die ich durchgeben kann. Mein Name ist Gaby Dillmann. Und ich möchte gerne, daß sie meiner Familie und meinem Freund, sein Name ist Rüdiger von Lutzau, sagen, daß ich tapfer gewesen bin. Ich liebe meinen Freund über alles. Sagen Sie es ihm bitte. Und sagen Sie es auch meiner Familie, daß ich sie liebe.

Fassungslos sitzt Rüdiger im Cockpit und blickt über das Rollfeld auf die Landshut, die vor ihm in der Hitze flimmert. Er war bisher gegen einen Austausch, Wischnewski hatte von »Möglichkeiten und Verhandlungen« gesprochen. Aber jetzt dieser Hilfeschrei von Gaby, seiner Verlobten.

Wenn es irgendeine Möglichkeit gibt, daß das Leben weitergeht, ich bitte Sie, ich flehe Sie an, versuchen Sie es. Denken Sie an all die Kinder, denken Sie an all die Frauen. Ich verstehe das alles nicht. Wir versuchen alle, tapfer zu sein, und es ist nicht leicht. Bitte, wenn es irgendeine Möglichkeit gibt, dann retten Sie uns. Es ist höchste Zeit. Es ist wirklich nicht mehr viel Zeit. Retten Sie uns!

Gaby hat alles hineingelegt, was an Kraft noch übriggeblieben war. Jetzt ist die Stewardeß erschöpft. Sie bekommt von der Dikken eine Zigarette angeboten. Eigentlich raucht Gaby nicht. Aber jetzt bläst sie einige Kringel in die Luft, ein Spiel aus Kindertagen. Souheila hat so was noch nicht gesehen und will das nachmachen.

»Do you have a boyfriend?« fragt Gaby. Und Souheila erzählt von einem Jungen, den sie gerne wiedersehen würde.

»Er ist stolz auf mich. Ein Genosse.«

Für einige Minuten sind sie nur zwei junge Frauen, die sich bei einer Zigarette unterhalten. »Ich würde noch so gerne leben. Ich würde noch gerne Kinder haben«, sagt Gaby, und Souheila erzählt von ihrem Leben.

»Ich möchte unter diesen Umständen noch keine Kinder haben. Ich möchte nicht, daß meine Kinder so leiden. Wenn sich eine Lösung zeigt für Palästina, dann werde ich über Kinder nachdenken.«

Gaby: »Hast du keine Angst zu sterben?«

Souheila: »Ich bin schon lange für Palästina gestorben.«

Inzwischen ist das komplette somalische Kabinett am Flughafen eingetroffen und hat sich zu einer Dauersitzung in den Räumen neben dem Tower eingerichtet. Der Informationsminister bittet Machmud vergeblich um eine Verlängerung des Ultimatums.

Machmud: *Hier spricht Captain Martyr Machmud. Wir haben nicht die Absicht, das Ultimatum zu verlängern, das in 27 Minuten ablaufen wird. Ich wiederhole: Wir wollen kein Blut vergießen. Wir wollen kein Blut vergießen. Wir wollen wirklich kein Blut vergießen. Aber das imperialistische, faschistische westdeutsche Regime lehnte unsere Forderungen ab. Es kümmert sich nicht um seine Menschen, deshalb müssen wir das Flugzeug mit allen Menschen in die Luft sprengen.*

Das brach nun nicht mehr, wie zuvor meistens, heraus aus diesem unberechenbaren Menschen. Fast traurig und enttäuscht stellte er vor den Passagieren fest, daß die Verhandlungen zu Ende sind.

10 Abschied vom Leben

Die Frauen mußten alle ihre Nylonstrümpfe ausziehen.

Nadia und Souheila schnitten sie mit Scheren zu Bändern, und zusammen mit Machmud begannen sie, die Passagiere für das geplante finale große Feuer vorzubereiten. Einzeln mußten die

Menschen in den Gang treten, die Hände auf den Rücken legen und sich fesseln lassen. Danach wurden sie auf ihrem Platz mit den Sitzgurten festgeschnallt. Alle sind hilflos, deprimiert, zu Tode erschöpft. Nur einer droht die Fassung zu verlieren. Ein junger kräftiger Mann, rechts vor Hartmut in der Reihe, will die Männer hinter sich aufstacheln, etwas zu tun: »Jetzt oder nie! Entweder wir sterben hier jetzt schön brav wie die Lemminge, oder wir nutzen unsere letzte Chance, wir versuchen anzugreifen. Wenn wir gefesselt sind, haben wir keine Möglichkeit mehr!« Aber die Erziehung zum Gehorsam und die Angst vor Machmud war auch bei den Männern stärker. Noch lebt man ja.

Vor Gregorio Canellas steht Hartmut, Bauch an Bauch mit dem traurigen Spanier. Sie sehen sich in die Augen, während die Fesseln auf ihrem Rücken strammgezogen werden. Hartmut hat ihn oft beobachtet, wie er mit seiner verängstigten Tochter sprach. Hartmut nickt ihm zu, will ihm mit den Augen sagen: »Es wird gutgehen. Das Leben ist noch nicht zu Ende. Verlier nicht den Mut.« Er scheint es verstanden zu haben und antwortet ebenso stumm mit einem dankbaren Blick.

Es gibt jetzt viele solcher Blicke unter den Menschen, die gemeinsam sterben sollen. Köpfe, die sich aneinanderdrücken, weil die Hände fehlen. Berührung. Noch irgend etwas sagen: Ich hab dich lieb! Iris wollte es schon immer ihrer Schwester sagen. Jetzt sagt sie es ihr, ehe es dafür zu spät ist.

Machmud hatte Plastiksprengstoff an die Trennwand zur ersten Klasse gedrückt. Es sah aus wie Fensterkitt. Die Zünder wurden reingedrückt und die Drähte um die Wand herum in die Batterien eingeführt. Sie konnten ihn nur anstarren, den häßlichen Kuhfladen. Diese Bombe würde bald die Maschine in Stücke zerreißen.

Dann begann es stark nach Cognac, Bacardi und anderen Schnäpsen zu duften. Ihre Geschenkflaschen aus dem Duty Free Shop wurden geöffnet, die beiden Mädchen schütteten das Zeug über die Menschen. Sie kippten es in die Gänge, über die Kleider und über die Köpfe. »Damit ihr schöner brennt«, sagte Machmud.

Wie lange würde es dauern, bis das Feuer sich durch den Leder-rock durchgebrannt hat? Die Nylonbluse und die Wäsche – das brennt alles sofort auf die Haut durch! Ein Mann, der besonders viel auf die Hosenbeine abbekommen hatte, sah innerlich schon die blauen, züngelnden Flammen an sich hochschlagen. Jutta wird mit einer Flasche hochprozentigen Parfüms bedacht. »Jetzt dufte ich gut, wenn ich sterbe!«

Jürgen Vietor starrt auf die Zeiger einer Uhr, die jemand vor ihm eingehakt hat. Seine letzten Minuten. Mit gefesselten Händen starrt er auf den Sekundenzeiger, der unaufhaltsam im Kreis läuft. Nichts will ihm in den Kopf, nur die Zeit und der Zeiger. Das System Zeit, die Faszination einer Uhr, die nun seine Lebensuhr geworden ist. Der Sekundenzeiger bewegte sich langsam auf die zwölf zu. Gebannt starrt Vietor auf die Uhr.

Die Flaschen mit Sauerstoff wurden in die Gänge gelegt. Dar-über noch die Reste der Nylonstrümpfe und des Alkohols. Es sollte eine große Stichflamme werden.

In Bonn fällt nach eingehender Aussprache die Entscheidung, im Einverständnis mit der Regierung Somalias, eine polizeiliche Aktion zur Rettung der Geiseln durchzuführen.

Nach den offiziellen Unterlagen hatte es bis zu diesem Zeit-punkt allerdings keine Zusage der Somalis für einen Sturm der GSG 9 gegeben. Helmut Schmidt hat, erinnert er sich, dem Präsi-denten Barre »geschmeichelt«, und später sei wohl auch Geld geflossen. Wischnewski spricht von 300 Lastwagen.

Um die volle Wahrung der Souveränität Somalias zu untermau-ern, fügt Wischnewski in seiner Verhandlung noch ein Detail hinzu: »Und wenn wir Gefangene machen, sind das ihre Gefange-nen.« Anscheinend ist der Diktator etwas verblüfft über die hu-manen Vorstellungen seines deutschen Gastes. »Was, Gefangene wollen Sie auch noch machen!?«

Als mir Hans-Jürgen Wischnewski diesen Dialog noch einmal vorspielt, will ich es genauer wissen: »Mit anderen Worten: Liqui-diert bitte die Entführer?« Die diplomatische Antwort des Ministers auf meine Frage: »Das hat er so nicht gesagt. Aber es war ganz klar spürbar, daß er nicht daran interessiert war, daß etwas zurückbleibt.«

In diesem Moment, vielleicht eine halbe Stunde vor Ablauf des Ultimatums, schlug die Stimmung um. Siad Barre gab den Bitten der Deutschen nach. »Gut, dann soll die GSG 9 jetzt kommen!«

Tower: *Hier spricht Mogadischu Tower. Verstehen Sie uns?*

Machmud: *Hier spricht Captain Martyr Machmud.*

Tower: *Verstanden. Weil uns nur noch 15 oder 16 Minuten bleiben, möchten wir Sie höflich bitten, uns noch 30 Minuten zu geben, um das Gebiet zu räumen.*

Machmud: *Da Sie das Gebiet nicht in einer Viertelstunde räumen können, akzeptiere ich, nur für den Herrn Präsidenten Siad Barre und das somalische Volk, eine Verlängerung des Ultimatums um 30 Minuten.*

Das war um 16 Uhr 50 Ortszeit Mogadischu. Noch einmal dreißig Minuten Verlängerung im Wartesaal der Landshut.

Hannelore Piegler, die Chefstewardeß, sagt über diesen Moment:

Man schenkte uns eine halbe Stunde, wir werden noch eine halbe Stunde länger leben müssen mit all unserer Todesangst, dachte ich und: Weine doch endlich, jetzt hast du Zeit, um dein Leben zu trauern. Aber es war keine Trauer in mir, und ich erlebte auch nicht aufs neue die Stationen meines Lebens. In mir war als einziges Gefühl, neben der Angst, nur der brennende Haß auf das Versagen der Menschen da draußen.

Doch einige denken zurück. Die jungen Mädchen, die gerade ihr Leben verpassen, flüchten sich im Gefühl zu den Eltern. Wenn wenigstens einer von uns Geschwistern überlebt, denkt Iris, sie können es dann den Eltern erzählen. Gaby ist erst dreiundzwanzig. Wieviel Glück, wie viele Kinder, wieviel Leben und Freude wird jetzt abgeschnitten, verschwendet. Ein unbeschwertes Leben war es bisher gewesen. So wird es nie wieder sein.

»Stefan, das war's jetzt. Das ist das Ende.« Auch Birgit sitzt gefesselt neben ihrem zehnjährigen Sohn. Sie hat, wie so viele, Tränen in den Augen, Tränen zum Abschied vom Leben, von diesem Jungen. Aber Stefan hat eine tiefe Hoffnung. »Wir kommen hier raus! Du wirst es erleben!« Er hat nichts Schlimmes erlebt, das Kind. Hat noch keine Zeitungen gelesen, denkt Birgit. Er kennt das Böse nicht.

Hartmut hat die Zeit verloren, sagt er, wartet stumm, vornüber gebeugt.

Die Gedanken, die in mir waren, gingen in verschiedene Richtungen: einerseits zurück und auf der anderen Seite in die Zukunft, hoffend, daß mein Leben nicht erlischt. Gepaart mit dem Gebet zu Gott, den ich anflehte, mich am Leben zu lassen. Das hat sich alles vermischt auf einer Ebene, daß ich auch überlegte: Wenn eine Bombe explodiert, wie weit erreicht die dich hier hinten? Was macht eine Druckwelle? Wenn du den Gurt losbekommen solltest, wie kommst du zur Tür und kannst trotzdem überleben?

Es sind diese Augenblicke, die sie später immer wieder mit »unbeschreiblich« bezeichnen. Das Gefühl der Todesangst: Man sieht etwas klar vor sich, sekundenlang – imaginiert den eigenen Tod – wie ein Gespenst in der Nacht. Ein tiefer Schlag, ein Trauma, die Verletzung tief im Innern bleibt zurück. Ganz tief wurzelt jetzt der Schrecken in ihnen, niemals mehr werden sie ihn los.

Einige werden für den Rest ihres Lebens beim Rufen einer arabischen Stimme wieder zu Tode erschrecken.

Plötzlich holt ein Quäken des Funkgeräts Machmud ins Cockpit.

Noch 10 Minuten bis zur Sprengung der Maschine. Der Tower fragt an, ob Machmud mit einem deutschen Diplomaten sprechen wolle. Machmud willigt ein.

Michael Libal: *Ich habe eine sehr wichtige Nachricht für Sie. Wir haben gerade die Nachricht bekommen, daß die Häftlinge in den deutschen Gefängnissen, die sie befreit haben wollen, hier nach Mogadischu geflogen werden sollen. Aber wegen der großen Entfernung zwischen der Bundesrepublik und Mogadischu können sie nicht vor morgen hier landen.*

Machmud: *Hier spricht Captain Martyr Machmud. Ich spreche Sie an, Vertreter des faschistischen, imperialistischen westdeutschen Regimes. Sie wagen, mich um eine Verlängerung des Ulti-*

matums bis zum Morgen zu fragen. Stimmt das, Herr Vertreter des deutschen Regimes?

Michael Libal: *Im Prinzip stimmt das, da die Häftlinge, die hierher geflogen werden sollen, wegen der Entfernung zwischen der Bundesrepublik und Mogadischu nicht früher hier eintreffen können.*

Machmud: *Wie groß ist die Entfernung zwischen der Bundesrepublik und Mogadischu, Herr Vertreter des westdeutschen Regimes?*

Aber der Tower tut, als sei er eben selber von der Nachricht überrascht worden und müsse sich erst erkundigen. Machmud behauptet, er kenne die Entfernung genau. Er wird die Leute auf der anderen Seite auf die Probe stellen.

Machmud geht sofort in die Kabine und läßt Vietor die Fesseln aufschneiden. Vietor muß die Entfernung Frankfurt-Mogadischu auf Kilometer und Stunde genau ausrechnen.

Im Tower warten sie gespannt auf die Wirkung des Angebots.

In letzter Minute hatte sich Hans-Jürgen Wischnewski zu diesem Trick durchgerungen. Wenn der Entführer das schluckte, dann hätte man zehn Stunden Zeit gewonnen, Zeit, den Sturm auf die Maschine vorzubereiten.

Vietor rechnet im Cockpit an der Reisezeit herum und sagt schließlich: »Round about eight hours.« *Es ist inzwischen 17 Uhr 25 in Mogadischu, fünf Minuten vor Ablauf des letzten Ultimatums.*

Machmud läßt jetzt seinen Zorn an der anderen Seite ab. Er kennt die Flugzeitberechnung von Vietor und fragt nach, was die angebotene Verlängerung von 13 Stunden bedeuten soll. 13 Stunden – das ist für ihn die Flugzeit von New York nach Mogadischu.

Machmud: *Noch vier Minuten bis zum Ende des Ultimatums. Wenn Sie uns täuschen wollen oder Spiele mit uns spielen wollen, ich ziehe es vor, mit Sprengstoff zu spielen. (...) Und wenn Ihre Regierung des westdeutschen Regimes glaubt, es werde hier ein zweites Entebbe geben, dann träumen Sie.*

Doch dann ist es gelungen: Machmud läßt sich endlich darauf ein, weitere 10 Stunden für den Transport der RAF-Mitglieder aus Deutschland einzuräumen.

Draußen laufen sofort die Vorbereitungen für eine Erstürmung an.

Wann erfuhren die Passagiere von diesem Wunder?

Hartmut, der noch spekuliert, wie er der Druckwelle vielleicht doch entkommen könnte, erkennt an der Haltung Machmuds, daß etwas Besonderes geschehen sein mußte. Noch bevor er die ersten Worte genau versteht, erkennt er an der Stimme des zuvor so finsteren Mannes, daß er eine gute Botschaft für sie alle hat.

Die euphorische Stimme, den Atem, den Schritt fühlt man sogar in der letzten Reihe. Man wird wieder sensibel, nimmt Kontakt nach vorne auf, weil das Hoffnungsflämmchen vielleicht ein bißchen Nahrung bekommen könnte. Solange dort vorne an Bomben experimentiert oder mit Cognacflaschen hantiert wurde und dumpfe Befehle ergangen, daß die Fesseln nachgezogen werden mußten, erreichte eigentlich gar nichts mein Ohr. Aber jetzt, in dem Moment ...

»We all will be free! Wir werden frei sein.«

Die Erinnerung, aus dem Tod zurückgerufen zu werden, setzt bei den meisten Passagieren damit ein, daß Machmud selber den Vorhang zur ersten Klasse aufgezogen hat und diese Sätze verkündet. »Es ist okay. Sie werden austauschen!«

In Wellen setzt sich diese Wendung durch die Reihen im Flugzeug fort. »Austausch, wir kommen frei!«

Lachen und Weinen. Demonstrativ zieht der Anführer nun die Drähte aus den Zündern am Sprengstoffpaket. Die Gefahr ist vorüber. Dann läßt er auch schon den ersten Passagieren die Fesseln abnehmen. Mit Messern und Scheren, damit es schneller geht. Viele haben Angst, daß ihnen die Finger abgestorben sind.

Souheila erzählt mir von dem wunderbaren Augenblick in ihrem Leben. »Wir waren, alle zusammen, wirklich glücklich. Es war auch für uns das Ende einer Tragödie.«

Machmud geht stolz die Reihen entlang. Er scherzt mit den Passagieren. »Nun wird auch die alte Dame hier ihren Termin beim

Friseur einhalten können!« Er hat sein Kommando erfolgreich abgeschlossen. Das Aufschneiden der Fesseln geht nun schnell. Wer schon die Hände frei hat, darf seinen Nachbar befreien.

Dann ein Schrei: »Stop!«

Machmuds Stimme macht sie alle in der Sekunde stumm. Er hat sich umgedreht und geht langsam auf einen Passagier zu. Der Mann ist starr vor Schreck. Langsam nimmt ihm Machmud das Feuerzeug aus der Hand. »Nicht rauchen. Sonst fliegt das Flugzeug in die Luft.«

Die Luft war in der Hitze voller Alkoholdämpfe, da genügte ein Funke.

Neben Hartmut stöhnt eine Frau ausgelassen: »Jetzt bin ich schon wieder urlaubsreif!«

Auch die Passagiere der Landshut glauben in diesem Moment, daß Helmut Schmidt dem Austausch zugestimmt hat.

Das Telefon Wischnewskis steht in einem kleinen Abstellraum im Flughafen von Mogadischu, dicht beim Tower. Ein Tisch, einige Stühle und ein kleines Oberlicht. Von hier aus hält der Minister von nun an den Kanzler ständig auf dem laufenden. Allerdings war die Verständigung nicht gut, immer wieder brach die Verbindung zusammen. Der Bundesminister war deshalb mit allen Vollmachten ausgestattet und konnte für diesen Fall auch ohne Rückfragen entscheiden.

Zuerst hatte Wischnewski dem Kommandeur der GSG 9, Ulrich Wegener, das Okay gegeben.

Das geschah ziemlich formlos. »Junge, wir haben Prokura. Ihr könnt das jetzt machen!« Einzelheiten über den Sturmangriff wollte er gar nicht erst wissen. »Sie haben Ihren Auftrag, Wegener. Sie machen das. Wir vertrauen auf Sie!«

Als in Mogadischu um 17 Uhr neu gepokert wurde, bekam in Stammheim der Gefangene Andreas Baader im Auftrag des Bundeskanzlers einen Besuch. Horst Bubeck ging zur Zelle Baaders, um den Besuch anzukündigen und den Gefangenen in die Besucherzelle zu führen. Er eröffnet Baader, Dr. Hegelau sei als Vertreter für den Staatssekretär Schüler gekommen. Baader läßt die Tür zu seiner Zelle noch mal schließen. »Ich muß noch mal schiffen!«

Bubeck steht vor der Tür, wartet. Er wartet ziemlich lange auf das Lichtzeichen von Baader. Langsam wird er ärgerlich. »Entweder kommst du jetzt raus, oder wir lassen es bleiben!«

Die Stimmung bei den Beamten in Stammheim war mit der Entführung der Landshut nicht besser geworden. Sie mußten damit rechnen, daß die RAF-Elite bald in irgendeinem Flugzeug hoch über das Gefängnis in den Orient ausgeflogen würde. Auch Bubeck wußte natürlich nicht, daß in Bonn längst die Entscheidung gegen jeden Austausch gefallen war. Die würden wieder einmal ihren Willen kriegen, dachte er, und sich mit ihrer Erpressung durchsetzen.

Ihre Dreistigkeit stieß Bubeck übel auf. Mit Hilfe der Ärzte und Gutachter waren ihnen nach den Hungerstreiks Sonderrationen und ein spezieller Speisenplan genehmigt worden. Lieferungen von rohen Eiern gehörten dazu. Als Baader einem Beamten einmal an der Tür sein rohes Ei vor die Nase hielt und fordernd die Minutenanzahl für das Kochen angab, war es zum Streit gekommen. Der Kollege wollte dem Gefangenen heute das Ei nicht kochen. Baaders Antwort war kurz und drohend: »Wenn ich will, legst du für mich Eier!« Soweit war das gekommen. Es war lachhaft.

Treffen konnte man sie eigentlich nur mit einem Argument: »Herr Baader, stellen Sie sich doch mal in eine Fabrik, und hören Sie sich an, was die Arbeiter über Sie reden!« So was mußte man ihnen vorhalten.

Bubeck sagt: »Bei den Arbeitern, bei den einfachen Menschen hatten sie sicher keine Sympathien. Und das wußten sie!«

Nach der ärgerlich langen Wartezeit kommt Baader aus der Tür, stürmt über den langen Flur zum nächsten Gitter. Das ist merkwürdig. Normalerweise liebt er es nicht, voranzugehen und an einem verschlossenen Gitter auf den Beamten warten zu müssen.

Was – so überlegte sich Bubeck danach immer wieder – hat Baader in der Zelle so lange gemacht?

Sein Verdacht heute ist: Andreas Baader hatte schon die Pistole am Körper versteckt gehabt, um Staatssekretär Schüler, den Freund und Vertrauten des Bundeskanzlers, damit zu bedrohen.

Als er erfuhr, daß mit Dr. Hegelau nur dessen Vertreter kam, hat er die Waffe wieder im Plattenspieler versteckt. Er hätte Schüler als zusätzliche Geisel nehmen können, um die Auslieferung nach Mogadischu zu beschleunigen. Baader konnte noch nicht wissen, was sich dort in Afrika vorbereitete.

Alfred Klaus sah an diesem Tag seine letzte Chance, die Führungskader der RAF an der Befreiung der Geiseln zu beteiligen. Vor allem die letzte Chance, das Leben Hanns-Martin Schleyers zu retten. Dr. Hegelau war immerhin der erste Vertreter der Politik, der von Helmut Schmidt nach Stammheim geschickt wurde. So saßen sie für zwei Stunden gemeinsam auf dem Rücksitz des Dienstwagens, und Klaus bekniete seinen Begleiter:

Ich kenne die Gefangenen seit vielen Jahren. Ich bin überzeugt, daß die beiden Männer, Baader und Raspe, nicht wirklich sterben wollen. Das ist mein Gefühl. Versuchen Sie doch mal, mit ihnen zu sprechen.

Klaus erläutert seinen Alternativvorschlag, die Anwälte wieder ins Spiel zu holen. Er gesteht, daß ihm ausdrücklich verboten ist, so etwas hier zu besprechen. Aber:

Es ist vielleicht die letzte Möglichkeit, das Leben Hanns-Martin Schleyers zu retten. Der Baader ist der Chef. Wenn der anordnet, den Schleyer freizulassen, das würde Eindruck in der Öffentlichkeit machen. Wenn wir ihnen vorschlagen, die Kontaktsperre aufzuheben und wieder die Anwälte zu ihnen zu lassen, ja, wenn wir die Gefangenen selber an den Verhandlungen auf diese Weise mit den Entführern beteiligen. Herr Dr. Hegelau, das ist doch gar nicht deren Sache, Flugzeuge zu entführen. Das ist nicht die RAF. Wir müssen versuchen, denen eine goldene Brücke zu bauen.

Der Beamte neben ihm, so die Erinnerung von Klaus, ließ sich nicht von seinem Auftrag abbringen.

Er hatte keine Vollmacht, mit diesen Gefangenen irgendwelche abenteuerlichen Pläne zu verhandeln. Der Bundeskanzler war gerade dabei, in Mogadischu die GSG 9 einzusetzen. Man durfte auf keinen Fall den Gefangenen in diesem Punkt reinen Wein einschenken. Seine korrekte Antwort: »Dazu bin ich wirklich nicht befugt, Herr Klaus!«

»Eigentlich ist es zu spät für dieses Gespräch.«

Baader redet sich dann noch einmal warm. »Die RAF hat diese Form des Terrorismus, wie Sie ihn nun erleben, bis jetzt abgelehnt. Die Möglichkeit einer Einflußnahme ist ja inzwischen versäumt worden.« Siebzig Minuten lang trägt er in einer fahrig-hastigen und manchmal nicht ganz deutlichen Sprechweise die Ziele und den Zustand der RAF vor.

»Es gibt zwei Linien des Kampfes gegen den Staat. Die Bundesregierung hat durch ihre Haltung jetzt dieser zweiten extremen Form des Kampfes zum Durchbruch verholfen.« Dr. Hegelau dachte an die Morde des Jahres 1977, an die vielen Toten auf der Straße. Hatte Baader die vergessen?

Hegelau: »Herr Baader, wo fängt denn Ihrer Meinung nach der Terrorismus an?«

Die Antwort Baaders: »Eben bei dieser Form terroristischer Gewalt gegen Zivilisten, wie wir das jetzt erleben. Das ist nicht Sache der RAF! Die RAF hat langfristig eine gewisse Form politischer Organisation angestrebt. Das können Sie in unseren Schriften nachlesen.«

Industrie und Politik, Justiz und Polizei standen als Gegner auf dem Programm, nicht einfache Menschen. »Demgegenüber, was jetzt läuft, hat die RAF eine gemäßigte Politik verfolgt.« Baaders eigene Gewalt sei als Gegengewalt legitimiert. »Die Brutalität ist vom Staat provoziert worden.«

Baader schob sogar die Verantwortung für die Kommandos auf der Straße weit von sich. »Auch die Schleyer-Entführer sind uns, den Gefangenen hier, gar nicht persönlich bekannt. Wenn das Bundeskriminalamt behauptet, diese Aktionen sind hier aus dem Gefängnis gesteuert, dann trifft das allenfalls auf den ideologischen Bereich zu.«

Hegelau: »Welchen Einfluß haben Sie denn als Symbolfigur noch in dieser Geschichte?«

»Einmal sehe ich eine weitere Brutalisierung, einen totalen Krieg in der Bundesrepublik, auf der anderen Seite sehe ich die Möglichkeit für einen geregelten Kampf. Noch bestehen Möglichkeiten, auf die Gruppen in der Bundesrepublik Einfluß zu nehmen. Damit können wir hier die Entwicklung zu einem brutalen Terrorismus verhindern!«

Baader konnte sich vorstellen, wie sehr die Entführung der Landshut die Menschen empört hatte. Mit der Landung in Mogadischu saß auch Baader in der Falle. Schach! Die Befreiung der Geiseln aus der Landshut wäre das Matt.

Es bliebe ihnen nur noch übrig, die eigenen Figuren vom Feld zu stoßen.

Aber Baader wollte leben. »Sagen Sie Schmidt: Im Falle einer Freilassung werden wir nicht in die Bundesrepublik zurückkehren. Wir werden unsere Zusage, keine Anschläge mehr zu verüben, einhalten.« Diesem Angebot fügt er noch eine Drohung hinzu: »Freigelassene Gefangene sind im Verhältnis zu toten Gefangenen auch für die Bundesregierung das kleinere Übel.«

Als sich Alfred Klaus an diesem Nachmittag um 15 Uhr 15 von Andreas Baader verabschiedete, wußte er nicht, daß er den Mann, der in den letzten zehn Jahren sein Leben so maßgeblich mitbestimmt hatte, nicht mehr lebend wiedersehen würde. Er hatte allerdings eine Ahnung. Aber ganz gegen seine Ahnung schrieb er in dem offiziellen Bericht an den Präsidenten des BKA: »Daß Baader zu diesem Zeitpunkt ernsthaft an eine Selbsttötung dachte, war nicht im mindesten (sic!) erkennbar.«

Ähnliche Eindrücke formulierte Dr. Hegelau. »Daß die Häftlinge in den Strafanstalten sterben könnten, wurde von ihm eher beiläufig erwähnt und gegenüber früheren Äußerungen, über die das Bundeskriminalamt berichtet hat, in keiner Weise konkretisiert.«

Man darf allerdings annehmen, daß diese Worte stark unter dem Eindruck der »Toten von Stammheim« und dem sofort danach einsetzenden »Mordverdacht« formuliert wurden. Alfred Klaus konnte mir, für seine Person, diese Vermutung bestätigen.

11 Grenzschutzgruppe Neun

Im Duty-Free-Shop des Flughafens in Mogadischu wurde ein Notlazarett errichtet. Kisten mit Verbandsmaterial und Blutplasma wurden aus der Boeing Wischnewskis ausgeladen. Wegener war dabei, seine Leute auf den Angriff vorzubereiten.

Die Landung der GSG 9 in Mogadischu war noch einmal ein heikler Moment gewesen. Aber Wegener hatte die sowjetischen Berater am Flughafen davon überzeugt, einige Starts und Landungen mit ihren MIGs zu fliegen. Vor diesem Hintergrund kam die Boeing mit der GSG 9 von den Terroristen unbemerkt rein. Sie landete mit abgeschalteten Landelichtern, rollte dann, ohne gesehen zu werden, an der Landshut vorbei und baute sich in der Nähe der Hangars auf.

In Mogadischu war es 20 Uhr 30. Zufällig gab es einige Journalisten auf dem Flughafen, die die Manöver am Flugfeld immer aufmerksamer beobachteten. Der deutsche Fernsehkorrespondent Kurt Stenzel hatte vom Flughafentower aus Kameraaufnahmen gemacht und die ersten schon mit einer Chartermaschine via Nairobi nach Frankfurt zur Tagesschau geschickt. Stenzel war von seiner Basisstation Kairo aus auf Verdacht nach Mogadischu geflogen.

Nun war er mit seinem Team zur richtigen Zeit am richtigen Platz.

In Deutschland hieß es in den 21-Uhr-Nachrichten, eine Maschine ohne Lichter sei auf dem Flughafen von Mogadischu gelandet. Möglicherweise, so der Sprecher, handele es sich dabei um eine Sonderkommandoeinheit.

Das Bundeskanzleramt setzte alles daran, die Weiterverbreitung dieser Meldung zu stoppen. Wenn die PFLP oder befreundete Stellen Machmud in der Landshut eine Warnung zukommen lassen hätten, wäre das Unternehmen »Feuerzauber« vor große Schwierigkeiten gestellt worden.

Aktion »Feuerzauber« – mit diesem Codewort wollte Wegener die Erstürmung der Landshut auslösen.

Er begrüßte seine Männer, ließ das Gepäck ausladen, dann wurde Halbkreis befohlen. Die zweiundsechzig Männer wurden in verschiedene Einsatzgruppen eingeteilt. Kleine Einheiten von drei bis fünf Mann, für die Türen vorne, über den Flügeln und die hinteren Eingänge. Jeder Sturmtrupp hat seinen Sturmtruppführer, der im Ernstfall frei und schnell entscheiden mußte. Die Einsatzräume waren, wie in Hangelar so oft geprobt, jedem Trupp eindeutig zugewiesen. Cockpit, erste Klasse, dazu die Aufteilung der Sitzreihen in der Economy. Jeder wußte, welchen Bereich er zu kontrollieren und freizukämpfen hatte.

Gleichzeitig sollten andere Männer des Sturmtrupps damit beginnen, die Geiseln zu evakuieren.

Wegeners Befehlsausgabe war kurz: *GSG 9 stürmt die Maschine! Hierzu werden eingesetzt: Sturmtrupp eins bis sechs, zwei Observations- und Scharfschützentrupps, ein Reservetrupp mit Rettungssanitätern. An erster Stelle steht die Rettung der Geiseln. Hierzu werden alle Terroristen kampfunfähig gemacht. Wie das aussieht, muß ich jedem einzelnen überlassen.*

Jeder von ihnen konnte Gesundheit und Leben verlieren. Doch niemand trat von diesem Auftrag zurück, obwohl Wegener es noch einmal ausdrücklich jedem freigestellt hatte. In großer Gefahr konnte man keinen Kämpfer gebrauchen, der seiner selbst nicht sicher war.

Die meisten hatten ihr Testament gemacht, man mußte das gar nicht ausdrücklich betonen.

»Freunde, das sind gefährliche Typen. Wir wissen, daß die vor keinem Verbrechen zurückschrecken!« Für das »Kommando Halimeh« gab es nun keine großen Chancen mehr, diese Nacht zu überleben. Die Nachricht vom Mord an Kapitän Schumann, der als ehemaliger Starfighterpilot auch ein Kamerad von ihnen war, hatte ihnen zusätzliche Motivation obendrauf gepackt.

Während Wegener seine Männer in die Stimmung und die Zustände an Bord der Landshut einwies, lief aus dem Tower ein Beschäftigungsprogramm für Captain Martyr Machmud.

Mit Unterstützung des Psychologen Wolfgang Salewski wurden besondere Botschaften in die andauernden Funkgespräche mit Machmud hineingepackt. Er mußte Beschäftigungsmaterial bekommen, das ihm Erfolgserlebnisse bescherte. Er durfte Strecken nachrechnen, den angeblich vorbereiteten Flug der Maschine mit den RAF-Mitgliedern und 15 Millionen Dollars an Bord kontrollieren. Es wird ihm vorgespielt, daß man in ganz Somalia und Umgebung keinen offiziellen Vertreter der türkischen Regierung finden konnte, um die Lage der zwei Gefangenen aus Ankara zu erfahren. Man versuche, die türkische Botschaft in Djidda zu erreichen.

Machmud glaubt jetzt tatsächlich an alle diese Scheinaktivitäten.

Fünf Tage lang hatte er sich wütend und heiser geschrien, hatte sogar einen Menschen ermordet – aber niemals war ihm irgend etwas von seinen Forderungen bewilligt worden. Nun sollte er mit einem Mal alles erreichen, worum er tagelang bis zur Erschöpfung gekämpft hatte. Diese Euphorie ließ ihn unvorsichtig werden. Die plötzliche Entspannung trieb seine Erschöpfung nur noch weiter voran. Mit Phantomverhandlungen sollte er müde gemacht werden.

Die GSG 9 wollte am frühen Morgen eingreifen. Dann mußte Machmuds Aufmerksamkeit soweit herabgesetzt sein, daß die Überraschung gelingen konnte.

Libal: *Captain Machmud, ich habe eine Nachricht für Sie. Das Flugzeug wird in Kairo um 23 Uhr 15 mitteleuropäischer Zeit starten. Ich möchte Sie nun fragen, ob Sie genaue Vorschläge für den Austausch der Geiseln haben? Over!*

Machmud: *Okay. Moment mal ... es soll ein somalischer Beamter bei Ihnen sein.*

Libal: *Warten Sie, ein hochrangiger somalischer General kommt jetzt . . .*

Machmud: *Erstens: Wir wollen keine Presse oder Fernsehkameras beim Austausch. Zweitens: Was ist mit den Genossen, die aus Deutschland kommen? Drittens: Wir wünschen, daß der Vertreter Somalias das Flugzeug, das jetzt auf dem Rollfeld in Mogadischu steht, untersucht und sicherstellt, daß dort niemand an Bord ist.*

Tower: *Welches Flugzeug bitte?*

Machmud: *Das die Delegation gestern brachte. Weiter fordern wir, daß die somalischen Streitkräfte das Lufthansaflugzeug auf dem Rollfeld umzingeln.*

Machmud hatte den Verdacht, daß die hereinkommende Boeing eine Art trojanisches Pferd voller deutscher Soldaten sein könnte.

Die Männer, vor denen Machmud sich fürchten mußte, befanden sich in diesem Moment ganz in seiner Nähe. Sie standen unter ihrer Boeing und rieben sich die Gesichter mit schwarzer Schminke ein. Ihre Waffen lagen vor ihnen auf dem Boden, die leichten Aluleitern für den Sturm auf die Türen schon auf die einzelnen Trupps verteilt. Sie trugen Jeans, Turnschuhe und bunte Hemden. Darüber die neuen Panzerwesten, die Wegener gerade noch rechtzeitig aus England besorgt hatte.

Die neue Schichtung dieser Westen rettete kurz darauf einem der Männer das Leben.

Wegener hatte einen Verbindungsoffizier im Tower, der über Funk ständig Kontakt mit ihm hatte. Was im Tower gesprochen wurde und wie sich die Lage im Gespräch mit Machmud darstellte, lief also über Kopfhörer direkt bei Wegener auf.

Journalisten und Kameraleute waren inzwischen in einen rückwärtigen Teil des Gebäudes gebracht worden. Es sollte keine ungebetenen Zeugen geben. Krankenwagen und Feuerwehr gingen verdeckt in Warteposition. Somalische Soldaten hatten das gesamte Flugfeld weiträumig abgesperrt. Weit vor der Maschine hatten sie Autoreifen mit Benzin präpariert. Auf ein Zeichen sollte ein Feuer entzündet werden, um das Entführerkommando für einen Moment ins Cockpit zu locken.

Wischnewski hielt Verbindung zum Bundeskanzleramt. Um 1 Uhr 50 Ortszeit ließ er Helmut Schmidt ausrichten: »Die Sache geht in zehn Minuten los!«

Das Bundeskanzleramt war in dieser Nacht ein Heerlager für die Prominenz aller politischer Parteien.

Ansteigende Spannung, gedämpfte Gespräche in kleinen Gruppen bei Cola, Wasser und Kaffee. Kommen und Gehen, Telefonklingeln, Namenrufen.

Für einen Moment holt Helmut Schmidt seinen obersten Kriminalbeamten zu sich. »Sagen Sie mal, Herold, was machen die eigentlich in ihren Zellen? Wie leben die da?«

Aber Herold war selber nie in Stammheim. »Ich bin nicht für den Vollzug zuständig.«

Er schildert kurz die Szene, wie sie ihm dargestellt wurde. »Sie haben alles auf den Boden runtergezogen, Plattenspieler, Bücher, die Matratze.«

Schmidt hatte davon noch nicht gehört, sich keine Vorstellung von den Zuständen in Stammheim gemacht. Er ist verblüfft.

Herold war von Schmidt immer fasziniert, vor allem von seiner rationalen Arbeitsweise. Alle Informationen wurden von Schmidt ständig in einem inneren Raster verankert.

»Er spielte alles methodisch durch, nicht emotional«, betont Herold.

Herold kann sich nicht erinnern, bei dieser Gelegenheit über die Selbstmorddrohungen aus Stammheim gesprochen zu haben. Vieles wurde bedacht, nur eben die Möglichkeit eines Selbstmords kam nicht zur Sprache. So will es zumindest auch die Erinnerung von Helmut Schmidt.

Anders die Erinnerung Böllings. Er sagte auf meine Nachfrage, die Notizen von Alfred Klaus seien ihm bekannt gewesen.

Die ehemaligen Offiziere befanden sich im Krieg. Nahmen sie den Tod ihrer eingesperrten Gegner in Kauf?

274

Für Klaus Bölling, den Pressesprecher, ist die Spannung dieser Nacht jedenfalls unvergeßlich. Jeder, sagt er, hatte doch trotz allem auch *die Ahnung eines Fehlschlags. Und vorweggenommen, vorweggefühlt, auch die Angst davor: wir alle, die hier sitzen, werden nachher die Schuldigen sein, wenn dieses Flugzeug verbrennt und keiner mit dem Leben davonkommt.*

Die Presse hätte sie alle an die Wand gestellt. Damit mußte man rechnen.

Also warten sie auf die Nachricht, daß es wenigstens nur mit einigen wenigen Opfern, Verletzten und Toten ausgegangen ist.

Alles hängt von der nächsten Stunde ab. Schmidt wird sofort zurücktreten, wenn es in Mogadischu Tote gibt. Die Hoffnungen liegen jetzt bei der GSG 9.

Wegener hat mir von einem letzten Telefongespräch mit dem Bundeskanzler erzählt.

Aufmunternde Worte, letzter Zuspruch vom Kanzler. Wegener konnte nicht versprechen, daß er alle Männer heil aus dem Flugzeug rausbekommen würde. Schmidt: »Wegener, Sie machen das jetzt! Sie ziehen die Operation durch. Sie können das, und wir haben Vertrauen zu Ihnen. Wir kennen Sie und Ihre Leute. Über alles andere reden wir später. Ich übernehme die Verantwortung!«

12 Aktion Feuerzauber

Dreitausend Meter Anmarschweg zur Landshut. Sechs Sturmtrupps zu je fünf Mann gehen langsam, einer hinter dem anderen, gebückt mit ihren Leitern voran. Dazu Reserve und Sanitäter. Die Flughafenbeleuchtung brannte selbstverständlich. Jede Veränderung hätte das Kommando in der Landshut gewarnt.

Die Männer mit den geschwärzten Gesichtern kommen aus dem toten Winkel, unendlich langsam, auf die Maschine zu.

Vor der Heckflosse der Landshut teilen sich die Sturmtrupps, ziehen links und rechts vorbei, bauen sich unter den Türen auf.

Rüdiger von Lutzau beobachtet das alles aus dem Cockpit seiner Boeing. Nun war der Moment gekommen, in dem auch über das Leben seiner Gaby entschieden wurde. Er konnte nicht länger hinsehen. Sein Kollege Harry beschreibt ihm die Szene. Im Kopfhörer hat Rüdiger immer noch die Stimme Machmuds, der nun unentwegt beschäftigt wird. Er hatte schon die Passagiere in Gruppen eingeteilt, die gegen einzelne RAF-Mitglieder ausgetauscht werden sollen.

Jetzt ordnet er gerade die Übergabemodalitäten an.

Machmud: *Niemand darf sich der von der Halimeh-Einheit kommandierten Lufthansamaschine nähern. (...) Wenn die Deutschen landen, um unsere Genossen zu bringen, müssen Sie uns vorher darüber informieren.*

Die Sturmtrupps stehen unter der Maschine.

Machmud: *Der Kommandeur der Einheit Martyr Halimeh wird einen der Genossen auffordern, an unser Flugzeug zu kommen, zur Identifizierung, um damit der anderen Genossen sicher zu sein.*

Tower: *Verstanden.*

Machmud: *Nach dieser Untersuchung wird der Genosse zu den somalischen Stellen auf dem Flughafen zurückgehen.*

Auf ein Zeichen haben die Sturmtrupps die leichten Aluleitern aufgerichtet und ganz vorsichtig unter die Türen geschoben. Die beiden Türen unterm Cockpit sind jetzt besonders gefährdet. Ein Blick Machmuds aus dem Fenster hätte ihm gezeigt, was sich unter der Landshut vorbereitete. Doch Cockpit und Tür befanden sich ständig im Visier der Sicherungsschützen. Machmud hätte nicht mal Zeit gehabt, Alarm zu schlagen.

Zwei Männer sichern mit ihrem Körpergewicht die Stabilität der Leiter. Die drei anderen schleichen sich auf den Doppelsprossen nach oben. Der erste Mann wird auf ein Zeichen den Türverschluß von außen herumdrehen und die Tür mit einem Kunstgriff aufreißen, so daß der zweite Mann, jetzt noch auf der Schulter des dritten, sofort mit der Pistole im Anschlag in die Maschine hineinstürmen kann.

Machmud konnte nicht aus dem Cockpitfenster sehen, weil er am Mikrophon und auf seinem Platz festgehalten wurde.

Plötzlich bricht das Aufzeichnungsband ab – dies könnte der Moment der Erstürmung sein.

Souheila berichtet, Machmud habe ihr in diesem Augenblick zugerufen: »Verrat – wir sind verraten!«

Eine Sekunde später werfen die beiden SAS-Männer, Davies und Morisson, ihre Blend- und Lärmgranaten vor das Cockpit. Im gleichen Moment werden alle sechs Türen der Landshut gleichzeitig geöffnet, die ersten Männer stürmen in die Maschine. 30 Sekunden nach Beginn der Aktion ist die GSG 9 in der Landshut.

Was in den nächsten Minuten dort geschah, wird widersprüchlich berichtet. Selbst im Prozeß gegen Souheila Andrawes konnten die Ereignisse nicht zweifelsfrei geklärt werden.

Machmud wird vorne im Cockpit von mehreren Schüssen getroffen und stürzt, tödlich verwundet, zwischen die Pilotensitze.

Die rechte Tür der Landshut ließ sich nicht sofort öffnen, weil dort Müll und Wasserkisten gestapelt waren. Aber gerade hier hatte ein Mann seinen Arm durch die halboffene Tür gestreckt und schoß in die Maschine. Hat er Machmud getötet? Hatte Machmud auf diesen Mann geschossen? Der hinter ihm stehende Kämpfer wurde leicht verletzt. Der Sturmtrupp konnte jedenfalls an der linken Tür an Machmud vorbei – ein Mann sicherte den Verletzten – in die erste Klasse vordringen. Hier erhob sich Nabil, der in einem Sessel geschlafen oder sich hinter diesem Sessel versteckt hatte, und schoß auf die Angreifer.

Auch Souheila stand im Gang der ersten Klasse. Wollte sie Machmud zu Hilfe kommen? Die von vorne eindringenden Kämpfer schossen sofort auf Nabil und Souheila, die getroffen in den Gang fielen.

Die Passagiere der Landshut hatten Knall und Lichtblitz bemerkt. Einige schreckten allerdings erst auf, als sie die ersten deutschen Stimmen hörten: »Köppe runter – down – hinlegen!« Die Sturmtrupps an den hinteren Türen hatten die Toiletten geprüft und sich gleichzeitig links und rechts hinter der letzten Reihe mit einem Mann als Langsicherung aufgebaut.

Köpfe runter – das war ein simpler Trick, der im engen Flugzeug sofort Freund und Feind scheiden sollte. Die Gegner würden stehen bleiben und zurückfeuern. Zwei weitere Männer suchten sofort links und rechts die Reihen durch, um Platz für Platz zu klären, ob sich ein »Ziel« (Tango) hier versteckte. »Tango eins außer Gefecht«, hieß es vorne, nachdem Machmud getroffen war.

Unmittelbar hinter den kontrollierenden Sturmtrupplern wurden die Passagiere evakuiert.

Sofort hochgezogen, rausgeholt aus den Reihen, runter an die Tür und nach draußen. Das alles geschah gleichzeitig auf den Flügeln, wo die Notausgänge schon geöffnet waren und die ersten erstaunten Passagiere plötzlich auf den Wings standen. Sie wurden sofort nach unten weitergereicht.

Während dieses gleichzeitigen Ablaufs von Stürmen und Evakuieren gab es einen Mann, der mit gezogener Pistole von hinten auf Souheila und Nabil zurannte und ebenfalls feuerte.

Ulrich Wegener sagt mir, er selber sei der Mann gewesen, der den langen, gefährlichen Weg von hinten durch die ganze Maschine gerannt sei. Nabil hat zuerst nach hinten und dann nach vorne gefeuert. Dabei ist er sowohl von Wegener als auch von den vorne eindringenden Männern getroffen worden.

Als er getroffen in den Gang stürzt, läßt Nabil eine Handgranate fallen. Der Ring ist gezogen, das Ei rollt auf dem Boden direkt auf den Platz von Gaby Dillmann zu. Sie kauert zwischen den Sitzen, das Bein an der Granate. Das Schießen und die Schreie der hereinstürmenden Männer erlebt sie im Gefühl begeisterter Zustimmung. »Die einzig richtige Lösung! Die einzig richtige Lösung!« Wie ein Gebet murmelt sie das immer wieder vor sich hin.

Dann explodiert die Handgranate.

»Jetzt ist dein Bein ab. Oder der Fuß – ist ja auch Wurst! Wenigstens die Lunge nicht geplatzt!« Gaby spürt: ihr Gesicht ist noch in Ordnung. Das Rückgrat, alles in Ordnung. Sie bewegt die Zehen. Nur Verletzungen am Unterschenkel – es war eine Übungshandgranate.

Die befreiten Passagiere wurden schnell zu den Dünen in eine Senke geführt. Wegener fürchtete, eine Explosion der Landshut könnte gerettete Passagiere verletzen. Hier lagen die ersten Männer und Frauen auf der Erde und begriffen, daß sie jetzt frei waren. Sie umarmten sich und weinten vor Freude. »Wir haben es geschafft!« Die Freundinnen drückten sich und küßten sich, einige rollten sich vor Freude im Sand. Sie waren mit dem Leben davongekommen.

In der Landshut lagen drei sterbende Menschen vom Kommando Martyr Halimeh. Aber wo war Nadia, die schöne kleine Person?

Sie wurde schließlich auf der vorderen Toilette neben dem Cockpit entdeckt. Wenn die Tür zum Cockpit aufstand, verdeckte sie die Toilettentür ganz. Erst bei geschlossener Tür konnte man am roten Zeichen sehen, daß die Toilettentür von innen verschlossen war. Zeugen sagen, Nadia habe von innen durch die Tür geschossen, und erst danach sei das Feuer von der GSG 9 durch die verschlossene Tür erwidert worden. Vielleicht hat ein Mann auch nur Einschußlöcher in der Tür gesehen und hineingefeuert. Sie war jedenfalls tödlich verwundet, als man die Tür öffnete.

Sie ist zu Boden gerutscht, Kopf nach hinten, gibt den Blick frei auf das T-Shirt mit Che Guevara. Das traurige Bild eines jungen Mädchens, dessen Leben hier überraschend zu Ende gegangen ist.

Eine Pistole ist auf dem Foto nicht zu sehen.

Einige Zeugen wollen eine dritte Pistole gesehen haben, eine silbern glänzende Waffe. Aber die Passagiere wissen nur von zwei Pistolen. Wenn eine der Waffen in der Hand Machmuds und die andere bei Nabil war, dann wäre Nadia auf der Toilette unbewaffnet gewesen.

Mit dem Codewort »Fire Magic« hatte um 2 Uhr 05 Ortszeit der Sturm auf die Landshut begonnen. Sieben Minuten später, um 2 Uhr 12, kam das Codewort für das Ende des Kommandos: »Springtime«. Die Meldung an Wischnewski war kurz: »Vier

Terroristen kampfunfähig. Keine eigenen Verluste. Ein Verletzter beim Sturmtrupp.«

In Bonn ist es kurz nach Mitternacht.

Helmut Schmidt wird ans Telefon geholt. Am anderen Ende ist Wischnewskis Stimme zu hören. Wieder eine undeutliche, schlechte Verbindung. Schmidt wiederholt den Text, so daß alle im Bundeskanzleramt mithören können.

Bundeskanzler: *Schmidt hier! Ich höre!*

Wischnewski: *Hallo?!*

Bundeskanzler: *Sprich langsam und laut bitte.*

Wischnewski: *Das Flugzeug ist geknackt.*

Bundeskanzler: *Nicht verstanden.*

Wischnewski: *Die Arbeit ist erledigt.*

Bundeskanzler: *Die Arbeit ist erledigt.*

Wischnewski: *Drei tote Terroristen.*

Bundeskanzler: *Drei tote Terroristen.*

Wischnewski: *Ein GSG-9-Mann verwundet. Sonst keine weitere Erkenntnisse.*

Bundeskanzler: *Sonst keine weiteren Erkenntnisse.*

Helmut Schmidt ist erlöst und tief bewegt. Die Anspannungen der letzten Wochen fallen von ihm ab. Mit Tränen in den Augen teilte er der großen Runde den Erfolg von Mogadischu mit. Keine Toten und keine Verletzten in den eigenen Reihen. Mit soviel Glück hatte niemand gerechnet.

Aber das Glück und die Freude dieser Nacht waren nur von kurzer Dauer. Wenige Stunden später kam eine Nachricht aus Stammheim, die sie alle wie eine Keule traf.

Und dann war da auch immer noch der Mann Schleyer in seinem Gefängnis.

Jubel bei den Geiseln. Bald sind alle in der großen Mulde bei den Dünen versammelt. Die getrennten Freunde Hartmut und Rhett finden wieder zusammen. Iris und Kerstin, die Sportlerinnen, sind so schnell gelaufen, daß keine Explosion sie eingeholt hätte. Gaby, mit blutenden Beinen, auf dem Arm Ulrich Wegeners. Ein pfiffiger Junge, Steffen, der sofort mal die Pistole von Wegener in die Hand nehmen will. Einer ist dabei, den sie im Dunkeln alle nicht wiedererkennen: Jürgen Vietor hat im Getümmel der Evakuierung sein Toupet verloren, zeigt jetzt eine Halbglatze. »Ich bin's doch, euer Copilot.«

Später in der Nacht ließ sich Jürgen Vietor von einem Offizier noch einmal zur Landshut fahren. Noch immer brannten die Lichter in der Maschine. Ganz alleine besteigt er den fliegenden Sarg. Müll, Dreck und Blut auf dem Boden, an den Wänden – eine schauerliche Wiederbegegnung.

Er sucht an seinem Platz und findet tatsächlich sein Toupet wieder.

Vietor verrät dem Staatsminister, wie sehr die Leute auf die Regierung geschimpft haben. »Wischnewski, es ist höchste Zeit, daß du gekommen bist!«

Kurt Stenzel hat schon seinen Kameramann zu den Passagieren gebracht und läßt sie von ihrer langen Odyssee über die Kontinente erzählen. Eine aufgekratzte Aufgeregtheit und ein müdes Glück steht in ihren Augen.

Als die Rolltore vor ihnen hochfahren, glauben sie sich in einer anderen Welt. Während der ganzen Reise hatten sie sich isoliert gefühlt, allein mit ihrem Schicksal, verlassen von Gott und allen Menschen. Plötzlich geht ein Vorhang hoch, und sie merken, daß sie die ganze Zeit auf einer Bühne gelebt haben. Die ganze Welt weiß von ihnen, Nachrichtensendungen haben seit Tagen rund um den Globus kein anderes Thema.

Ein junger Mann rennt suchend durch die Halle, dann geht er in die Knie. Rüdiger von Lutzau hat auf dem Boden Gaby gefunden. Sie staunt den Mann in der Lufthansa-Uniform an. »Wo kommst du denn her?« Es war unglaublich.

»Ich bin hinter dir hergeflogen – die ganze Zeit!« Ein Fotograf sieht die Szene und drückt auf den Auslöser. Gaby und Rüdiger liegen sich in den Armen. Wischnewski dreht sich erstaunt um und sieht das Glück zu seinen Füßen.

Zehn Monate kannten sie sich, und jetzt hat Rüdiger auf dem Fußboden eine wichtige Frage: »Willst du mich heiraten?« Gaby beiläufig: »Na klar!«

Dann wird die erste Bahre durch die Menge getragen. Souheila Andrawes liegt blutig und zerschossen darauf. Sie hebt die rechte Hand hoch und macht das Victory-Zeichen. »Sieg der Araber! Sieg der Araber!« ruft sie in ihrer Muttersprache.

Jutta geht auf die Bahre zu, und ihr ganzer Mund ist voll Spucke. »So, jetzt kannst du ihr etwas heimzahlen, und jetzt gehst du hin und spuckst ihr mitten ins Gesicht!«

Dann sieht sie das Blut. Ihre Wunden, vielleicht tödlich, Wut und Rache werden zu Mitgefühl. »Es war so«, sagt sie, »daß ich sie am liebsten gestreichelt hätte, weil sie im Moment doch wieder als Mensch vor mir lag und mir leid getan hat.«

Draußen, vor der Halle, steht ein kleiner Wasserwagen. Eine der befreiten Frauen legt ihr klebriges Oberteil ab und hält den Kopf unter das frische Wasser. Naß und nackt steht sie da.

»Den Schwarzen sind sicher die Augen aus dem Kopf gefallen, aber darauf habe ich überhaupt nicht geachtet.«

13 Tote in Stammheim

Es war nicht leicht, die Passagiere alsbald wieder in ein Flugzeug zu setzen. Sanft brachte Wischnewski die Leute dazu, einzusteigen. Wegener setzte einige bewaffnete Männer mit in die Maschine. Es konnte immer noch sein, daß auch unter den Passagieren ein bisher unentdeckter Hijacker versteckt geblieben war.

Ich war eingepackt in Watte, sagt Gaby. *Ich hatte dicke Schichten rosa-rote Watte um mich. Und ich hab die Welt eigentlich nur noch in den angenehmsten Farben gesehen. Es konnte mir jetzt nichts mehr passieren. Alles, was mir in Zukunft jetzt passieren wird, war weniger schlimm als das.*

Köln/Bonn. Als Helmut Schmidt der Stewardeß, die man mit ihrer Verletzung auf einen Stuhl in die Flughafenhalle gesetzt hat, die Hand schütteln will, zieht sie den Bundeskanzler einfach runter und gibt ihm vor allen Kameras einen Kuß.

Die Meldung von den Selbstmorden in Stammheim geht an Gaby vorbei, ohne großen Eindruck zu machen. Sie selbst hatte ihren Part in dem Stück gespielt und überlebt.

Machmud, Nadia und Nabil waren bereits tot, als die Passagiere abgeflogen waren. Souheila überlebte und war für ein Jahr in Somalia im Gefängnis. Danach soll sie für eine Ladung Öl freigelassen worden sein.

Als Gaby auf der Rückfahrt im Autoradio Waschmittelwerbung hört, da bemerkt sie, daß sich etwas verschoben hat zwischen ihr und der Welt. Sie kann es nicht begreifen. Was für Probleme die Menschen in der normalen Welt so haben!

Das kann doch nicht wahr sein, daß man sich um Waschmittel Gedanken macht. Wo man froh sein kann, daß der Himmel blau ist, daß man tief Luft holen kann, wo man froh sein kann, daß man lachen, reden, sitzen, stehen, gehen und schlafen kann.

Diesen Blick von außen auf die Gesellschaft hat die Stewardeß Gaby Dillmann, die heute Gaby von Lutzau heißt, mit hinüber in den Alltag einer künstlerischen Existenz genommen. Sie arbeitet an Plastiken, große Wächterfiguren aus Holz darunter.

Sie stehen im Haus und beschützen Gaby, Rüdiger und ihre beiden Kinder.

Klaus Bölling diktierte bald nach den ersten Meldungen eine gemeinsame Erklärung aller Verantwortlichen.

Die Geiseln von Mogadischu sind frei. (...)

Wir danken den tapferen Männern der Gruppe 9 des Bundesgrenzschutzes, die für die Geiseln, für die Besatzung der Lufthansa-Maschine und in Wahrheit für die Gesamtheit der Bürger dieses Staates ihr Leben gewagt haben.

Die Bundesregierung hatte in diesem Fall nur scheinbar eine Wahl. Hätte die Bundesrepublik Deutschland die elf terroristischen Täter freigelassen, so wären sie alle zurückgekommen, genau wie jene Terroristen, die Peter Lorenz entführt haben. Und wie diese hätten sie neue schreckliche Mordtaten begangen.

Damit hatte die Regierung die Karten aufgedeckt. Nur »scheinbar« konnte man verhandeln. Für die Landshut und ihre Passagiere war das jetzt gleichgültig.

Aber noch war Schleyer in Geiselhaft.

In dieser Stunde appellieren wir und mit uns alle Bürger noch einmal an die Entführer von Hanns-Martin Schleyer: Geben Sie Schleyer frei, und begreifen Sie, daß der Weg des Terrors der Weg in die Selbstzerstörung ist.

Hans-Jürgen Wischnewski hatte es schon vor Ort gespürt: »Wir mußten Entscheidungen für die Maßnahmen in Mogadischu treffen, die fast zwangsläufig zur Ermordung von Dr. Schleyer führten.«

Die Nachricht ging um die Welt.

In Bagdad hören über den Auslandsdienst der BBC und den Deutschlandfunk auch Tony, Karla und die anderen mitgereisten Mitglieder der RAF von der Niederlage in Mogadischu. Nicht alle wissen in diesem Moment, welcher Mordmechanismus damit in Gang gesetzt ist.

Auch das Kommando im Volksgefängnis hört von der Niederlage, und die RAF-Kader in Stammheim.

Um 0 Uhr 38 meldet es der Deutschlandfunk: *Die von den Terroristen in einer Lufthansa-Boeing entführten 86 Geiseln sind alle glücklich befreit worden. Dies bestätigt ein Sprecher des Bundesinnenministeriums soeben in Bonn. Ein Spezialkommando des Bundesgrenzschutzes hatte um null Uhr die Aktion auf dem Flughafen von Mogadischu gestartet. Nach den ersten Informationen sollen drei Terroristen getötet worden sein.*

Vier Schüsse fielen in dieser Nacht im siebten Stock des Untersuchungsgefängnisses von Stammheim.

Zweimal wurden Geräusche wie von einem Schuß gehört, aber nicht richtig eingeordnet. Nach 1 Uhr hörten zwei Beamte einen Knall. Sie dachten aber, es sei heftiges Fensterzuknallen oder der

284

bekannte Spaß der Gefangenen, mit wassergefüllten Gläsern nach den Wachen unten im Hof zu werfen. Dann knallte es noch einmal, in der Morgenfrühe kurz vor sieben Uhr. Der Vollzugsbeamte Lödel hörte einen Schuß. Er dachte, der Schuß käme von den Grenzschutzbeamten draußen vor dem Gebäude, die ihn versehentlich ausgelöst hätten. Niemand kam auf die Idee, daß es in den Zellen von Stammheim versteckte Waffen geben könnte.

Die Entdeckung begann um 7 Uhr 15, mit der Übernahme des Tagesdienstes und der Frühstücksausgabe im siebten Stock: Gittertür für Umschlußflur vor den Zellen öffnen, Jalousie am Ende des Flurs hochkurbeln, Kontaktsperrepolster wegräumen, Sicherheitsschlösser aller vier Zellen öffnen. Um 7 Uhr 41 kann dann mit dem normalen Schlüssel die Tür zu Raspes Zelle aufgeschlossen werden.

Die Beamten sehen Jan-Carl Raspe auf seinem Bett, mit dem Rücken zur Wand gelehnt. Sein Kopf hing herunter, und er blutete. Raspe stöhnte. Sofort das Kommando: »Zu!« Die Zelle wurde verschlossen und Sanitäter herbeigeholt.

Dann erst betraten die Beamten wieder den Raum und sahen, daß sich Jan-Carl Raspe mit einer Pistole in den Kopf geschossen hatte. Gegen 8 Uhr wurde er mit dem Notarztwagen ins Krankenhaus gebracht. Um 9 Uhr 40 verstarb Raspe an seinen Verletzungen.

Erst als Raspe mit dem Notarztwagen abtransportiert worden war, öffneten die Beamten die nächste Zellentür, Nummer 719. Sie sahen das Unglück, und allmählich dämmerte es ihnen, daß in dieser Nacht etwas Schreckliches geschehen sein mußte. Baader lag quer vor der Tür auf dem Fußboden. Um seinen Kopf hatte sich eine große Blutlache gebildet. Elektrokabel und Pistole schwammen im Blut. Seine weit aufgerissenen Augen starrten an die Zellendecke. Der Sanitäter fühlte seinen Puls, vergeblich. Die Zelle wird sofort wieder geschlossen.

Gegenüber von 719 lag 720, die Zelle von Gudrun Ensslin. Es war abgedunkelt in der Zelle, die Matratze hinter einer Schamwand verborgen. Sanitäter Sokoup rief deshalb nach der Gefangenen: »Frau Ensslin!?« Erst als sich der Sanitäter umdrehte, sah er etwas hinter dem Vorhang, der vor das Fenster gespannt war. Unten hingen zwei Füße in grauen Socken über dem Boden. Gudrun Ensslin hatte sich mit einem Elektrokabel am Fenstergitter aufgehängt. In diesem Moment kam der Anstaltsarzt in die Zelle und stellte den Tod von Frau Ensslin fest.

In Zelle 725 wartete die vierte Gefangene, Irmgard Möller, auf ihre Entdeckung. Man fand sie dort gegen 8 Uhr 10 in gekrümmter Seitenlage auf ihrer Matratze. Als der Sanitäter ihr die Decke vom Körper zog, hatte er blutverschmierte Hände. Sokoup streifte der Gefangenen das T-Shirt hoch und sah, daß sie in der Herzgegend an der Brust blutete. Ein blutverschmiertes Anstaltsmesser war die Waffe, mit der bei Irmgard Möller diese Stiche ausgeführt worden waren.

»Ein Versuch Sokoups, ihr in die Pupillen zu sehen, mißlang, weil Frau Möller die Augen zukniff.« Ein Zeichen, daß hier eine Ohnmacht simuliert wurde. Die Untersuchungen im Krankenhaus ergaben bei Möller keine gravierenden Stichverletzungen.

Es entstand der Mythos vom Mord in Stammheim: Der westdeutsche Staat hatte angeblich seine Todfeinde in Nazi-Manier aus dem Weg geräumt. Hier lagen keine Selbstmorde vor, sondern perfide Morde. Warum nur waren die Mörder so dusselig gewesen, Irmgard Möller nicht zu töten? Was einem Selbstmörder schwerfällt – ein Messer in das eigene Herz zu drücken –, kann einem Fremden, wenn das Opfer außerdem festgehalten wird, eigentlich keine Probleme bereiten.

Irmgard Möller konnte, im Unterschied zu den drei anderen Gefangenen, noch sprechen. Ihre Geschichte erzählte sie dem Untersuchungsausschuß. Um 5 Uhr will sie zwei Pistolenschüsse gehört haben. Aber sie hat sich trotzdem nicht bei der Aufsicht gemeldet, sondern einfach wieder hingelegt.

Ich bin der Sache nicht nachgegangen. Ich konnte – wie konnte ich auch? Wie konnte ich auch davon ausgehen? Ich habe mich wieder hingelegt, dann habe ich die Augen zugemacht, bin eingeschlafen. Und das letzte, woran ich mich jetzt erinnern kann, also als bewußt von mir selbst Wahrgenommenes, ist ein starkes Rauschen im Kopf, also ein Gefühl von einem Rauschen.

Irmgard Möller legt nahe, sie habe in dieser Nacht von einem Killerkommando ermordet werden sollen.

Über die Toten wurde das ganze Netz der Spurensicherung gelegt. Die Leichen wurden noch an diesem Dienstagabend von Gerichtsmedizinern seziert und analysiert, ausländische Mediziner wurden hinzugezogen. Es sollte nicht der Verdacht aufkommen, wichtige Spuren würden vertuscht.

Welch ein grausames, selbstzerstörerisches Ende. Ihre Anwälte, die sie persönlich kannten, nach dem Kontaktsperregesetz aber nicht mehr vorgelassen worden waren, begegneten nun in der Leichenhalle den durchwühlten Leibern ihrer Mandanten.

Aber aus einer Kanzlei waren auch die Waffen ins Gefängnis geschmuggelt worden. Jetzt sahen sie, wie Herz und Hirn gewogen und nach Einwirkung fremder Gewalt befragt wurde.

Leise Diktate des Sektionsprotokolls, über dem geöffneten Thorax ins hingehaltene Diktaphon: *Rippenknorpel noch zart und mit Messer schneidbar, Lungen nach Annahme des Brustbeins mäßig zurücksinkend. Das Herz verhältnismäßig klein, knapp so groß wie die rechte Leichenfaust. In den Herzhöhlen ausnahmslos frisches Blut.*

Jeder Quadratzentimeter der Leichen wird in dieser Nacht durchwühlt und nach Spuren abgesucht. Ob sie das ahnten, als sie es taten?

Vorausgesehen hatten sie sicher die Demonstrationen dieser Nacht gegen »Nazideutschland«, das seine Gefangenen foltert und ermordet.

Zweiunddreißig Jahre war es erst her, daß die Nachbarländer von Nazideutschland befreit worden waren. Das Mißtrauen dort war noch groß. Auch bei den Kindern dieser Nazigeneration, die von ihren Eltern nie die Wahrheit über jene 12 Jahre Terrorherrschaft erfahren hatten. »Auschwitzgeneration« soll Gudrun Ensslin sie genannt haben. In diese Furche des Mißtrauens hatte die RAF ihre Saat gelegt. Sie ist aufgegangen. Lange Zeit wollten viele Menschen an den Mythos vom »Mord« in Stammheim glauben.

Die Symbole sollten eine deutliche Sprache sprechen: Baader setzt sich die Pistole in den Nacken und fabriziert den SS-Genick-schuß. Der Mord an uns Stammheimern gibt uns nachträglich recht. Seht her: Die RAF hatte eine moralische Berechtigung, gegen einen Staat zu kämpfen, der seine wehrlosen Gefangenen ermorden läßt. Schließt euch dem Widerstand der RAF an ...

Wie traurig, wie trostlos wird diese letzte Nacht von Stammheim für die drei Menschen gewesen sein? Wie oft hat Gudrun Ensslin vorher die Schere und das Kabel am Plattenspieler betrachtet, ehe sie wirklich einen Strick für das kleine Gitterfenster daraus schneidet? Hatten sie wirklich keine Zweifel, daß die Welt draußen so aufgebaut war, wie sie sich das eingebildet hatten? Sie waren einer schrecklichen Form von Romantik gefolgt, die alle Aufklärung zerstört hatte. Bei den Anstaltsgeistlichen soll Ensslin von einer »Hinrichtung« gesprochen haben, von einer Aktion, die von außerhalb kommt, davon, daß »schreckliche Dinge« geschehen würden, wenn sie hier nicht rauskämen.

Falsche Fährten, ausgelegt für die Gläubigen.

Auch Baader hatte alles mögliche für eine solche Deutung arrangiert.

Aus dem Zusammenhang aller Maßnahmen seit sechs Wochen und ein paar Bemerkungen der Beamten läßt sich der Schluß ziehen, daß die Administration oder Staatsschutz (...) die Hoffnung haben, hier einen oder mehrere Selbstmorde zu provozieren, sie jedenfalls plausibel erscheinen zu lassen. Ich stelle hier fest: keiner von uns (...) hat die Absicht, sich umzubringen. Sollten wir hier tot aufgefunden werden, sind wir in der guten Tradition justizieller und politischer Maßnahmen dieses Verfahrens getötet worden.

Zweimal feuert Baader eine Patrone ab.

Einmal in die Wand, dann in die Matratze. Wollte er ausprobieren, ob die Waffe, die ihm auf so unwahrscheinliche Weise im Plattenspieler nach der Kontrolle direkt in die Zelle zurückgeliefert wurde, wirklich noch echte Patronen enthielt? Wollte er einen Kampf vortäuschen? Wollte er sich eine letzte Chance geben? Was, wenn sie das hörten, nach ihm suchten und ihm die Waffe abnahmen? Die Nacht von Stammheim lädt zu vielen Spekulationen ein. Fest steht nur eins: die dritte Kugel traf Andreas Baader in den Hinterkopf.

Raspe zögert bis zum frühen Morgen, wartet, überlegt noch lange, ehe er seine Pistole abfeuert.

Aber es gab nun einmal diese furchtbare Verabredung, daß sie es alle zugleich in dieser Nacht tun mußten. Hatte er den Schuß von Baader gehört? Konnte er sich vorstellen, wie es die anderen machten? Die anderen, die jetzt schon tot waren.

Unsere letzte Waffe, der Körper.

Es war aus, jetzt nach Mogadischu, und ein neues Projekt würde wieder lange Zeit in Anspruch nehmen.

Gab es Zweifel bei Raspe, ob er das eigene Leben mit den drei anderen in einer solchen Inszenierung wegkippen sollte? Sie waren schließlich einmal im Namen des Lebens angetreten, Licht und Menschlichkeit für sich und alle anderen herunterzuholen aus dem Himmel auf diese finstere Welt.

Aber bald ist die Nacht herum, dann beginnt der Lärm, das Klappern und Türenschlagen. Das wird nun alles vorbei sein. Für immer. In den frühen Morgenstunden fiel in Stammheim ein vierter Schuß.

Vom Oktober 1977 bis zum Februar 1978 tagte ein Untersuchungsausschuß des Landtags Baden-Württemberg. In seiner Beweiswürdigung hieß es:

Aufgrund des Ergebnisses der Beweisaufnahme ist der Untersuchungsausschuß zu der Überzeugung gelangt, daß sich die Gefangenen Baader, Ensslin und Raspe selbst getötet haben und die Gefangene Möller sich selbst verletzt hat.

14 Genickschuß

In Bagdad sitzen oben auf der Dachterrasse die Wachen, die sie vor einem israelischen Kommando schützen sollen. Sie hören über den Allbandempfänger die Meldungen ab. Tony, Karla und die anderen werden hochgerufen. Das Radio hat es gerade gemeldet: Die Maschine ist gestürmt worden. Das Kommando ist tot. Sie schikken sofort jemanden zu Abu Hani, um die Lage zu besprechen. Dessen Auskunft: Es werde sofort eine ganz harte Aktion der Palästinenser geben, die Solidarität sei weiter bei der RAF.

Aber was sollte die RAF mit einer Bestrafungsaktion? Sie wollten einen Austausch.

Dann kommt Susi schreckensbleich die Treppe von der Terrasse herunter: »Die Stammheimer sind alle tot. Es ist gerade über die Deutsche Welle gekommen.«

Ungläubiges Staunen. Sie warten zusammen auf die Nachrichten, und dann kommt die Bestätigung. Jemand sagt: »Diese Schweine! Sie haben die Gefangenen ermordet.«

Boock, der als Tony dabei war, erzählt mir die Geschichte. Sie hätten sich in den Armen gelegen und geweint.

Doch dann kommt Karla »wie eine Rachegöttin« und fährt mit der bitteren Wahrheit dazwischen. »Glaubt ihr denn, daß die Märtyrer sind, oder warum heult ihr jetzt!? Könnt ihr euch nichts anderes vorstellen als die Opferrolle?!«

Tony hat es gleich geahnt. Sie werden sich umbringen. So war das angekündigt. Er kannte den Schmuggelweg der Waffen in den Aktenordnern aus der Kanzlei Croissant über den Anwalt Müller in den Gerichtssaal von Stammheim. Ausgehöhlte kleine Vierecke für zerlegte Einzelteile. Der Metallring des Ordners löste sowieso den Piep bei den Detektoren aus. Also brauchte Baader nur noch seine Akten, die er aus der Zelle mitbrachte, beim Prozeß zu vertauschen.

Aber die hier weinen in Bagdad, wissen nichts von den Waffen und können nur an Mord denken.

Karla hätte es besser nicht gesagt. Nun waren die verhängnisvollen Sätze raus, und Karla mußte die anderen in das Geheimnis von Stammheim einweihen: »Das waren Menschen, die ihre Sache aktiv betrieben haben. Könnt ihr euch nicht vorstellen, daß die bis zum letzten Augenblick ihr Schicksal selbst bestimmt haben?«

Vielleicht war es Bille, die hier endlich eine Frage beantwortet bekam, die ihr schon zu Beginn der Entführung Schleyers Probleme gemacht hatte: Diese merkwürdige Formulierung im letzten Kassiber: »sonst nehmen wir unser Schicksal selbst in die Hand«.

Bille sagt: »Da gibt es also etwas, das wir nicht wissen!«

Das war es. Es gab einen harten Kern, der von allem wußte und nun auch die Waffentransporte zu erläutern hatte. Und es gab einige, die nicht alles hatten wissen dürfen. »Ihr habt uns belogen, die ganze Zeit belogen! Das ist das Mißtrauen!«

Boock schildert mir die Szene: *Es war, als wenn ihnen Schuppen von den Augen fielen: Wenn die Aktion schiefgeht, wird es ihr Tod sein. Und das war aber nur ganz wenigen bekannt. Das bedeutete für die anderen ein Maß an Mißtrauen, an Illoyalität, an Vorgeführtwerden, wie das für wahrscheinlich keinen der Anwesenden bis dahin vorstellbar gewesen wäre.*

Das war eine ernüchternde Erfahrung, und es kam zu den Zweifeln, die sich schon lange im Hinterkopf eingenistet hatten, noch hinzu. Von diesem Zeitpunkt an waren einige unterwegs, raus aus der RAF.

Der harte Kern überlegt, was nun mit Schleyer zu geschehen hat. Schleyer wird sterben, das war sofort klar. Aber da mußte noch mehr geschehen. »Wir legen dem Schmidt die Leiche vor die Tür! Er kriegt ihn auf dem Frühstückstablett serviert.«

Ein wüster Plan, der in Wirklichkeit nicht durchzuführen war. In das hochbewachte Bonner Regierungsviertel haben sie sich nicht mehr getraut.

Über Paris wurde mit dem Kommando im Volksgefängnis Kontakt aufgenommen. Die wußten jetzt, was zu tun war.

In der Nacht von Mogadischu hielt sich die Kurierin Silke Maier-Witt mit Anne in einer konspirativen Wohnung in Hattersheim in der Nähe von Frankfurt/Main auf. Zimmer mußten gecleant werden: raus mit den Schaumstoffmatratzen, zerschnitten in den Müll. Später das unsägliche, kleinliche Abwischen aller Gegenstände, Türen und Wände.

»Die Wohnung lag im Raster hoch drei«, sagt Silke, »und bei der Entdeckung hätte es Hinweise auf das Kommando gegeben.«

Mogadischu und Stammheim sind für Silke in der Erinnerung zeitgleich zu einem einzigen Desaster zusammengeschnurrt. »Es war das Gefühl der totalen Niederlage.«

Zwischen Frühmusik und Mogadischujubel kommen die Einzelheiten aus Stammheim. Darin immer wieder das Wort »Selbstmord«. Die beiden Frauen stehen mit ihren kleinen Pril-Eimern und den Schwämmchen vor Wänden und Türen und wischen Fingerabdrücke ab. Wofür eigentlich noch diese Arbeit? Es ist vorbei. Sie sind tot.

Silke verschwand dann für lange Jahre in den Plattenbauten der DDR.

Doch eine Frage hatte sie in dieser Nacht noch. Schließlich hatte sie selbst Sprengstoff aus dem Ausland in ihrer Unterwäsche Richtung Frankfurt transportiert – Sprengstoff, der später in Stammheim gefunden wurde. »Kann es sein, daß die sich selbst umgebracht haben?«

Anne, die Führungsperson, wußte auch hier mehr. »Ja, das kann sein.«

Ein Anflug von Bewunderung kommt in Silke hoch. »Heldenverehrung«, sagt sie heute ironisch über ihre Bindung an falsche Autoritäten.

»Und was wird nun mit Schleyer?« hat sie Anne noch gefragt. Silke meint auch, noch eine Antwort im Ohr zu haben: »Ja, das ist klar. Der muß jetzt dran glauben!«

Was geschah mit Hanns-Martin Schleyer nach den Selbstmorden von Stammheim? Es gibt nur Berichte aus zweiter Hand, Andeutungen der Beteiligten an die anderen Kommandomitglieder.

Flipper soll zum Beispiel dabeigewesen sein. Der Staatsanwalt glaubt, Rolf Clemens Wagner, der lange Zeit in Paris war, sei für dieses letzte Kapitel zum Kommando gestoßen. Sie waren außer sich vor Zorn über die vermeintlichen Morde von Stammheim. So gesehen, war der Mann auf der Matratze schon mausetot. Der existierte gar nicht mehr für sie. Sie merkten vielleicht schon nicht mehr, daß sie es selbst waren, die nun den Fall exekutierten.

Sie sagten zu Schleyer: »Es geht nach Hause. Vorher noch mal ein kleiner Ortswechsel. Eine kleine Reise. Mach dich fertig!« Hanns-Martin Schleyer zog noch einmal seinen Anzug an, den er auch am Tag seiner Entführung in Köln getragen hatte. »Noch einmal in den Kofferraum?«

»Das können wir dir nicht ersparen!«

Sie brauchten seine Mitarbeit, wenn es mit dem meistgesuchten Mann Europas im Kofferraum über die Grenze ging.

Schleyer wird die aschfahlen Gesichter seiner Entführer nicht übersehen haben. Auch sonst konnte ihm eigentlich nicht entgangen sein, welche Katastrophe sich gerade in den Herzen seiner Wächter ereignet hatte.

Sie müssen ihn erst einmal über die Straßen transportieren. Vorstadt, Zubringer, Autobahn, die Abfahrt.

Dann rumpelt der Wagen plötzlich über Waldwege. Mit einem Arm schützt er seinen Kopf vor den Stößen gegen das Blech im Kofferraum. Dann wird es still. Einige Minuten liegt er da. Was kundschaften die da draußen aus? Was bereiten die vor?

Dann wird die Klappe aufgerissen, und das Licht bricht über ihn herein.

Sie ziehen ihn raus: »Los, komm!« Er stolpert und kugelt vor das Auto. Kann für den Augenblick gar nicht mehr hoch. Die Beine sind müde von der langen Fahrt in dieser gekrümmten Lage.

Wald, es roch nach Tannennadeln, ganz stark. Und jetzt sah er es auch an der Farbe der Bäume. Es war Herbst geworden in den letzten sechseinhalb Wochen.

An der Leiche von Dr. Hanns-Martin Schleyer haben die Gerichtsmediziner drei Einschüsse festgestellt.

1. Einen Kopfschuß mit dem Einschuß von hinten oberhalb des rechten Ohrs, Austritt hinten am rechten Ohr.

2. Einen Kopfsteckschuß mit rechtsseitigem Einschuß.

3. Einen weiteren Kopfsteckschuß mit dem Verlauf von der linken oberen Hinterkopfhälfte nach vorn rechts unten.

Die Täter schossen mit einem Revolver der Marke Smith & Wesson, Kaliber 38 spezial. Alle drei Schüsse wurden hintereinander aus derselben Waffe abgefeuert.

Bedeutet das, daß die beiden Männer nacheinander geschossen haben, damit mit diesem Mord keiner vor dem anderen davonkommen konnte?

Peter-Jürgen Boock: »Soviel ich weiß, hat nur eine Person geschossen. Aber das ist auch furchtbar uninteressant! Das hätte jeder von uns gemacht!«

15 Trauerfeiern, Gräber

Am Mittwoch, den 19. Oktober 1977, klingelt es bei der Textannahme der Deutschen Presseagentur in Stuttgart. Eine Frau sagt: »Hier RAF.« Sie diktiert der verblüfften Sekretärin eine Botschaft an Helmut Schmidt und die Öffentlichkeit.

wir haben nach 43 tagen hanns-martin schleyers klägliche und korrupte existenz beendet. herr schmidt, der in seinem machtkalkül von anfang an mit schleyers tod spekulierte, kann ihn in der rue charles peguy in muhlhouse in einem grünen audi 100 mit bad homburger kennzeichen abholen.

für unseren schmerz und unsere wut über die massaker von mogadischu und stammheim ist sein tod bedeutungslos. andreas, gudrun, jan, irmgard und uns überrascht die faschistische dramaturgie der imperialisten zur vernichtung der befreiungsbewegungen nicht. wir werden schmidt und der daran beteiligten allianz diese blutbäder nie vergessen.

der kampf hat erst begonnen.
freiheit durch bewaffneten antiimperialistischen kampf
kommando siegfried hausner
Die Sekretärin will einen Beweis für Echtheit des Absenders
haben. Die Frauenstimme am anderen Ende der Leitung sagt ihr:
»Wenn Sie den Wagen aufmachen, werden Sie es schon sehen!«
Es war genau 16 Uhr 21.

Die Beerdigung Hanns-Martin Schleyers fand am 25. Oktober
1977 in der Stuttgarter Stiftskirche statt.

»Wir hatten auf ein Staatsbegräbnis, das uns geradezu aufge-
drängt werden sollte, verzichtet«, sagt Eberhard Schleyer. Die
Familie Schleyer bittet den Bundeskanzler ausdrücklich, von einer
Ansprache bei dieser Trauerfeier abzusehen.

Sie begegnen sich dann zum ersten Mal seit der Entführung am
5. September des Jahres: der Bundeskanzler und die Witwe Waltrude Schleyer.

Eberhard erinnert Unsicherheit und Verlegenheit auf seiten des
Kanzlers, obwohl die Familie dem Kanzler gar keine persönlichen
Schuldvorwürfe machen wollte. Sie waren selber müde und aus-
gebrannt nach diesen langen Wochen des Wartens und Hoffens.
Eigentlich wollten sie mit dem Toten allein sein.

Bei der Fernsehübertragung sieht man in der ersten Reihe Hel-
mut Schmidt neben der Witwe und dem ältesten Sohn sitzen.
»Das war sehr schwierig für mich«, sagt mir Helmut Schmidt.
»Auch moralisch schwierig, denn mir war ja völlig klar, daß im
Bewußtsein von Frau Schleyer die Bundesregierung und damit
ich selbst jedenfalls eine erhebliche Mitschuld hatte am Tod ihres
Mannes.«

Einzig der Bundespräsident darf sprechen. Die beiden ersten
Sätze verschleift er auf merkwürdige Weise so, daß sie wie ein ein-
ziger Satz klingen, der allen aus dem Herzen spricht.

Hanns-Martin Schleyer ist gestorben. Für uns alle ... nicht nur
für uns Deutsche ist die Chance erhalten geblieben, die Gefahr des
Terrorismus zu bannen. Wir neigen uns vor dem Toten. Wir wissen,

295

wir sind in seiner Schuld. Im Namen der deutschen Bürger bitte ich Sie, die Angehörigen von Hanns-Martin Schleyer, um Vergebung.

Waltrude Schleyer kann sich an den Händedruck des Kanzlers vor der Kirche erinnern. Helmut Schmidt griff ihre Hand und stand mit gesenktem Kopf vor der Frau, deren Mann er opfern mußte. Sie sahen sich nicht in die Augen, aber Waltrude Schleyer hat gespürt, was Helmut Schmidt ihr sagen wollte.

Das ist die Wahrheit: der empfindet es wirklich als eines seiner größten Unglücksfälle, die er erlebt hat in seinem Leben. Und das sage ich heute noch, daß der Mann echt ergriffen war. Auch wenn er nichts getan hat für ihn, war das schrecklich. Das glaube ich einfach.

Es war etwas schwieriger, die drei Toten von Stammheim unter die Erde zu bringen.

Die Familie Ensslin wünschte eine gemeinsame Grabstätte für die drei Gefangenen auf dem Stuttgarter Waldfriedhof. Andreas Baader und Jan-Carl Raspe sollten neben ihrer Tochter in die Erde gelegt werden. Daraufhin wurde eine Wallfahrtsstätte für die RAF und ihre Sympathisanten befürchtet, und der Streit um die Erlaubnis dieser letzten Zusammenlegung wurde vom Stuttgarter Bürgermeister mit einem weisen Entschluß beendet. »Ich weigere mich zu glauben«, sagte der Sohn des Generalfeldmarschalls Erwin Rommel, »daß es Friedhöfe erster und zweiter Klasse geben soll. Mit dem Tod soll jede Feindschaft enden.«

Nachbemerkung

Nach dem Tod Hanns-Martin Schleyers hat der Ermittlungsrichter des Bundesgerichtshofes wegen des Verdachts, an dem Anschlag in Köln beteiligt gewesen zu sein, die folgenden Personen als Mitglieder der RAF zur Fahndung ausgeschrieben:

1. Friederike Krabbe
2. Willy Peter Stoll
3. Christian Klar
4. Silke Maier-Witt
5. Adelheid Schulz
6. Rolf Heißler
Der Beteiligung an dieser Tat verdächtig sind auch:
7. Knut Folkerts
    wegen vollendeten und versuchten Mordes in Utrecht
8. Angelika Elisabeth Speitel
    wegen versuchten Mordes in Den Haag am 19. September 1977
9. Brigitte Mohnhaupt
    wegen Mitgliedschaft in einer terroristischen Vereinigung

Mit Ausnahme von Friederike Krabbe, die vermutlich in Bagdad lebt, wurden alle an der Entführung von Dr. Hanns-Martin Schleyer verdächtigten Personen gefaßt oder beim Versuch ihrer Festnahme erschossen.

Inhaftiert wurden:
1. Knut Folkerts am 22. September 1977 in Utrecht,
2. Christoph Wackernagel und Gert Schneider am 10. November 1977 in Amsterdam,
3. Christine Kuby am 21. Januar 1978 in Hamburg,
4. Stefan Wisniewski am 11. Mai 1978 in Paris,
5. Angelika Speitel am 24. September 1978 in Dortmund,
6. Rolf Clemens Wagner am 19. November 1979 in Zürich,
7. Sieglinde Hofmann am 5. Mai 1980 in Paris,
8. Peter-Jürgen Boock am 22. Januar 1981 in Hamburg,
9. Adelheid Schulz und
10. Brigitte Mohnhaupt am 11. November 1982 in der Nähe von Heusenstamm in Hessen,
11. Christian Klar am 16. November 1982 in der Nähe von Hamburg.

Gegen diese festgenommenen Mitglieder der RAF liegen rechtskräftige Urteile vor. Das Wissen des Bundeskriminalamts um ihre konkreten Tatbeiträge blieb allerdings über Jahrzehnte lückenhaft. Welche vier Personen (zu Anfang vermutete das BKA fünf Täter) den Überfall auf Schleyer und die Ermordung seiner vier Begleiter durchgeführt haben, blieb bis zur Festnahme der RAF-Aussteiger in der DDR (1990) und die dadurch ausgelöste Lebensbeichte von Peter-Jürgen Boock im dunkeln. Seitdem werden dafür Peter-Jürgen Boock, Willy Peter Stoll, Stefan Wisniewski und Sieglinde Hofmann verantwortlich gemacht. Stoll wurde 1978 bei einer Personenkontrolle in einem Düsseldorfer Restaurant erschossen. Boock und Wisniewski wurden nicht als unmittelbare Mitglieder des Entführungskommandos verurteilt, sondern aufgrund anderer Indizien, die ihre damalige Mitgliedschaft in der RAF und ihre Beteiligung an der Gesamtaktion belegen. Sieglinde Hofmann wurde erst nach den Zeugenaussagen der DDR-Aussteiger für die Entführung Hanns-Martin Schleyers angeklagt. Vor allem deshalb kommt das Urteil in der Begründung den tatsächlichen Ereignissen nahe.

Die Entführung Hanns-Martin Schleyers war die logistisch aufwendigste Aktion der RAF. Zu Recht gingen die Gerichte davon aus, daß fast alle Gruppenmitglieder in irgendeiner Form beteiligt gewesen sein müssen. Mit Hilfe dieser Kollektivitätsthese, nach der alle Mitglieder des RAF-Kollektivs für den Zeitraum ihrer Mitgliedschaft für alle in diesem Zeitraum durchgeführten Anschläge verantwortlich sind, konnte das Gericht jeweils lebenslange Freiheitsstrafen aussprechen. Mit Hilfe der Kronzeugenregelung, die wesentliche Aufklärung der Tatereignisse auch durch die DDR-Aussteiger nach 1990 ermöglichte, gelang es Silke Maier-Witt, Sigrid Sternebeck und Monika Helbing, der Verurteilung zu lebenslänglicher Haft zu entgehen. Sie befinden sich heute auf freiem Fuß.

In einem Prozeß vor dem Frankfurter Oberlandesgericht wurde 1996 Monika Haas angeklagt, die Waffen für die Entführung der Landshut nach Mallorca transportiert zu haben. Als Kronzeugin wird die belastende Aussage von Souheila Andrawes angeführt. Diese war nach dem »Freikauf« in Somalia erst 1994 in Oslo entdeckt, verhaftet und nach Deutschland ausgeliefert worden. Gegenüber der Bundesanwaltschaft hatte sie sich in einem Verhör dahingehend geäußert, Monika Haas habe die Waffen nach Mallorca transportiert. Gegen Souheila Andrawes wurde am 19. November 1996 in Hamburg, unter Anrechnung der Kronzeugenregelung, eine Freiheitsstrafe von 12 Jahren verhängt.

Wer erschoß Hanns-Martin Schleyer? Diese Frage ist bis zum heutigen Tag nicht eindeutig beantwortet. Der Oberstaatsanwalt bei der Bundesanwaltschaft, Klaus Pflieger, der eine Reihe der Angeklagten und vor allem Peter-Jürgen Boock vernommen hat, versuchte aus den Fakten und Andeutungen den Täter zu errechnen. Sein Fazit: Stefan Wisniewski und Rolf Clemens Wagner waren die Mörder von Schleyer. Dabei vermutet Pflieger, daß Wagner der Todesschütze gewesen sei. Peter-Jürgen Boock hat mir gesagt, diese Personenzuordnung – Wagner als Todesschütze – sei *nicht* richtig.

Folgende Urteile wurden in den Jahren nach 1977 gegen die Beteiligten der Entführung von Dr. Hanns-Martin Schleyer gefällt:

PETER-JÜRGEN BOOCK

Das OLG Stuttgart verurteilte Boock zunächst am 7. 5. 1984 dreimal zu lebenslanger Haft. Nach erfolgreicher Revision – wegen Boocks zeitweiliger Drogenabhängigkeit – reduzierte das OLG Stuttgart das Strafmaß am 28. 11. 1986 auf einmal lebenslänglich.

Dieses rechtskräftige Urteil erging
a) wegen Boocks Beteiligung an der gescheiterten Entführung und der daraus entwickelten Ermordung des Bankiers Jürgen Ponto am 30. 7. 1977. Boock fuhr hier den Fluchtwagen.
b) wegen des gescheiterten Raketenwerferanschlags auf die Bundesanwaltschaft am 25. 8. 1977. Boock hatte den Mechanismus konstruiert, aber angegeben, den Zünder funktionsunfähig gemacht zu haben. Der Raketenwerfer wurde, ohne Schaden angerichtet zu haben, in der Wohnung gegenüber der Bundesanwaltschaft entdeckt.
c) wegen der Entführung und Ermordung Hanns-Martin Schleyers. Boock erhielt 1986 für diesen Vorwurf nur 12 Jahre, weil das Gericht zum Zeitpunkt des Urteils davon ausging, daß Boock möglicherweise »keinen Einfluß auf die Ereignisse und die Entscheidungen zur Tat und vielleicht gar keine Kenntnis von Mogadischu und den Stammheimer Toten« gehabt habe. Erst nachträglich hat Boock den Gerichten und der Öffentlichkeit, wie in diesem Buch, sein Wissen und seine volle Beteiligung an allen Aktionen offenbart. Boock wurde damals verurteilt, weil man an den Tatfahrzeugen (z. B. am VW-Bully) seine Fingerabdrücke fand und er zu den Bewachern Schleyers in Erftstadt-Liblar gerechnet werden konnte. Boock wurde insgesamt auch für die Ermordung Schleyers verurteilt, obwohl die Richter davon ausgingen, daß Boock zu diesem Zeitpunkt schon in Bagdad war.

In einem Prozeß vor dem OLG Stuttgart wurde Boock am 3. 11. 1992 wegen seiner Beteiligung an einem Bankraub der RAF am 19. 11. 1979 in Zürich noch einmal zu acht Jahren Haft verurteilt.

Peter-Jürgen Boock lebt in Hamburg als Freigänger. Er studiert und arbeitet und bereitet seine Eingliederung in die Gesellschaft vor. Peter-Jürgen Boock wird voraussichtlich 1998 freikommen.

BRIGITTE MOHNHAUPT

wurde am 2. 4. 1985 zur Strafe von fünfmal lebenslänglicher Haft plus 15 Jahren verurteilt. Das Gericht schrieb Brigitte Mohnhaupt, die kurz vor der RAF-Anschlagserie des Jahres 1977 erst aus Stammheim entlassen worden war, die Mittäterschaft an diesen Anschlägen zu: Buback, Ponto, dem Raketenwerferanschlag und die Entführung und Ermordung von Hanns-Martin Schleyer. Es fiel den Richtern schwer, die genaue Tatbeteiligung von Brigitte Mohnhaupt zu beschreiben. Angeblich tötete sie, entsprechend dem Urteil, Jürgen Ponto mit fünf Kopfschüssen aus einer Pistole. Es war aber Christian Klar, der geschossen hat. Mohnhaupt stand offenbar daneben. Brigitte Mohnhaupt, die als Frau neben Sieglinde Hofmann die Autorität der RAF-Generation des Jahres 1977 war, wurde angeklagt, an der Schleyer-Entführung organisatorisch beteiligt gewesen zu sein. Dafür wurde sie auch vom Gericht in vollem Umfang für schuldig befunden. Mohnhaupt wurde als einziges Mitglied der RAF in diesen Verfahren wegen »Rädelsführerschaft« verurteilt. Mohnhaupt sei der Kopf der Gruppe gewesen. Eine Einschätzung, die man auch aus den Aussagen von Peter-Jürgen Boock immer wieder heraushören und bestätigt finden kann. Er war mit ihr persönlich eng verbunden. Sie verbüßt ihre Strafe in der Justizvollzugsanstalt in Aichach, Bayern.

SIEGLINDE HOFMANN
wurde schon am 5. Mai 1980 in einer konspirativen Wohnung in Paris festgenommen und entging wegen des französischen Auslieferungsdekrets zunächst einer lebenslangen Freiheitsstrafe. Sie wurde zunächst im Jahr 1982 zu 15 Jahren Haft im Zusammenhang mit der Ermordung Jürgen Pontos verurteilt. Hofmann soll sich in der konspirativen Wohnung aufgehalten haben, von der aus die versuchte Entführung gestartet wurde. Erst am 26. 9. 1995 verurteilte das OLG Stuttgart Sieglinde Hofmann wegen ihrer Beteiligung an der Entführung und Ermordung Hanns-Martin Schleyers und wegen des Anschlags auf NATO-Befehlshaber Alexander Haig zu lebenslanger Haft und attestierte ihr eine besonders schwere Schuld.
Grundlage bildeten die Aussagen der RAF-Aussteiger, die in der DDR untergetaucht waren, und die Lebensbeichte des Peter-Jürgen Boock. Sieglinde Hofmann war, nach Aussagen der Zeugen, die einzige Frau der RAF, die direkt an der Entführung Schleyers und der Ermordung seiner vier Begleiter in Köln beteiligt war. Sie nahm in jener Zeit eine führende Rolle in der RAF ein und soll auch den Anschlag auf General Haig mit vorbereitet haben. Sieglinde Hofmann sitzt in der Justizvollzugsanstalt Köln-Ossendorf ihre Strafe ab. Ein frühestmöglicher Entlassungstermin liegt im Jahr 1999.

STEFAN WISNIEWSKI
wurde 1980 zunächst nur für einen Angriff auf den Ermittlungsrichter, für einen Befreiungsversuch und einen Bankraub der RAF zu sechs Jahren Haft verurteilt.
Das OLG Düsseldorf verurteilte Wisniewski am 4. 12. 1981 wegen Mittäterschaft an der Schleyer-Entführung zu lebenslanger Haft. Das Urteil sprach von fünffachem Mord, ohne allerdings Wisniewskis Rolle bei der Entführung im Detail klären zu können. Die Überzeugung des Gerichts, Wisniewski sei beteiligt gewesen, beruhte zunächst auf einer falschen Zeu-

genaussage: Wisniewski habe den VW-Bully vom Tatort in der Vincenz-Statz-Straße gefahren. Eine Aussage Volker Speitels, die einen Satz von Wisniewski dokumentiert, lautete: »Wenn ich an morgen denke, geht mir der Arsch auf Grundeis.« Das soll am Tag vor der Entführung Schleyers bei einem Gespräch in einer konspirativen Wohnung so gesagt worden sein und wurde zur Verurteilung hinzugezogen.

Erst durch die Aussagen der DDR-Aussteiger wurde Anfang der neunziger Jahre bekannt, daß Wisniewski in Wirklichkeit unmittelbar zu dem Entführerkommando gehört hat. Er soll bei dem Überfall in der Vincenz-Statz-Straße und bei der Ermordung Schleyers dabeigewesen sein. Am 9.3.1993 entschied das OLG Düsseldorf, daß Wisniewski, wegen der nachträglich erwiesenen besonderen Schuldschwere, das Gefängnis erst nach 20 Jahren »vorzeitig« verlassen kann. Er wird wahrscheinlich am 19.2.1999 aus der Haft entlassen.

Wisniewski hat sich seit über zehn Jahren nicht mehr öffentlich geäußert. An den letzten Hungerstreiks der RAF (1989) nahm er nicht mehr teil und hat sich ganz allgemein aus dem Zusammenhang der RAF gelöst. Er verbüßt seine Strafe in der Justizvollzugsanstalt Aachen.

CHRISTIAN KLAR

wurde am 2.4.1985 vom OLG Stuttgart gemeinsam mit Brigitte Mohnhaupt zur höchsten Strafe, die jemals gegen die Mitglieder der RAF ausgesprochen wurde, verurteilt: fünfmal lebenslänglich plus 15 Jahre Haft.

Das Gericht sah es als erwiesen an, daß Klar an der Ermordung des Generalbundesanwalts Siegfried Buback und seiner beiden Begleiter, Wurster und Göbel, am 7.4.1977 in Karlsruhe direkt beteiligt war. Ebenso soll er, entsprechend diesem Urteil, *vorbereitend* beteiligt gewesen sein an der Erschießung des Bankiers Jürgen Ponto am 30.7.1977 in dessen Haus in Oberursel. Ein Irrtum. Wie sich später herausstellte, war er in Wirklichkeit der Todesschütze.

Ebenso wurde Klar wegen seines Angriffs auf den US-General Frederik Kroesen in Heidelberg verurteilt. Klar schoß mit einer Panzerfaust auf das Fahrzeug Kroesens und verfehlte sein Tatziel nur knapp.

Wegen der Entführung und Ermordung Hanns-Martin Schleyers und der Ermordung seiner vier Begleiter wurde Klar zu lebenslanger Haft verurteilt. Diese Strafe erklärt sich aus dem Umstand, daß das Gericht zu Recht von der Tatsache ausging, daß Klar an der Tatausführung nicht direkt beteiligt gewesen war. Klar soll einen für den Transport Schleyers notwendigen Wagen besorgt und die Miete für die Wohnung in Erftstadt-Liblar, dem ersten »Volksgefängnis«, bezahlt haben.

Aufgrund von Zeugenaussagen der RAF-Aussteiger, die in der DDR, gedeckt von der Stasi, eine anonyme zweite Existenz lebten, wurde Christian Klar 1992 noch einmal zu einer lebenslangen Haftstrafe wegen eines Bankraubs in Zürich im Jahr 1979 verurteilt. Eine Frau war seinerzeit dabei tödlich getroffen worden. Dabei wurde eine besondere »Schuldschwere« von Klar festgestellt – eine Formulierung, die eine Entlassung erst nach mindestens 15 Jahren Haft möglich macht. Klar verbüßt seine lebenslange Haftstrafe in der Justizvollzugsanstalt Bruchsal in Baden-Württemberg.

ROLF CLEMENS WAGNER

wurde vom Züricher Geschworenengericht in Winterthur am 26. 9. 1980 wegen Mordes und Mordversuchs zu einer lebenslangen Zuchthausstrafe verurteilt. Wagner war am 19. 11. 1979 nach einem Banküberfall der RAF in Zürich festgenommen worden. Nach diesem Bankraub war es bei der Flucht zu einer wilden Schießerei mit der Polizei gekommen. Dabei wurde eine unbeteiligte Passantin getötet. Es konnte niemals geklärt werden, ob es eine Kugel der RAF oder der Polizei gewesen ist, von der diese Frau tödlich getroffen wurde.

Das OLG Düsseldorf verurteilte Wagner am 13. 3. 1985 zu zweimaliger lebenslanger Haft. Das Gericht sah es als erwiesen an, daß Wagner als »Sprecher des Kommandos Siegfried Hausner« fungiert habe. Man hatte ihn bei den vielfachen Telefonaten mit der Familie Schleyer, die aufgezeichnet wurden, an seiner Stimme erkannt. Außerdem wurde ihm die fehlgeschlagene Organisation der Lösegeldübergabe mit Schleyer angelastet.

KNUT FOLKERTS

wurde 1977 nach seiner Festnahme in Holland wegen der Ermordung eines niederländischen Polizisten und der Verletzung eines zweiten Beamten von einem niederländischen Gericht zu 20 Jahren Haft verurteilt.

1978 wurde Folkerts den deutschen Behörden ausgeliefert. Dabei machten die Niederländer einen Vorbehalt geltend, der vor den westdeutschen Gerichten als Einschränkung wirken sollte. Sie werteten die gegen Folkerts erhobenen Vorwürfe in Zusammenhang mit der Entführung Hanns-Martin Schleyers nur als »Nötigung von Verfassungsorganen« und damit als politisches Delikt. Folkerts wurde dennoch vom OLG Stuttgart am 31. 7. 1980 zu einer Freiheitsstrafe von zweimal lebenslänglich verurteilt.

Das Gericht konzentrierte sich auf Folkerts Beteiligung am Anschlag auf den Generalbundesanwalt Siegfried Buback und seine zwei Begleiter, die ebenfalls bei diesem Überfall vom »Kommando Ulrike Meinhof« ermordet wurden. Folkerts soll der Mann gewesen sein, der vom Beifahrersitz der Suzuki, die sich neben den Wagen des Generalbundesanwalts gestellt hatte, die tödlichen Schüsse abgefeuert hat.

Nach der Verbüßung von 18 Jahren Haft wurde Knut Folkerts am 16. 10. 1995 aus der Justizvollzugsanstalt Celle vorzeitig entlassen.

ROLF HEISSLER

war durch die Entführung des Berliner CDU-Abgeordneten Peter Lorenz 1975 freigepreßt und ausgeflogen worden. Er saß zu diesem Zeitpunkt als Mitglied der »Bewegung 2. Juni« eine achtjährige Freiheitsstrafe wegen Bankraubes ab. Am 9. 6. 1979 wartete die Polizei in seiner Wohnung auf das gesuchte Mitglied der RAF. Heißler erhielt einen Kopfschuß, als er seine Wohnung betrat.

Heißler war verdächtig, an der Entführung Hanns-Martin Schleyers beteiligt gewesen zu sein. Es gibt für diesen Zusammenhang aber bis heute keine Anklage gegen Heißler. Er wurde 1982 vom OLG Düsseldorf zu zweimal lebenslänglicher Haft verurteilt plus 15 Jahre, wegen zweifach vollendeten und zweifach versuchten Mordes: 1978 war es bei einem Versuch, illegal die niederländische Grenze zu überschreiten, zu einer Schießerei mit den niederländischen Zöllnern gekommen, in deren Verlauf zwei Zöllner getötet und zwei weitere Zöllner verletzt wurden.

ADELHEID SCHULZ

wurde am 13. 3. 1985 vom OLG Düsseldorf zu einer dreimal lebenslangen Freiheitsstrafe wegen ihrer Beteiligung an der Entführung von Hanns-Martin Schleyer und ebenso für die Ermordung von Jürgen Ponto verurteilt. Das Gericht glaubte, daß sie zum Kernbereich der RAF gezählt habe. In beiden Fällen, Ponto und Schleyer, soll Adelheid Schulz die Wohnungen angemietet haben, von denen das Kommando die Entführungen vorbereitet hatte. Sie soll außerdem an der Ausspähung von Hanns-Martin Schleyer vor dessen Entführung beteiligt gewesen sein.

Noch einmal, am 5. 9. 1994, verurteilte das OLG Stuttgart Adelheid Schulz zu einer lebenslangen Freiheitsstrafe und stellte dabei »besondere Schuldschwere« fest. Auf der Grundlage der Kronzeugenaussagen der in der untergegangenen DDR festgenommenen RAF-Mitglieder sah es das Gericht als erwiesen an, daß Adelheid Schulz die weibliche Person war, die gemeinsam mit Rolf Heißler 1978 an der deutsch-niederländischen Grenze zwei Zöllner erschossen und zwei andere Grenzbeamte verletzt hatte.

MONIKA HELBING

Das OLG Stuttgart verurteilte Monika Helbing 1992 wegen der Geiselnahme und des Mordes an Hanns-Martin Schleyer unter Berücksichtigung der Kronzeugenregelung zu sieben Jahren Haft. Monika Helbing, die allgemein als eine Randfigur der RAF gewertet wird, hatte geholfen, die Fahrtroute Hanns-Martin Schleyers auszuspähen. Sie hatte außerdem die Wohnung in Liblar, das spätere »Volksgefängnis«, unter dem Namen Annerose Lottmann-Bücklers angemietet. Monika Helbing befand sich am Tag der Ermordung Hanns-Martin Schleyers in Bagdad. Ende 1993 kam sie nach Verbüßung der halben Strafe frei.

SILKE MAIER-WITT

wurde am 8. 10. 1991 vom OLG Stuttgart wegen der Mittäterschaft bei der Entführung Hanns-Martin Schleyers unter Anwendung der Kronzeugenregelung zu 10 Jahren Haft verurteilt.
Silke Maier-Witt war als Kurier für die RAF mit der Beförderung von Briefen und mit Telefonaten beschäftigt. Sie war zudem in der Zeit nach dem Mord an Schleyer mit dem Anschlag auf den NATO-Oberbefehlshaber Alexander Haig befaßt. Nach Verbüßung der halben Strafe kam Silke Maier-Witt im Juni 1995 frei.

SUSANNE ALBRECHT

wurde wegen des Mordes an Jürgen Ponto im Jahr 1977 – sie war hier als Verwandte mit einem Blumenstrauß die Türöffnerin für das Kommando – und wegen der Beteiligung an dem knapp gescheiterten RAF-Sprengstoff-Anschlag auf den Nato-Oberbefehlshaber Alexander Haig im Juni 1979 in Belgien zu 12 Jahren Haft verurteilt. Nach Verbüßung der halben Strafe wurde sie im Juni 1996 vorzeitig aus der Haft entlassen.

ANGELIKA SPEITEL

wurde am 30. 11. 1979 vom OLG Düsseldorf wegen vollendeten und versuchten Polizistenmordes zu zweimal lebenslanger Haft verurteilt. Sie war 1978 in Dortmund nach einem Feuergefecht mit der Polizei festgenommen worden. Auf eine Schießübung der RAF hatten die Anwohner die Polizei aufmerksam gemacht. Angelika Speitel wurde nie wegen ihrer Beteiligung an der Entführung Hanns-Martin Schleyers belangt. Nach einer Haftzeit von 12 Jahren begnadigte sie Bundespräsident Richard von Weizsäcker am 29. 6. 1990, nachdem sie sich von der Gruppe losgesagt hatte. Möglicherweise war es politische Rücksichtnahme auf das Verfassungsorgan und die Person des Bundespräsidenten, daß man den Speitel betreffenden Aussagen der RAF-Aussteiger aus der DDR nach der Begnadigung nicht mehr nachgegangen ist.

SIGRID STERNEBECK

wurde vom OLG Stuttgart am 22. 6. 1992 unter Anwendung der Kronzeugenregelung zu achteinhalb Jahren Haft verurteilt. Sternebeck soll das RAF-Kommando bei der Entführung Hanns-Martin Schleyers logistisch unterstützt haben. Ebenso sah das Gericht die Beteiligung an dem Anschlag auf Alexander Haig als erwiesen an. Sigrid Sternebeck wurde im September 1994 aus der Haft entlassen.